선도기공 시술법

선도기공협회
김영현 지음

하남출판사

머리말

　인간은 태어나는 순간부터 죽음에 이르기까지 수많은 종류의 질병에 시달리며 한 세상을 보낸다. 즉, 삶 자체가 질병과의 투쟁이라고 해도 결코 과언이 아니다.

　인간이 완벽한 육장육부(六臟六腑)를 지니고 태어나는 경우는 거의 없다. 유전적인 원인에 의해 한 두 장부(臟腑)의 기능이 다른 장부(臟腑)의 기능에 비해 떨어지는 경우가 대부분이다. 이러한 내적인 원인과 병균이나 바이러스같은 외적인 원인 때문에 인간은 태어나는 순간부터 죽음에 이르기까지 수시로 질병에 시달리게 된다. 특히, 중·장년기에 이르러 몸의 노쇠와 함께 질병의 발병은 가속화된다고 할 수 있다.

　원인이 내적이건 외적이건간에 신체에 질병이 발생하면, 우리는 인간이 발전시켜온 양의(洋醫)와 한의(韓醫)에 의지하게 된다. 그러나, 인간의 질병중 아직 현대의학에서 원인과 치료법을 밝혀내지 못한 불치·난치병들에 대해서는 속수무책인 실정이다.

이렇게 원인조차 알 수 없는 질병의 경우에 병원에서 불치 또는 원인불명이란 진단만 나오면 이름난 기도처, 기도원, 소문난 점집, 무당집 등을 찾아다니기도 한다. 병원에서 손들어 버린 불치·난치병이 그런 방법들을 통해 신기하다고 말할 수밖에 없을 정도로 나아버리는 경우도 있기 때문에, 더 이상 현대의학의 과학적 방법에 의지할 수 없는 사람들은 그런 방법들에 매달리게 되는 것이기도 하다. 그러나, 때로는 심각한 질병이 아님에도 불구하고 이런 식으로 병을 고치려다 패가망신하는 경우를 종종 보게된다.

근본원인을 알면 어떤 문제이든지 해결방법이 나온다. 질병중에는 그 근본원인이 마음에 있는 병들이 있다. 심인성, 신경성, 스트레스성, 퇴행성 질환들의 대부분이 그것이다.

심인성이란 마음이 원인이란 뜻이요, 신경성이란 신경을 많이 써서 병이 생겼다는 것이요, 스트레스성이란 스트레스를 많이 받아서 생겼다는 뜻이 아닌가?

그럼 퇴행성이란 무엇인가? 육체의 결과를 보니 퇴행 즉, 노화가 되어있더라는 것이다. 이것은 증상의 결과에 대한 설명이지 퇴행 즉, 노화에 대한 근본원인에 대한 병명이 아니다. 노화의 원인은 아직 현대과학과 의학도 완전하게 밝혀내지 못하고 있는 실정이다. 여러가지 가설이 존재할 뿐이다. 퇴행성 질환의 경우에도 마음에 근본원인이 있는 경우가 대부분이다.

이와같이 마음에 근본원인이 있는 병들은 육(肉)적인 병이 아니라 영(靈)적인 질환이라고 말할 수 있다. 근본

원인이 마음에 있다면 '마음의 치유' 즉, '영(靈)적 치
유'가 이루어져야 한다.

　육(肉)적인 병들의 경우를 살펴보면 오늘날의 질병은 예전부
터 전해 내려오는 처방으로는 잘 치료되지 않는다. 현대인의
체질이 옛 사람들과는 매우 다르게 바뀌었고, 각종 공해독으로
인해 병원균의 독성이 매우 강해졌기 때문이다. 병원균을 죽이
는 항생제를 먹고사는 병원균까지 등장하고 있는 실정이다.

　그러나, 고금(古今)을 통해 변함없이 질병을 완치시킬 수
있는 비법이 전해오고 있으니 이것이 바로 우주의 무한한 에
너지인 기(氣)를 이용해 질병을 치료하는 기공시술법이다.
기공시술을 이용한 치료법은 내적인 자연치유력을 점진적으
로 극대화시키면서 육체적·영(靈)적으로 조화를 찾아가도록
만들어가기 때문에 불치·난치병 및 원인불명의 정신적·육
체적 질환에 탁월한 효과가 있으며, 장기적인 시술로서 질병
을 재발 없이 완치시키는 효과가 탁월하다.

　우리의 몸은 육체(肉體)와 영체(靈體)가 기(氣)를 매개체
로 맞물려 있다. 즉, 정·기·신*이 맞물려 있는 것이다. 그
렇기 때문에 기(氣)를 활용하여 시술한다고 했으나, 그 영향
력은 육체(肉體)와 인체내의 기(氣)와 영체(靈體) 모두에 미
친다. 때문에 기공시술자의 차원에 따라서는 영(靈)적 차원
이상의 치료도 가능하다.

---

* 정·기·신 : 정(精)은 육체(肉體), 기(氣)는 만물의 매개체, 신(神)은 영체(靈
體)에 해당된다.(『선도기공 단전호흡』P.48 제5장 정·기·신)

치료에는 다음과 같이 차원이 있다.

육(肉)적 치료	양의, 한약	지 압	혈자리를 눌러 자극을 준다.
기(氣)적 치료	침, 뜸	기공시술	우주의 기(氣)를 불어넣는다.
영(靈)적 치료	제령(굿), 천도	의 통	시술자의 차원에 따라 천도**까지 되어진다.

기공시술자는 환자에게 우주의 청정한 기운을 넣어 주어 각 경락의 막힌 곳을 뚫어주고, 기혈순환의 흐름을 원활하게 만들어 환자를 치유시킨다.

보다 고차원의 능력자는 환자의 탁기(濁氣)-나쁜 기(氣)와 나쁜 영(靈)까지 포함-를 뽑아낸다. 뿐만 아니라 그 나쁜 기(氣)마저도 좋은 기(氣)로 바꾸고, 나쁜 영(靈)은 보다 승화된 영으로 화(化)하게 할 수 있다.

이것을 굳이 이름 붙이자면 제령이요 천도라고 말할 수 있겠다. 제령이나 천도가 꼭 상을 차려놓고 굿이나 천도식을 해야만 이루어지는 것은 아니다.

의통(醫通)이 열리면 이와 같은 일들이 가능하다. 의통(醫通)은 약손이라고도 하며 죽음을 눈앞에 둔 극심한 병이 아닌 웬만한 병은 모두 낫게 할 수 있는 경지이다. 기감(氣感)으로 느끼고 영안(靈眼)으로 환자의 상태를 보며 진정한 밝음의 상태에서 심법(心法)으로 치료하는 경지이다.

** 천 도 : 영(靈)처리를 말하는데 여기서 영(靈)처리란 육체에 질환의 근본원인이 있지않고, 영(靈)적인 부분에 근본원인이 있는 질병의 경우 영(靈)적으로 그 근본원인을 밝혀, 해결함으로써 치유시키는 것을 말한다.

선도수련에 입문한 사람들 중에는 선천적으로 의통(醫通)이 열릴 자질을 타고난 사람도 있다. 그러나, 누구나 수련을 해나감에 따라 의통(醫通)의 자질을 획득하게 되는데, 의통이 열리는 기본 바탕은 심성(心性)이다.

마음공부는 모든 것의 바탕이다. 때문에 스승은 제자의 심성(心性)을 보고 모든 법을 전수하게 된다.

그 동안 면면히 '의통(醫通)을 여는 법'을 전수해왔다. 그런데, 기(氣)적인 치료를 할 능력이 생긴 사람의 경우에도 심성(心性)이 이루어지지 못한 경우 의통(醫通)의 차원에 도달하지 못했으며, 기(氣)에 대해서 아주 초보자인 경우에도 심성(心性)이 이루어진 사람은 의통(醫通)이 열리기도 했다. 심성(心性)은 그만큼 중요하다.

인간이라면 누구나 기(氣)를 축적, 운용, 활용하며 심성(心性)을 닦아가게 되면, 자신의 치유는 물론 이러한 고차원의 능력자가 될 수 있다. 다만 사람마다 자신의 체질과 선천적으로 타고난 기운과 그 동안의 삶에 따라서 그러한 차원에 도달하기까지의 기간이 빠르고 늦고는 존재한다.

필자가 1993년 펴낸 '선도기공 단전호흡'에서는 주로 기(氣)의 운용법을 소개하였다. 주위 분들의 성화와 격려에 힘입어 이번에는 기(氣)를 활용하여 사람들의 질병을 퇴치시키는 기공시술법을 소개하게 되었다. 국조이신 단군이래 심법으로서 스승과 제자사이에 면면히 내려오던 것을 시대적 요청에 의해 내놓게 된 것이다.

시대적 요청이라! 여러분의 가족이나 주변 사람들이 불치 · 난치병 또는 원인 불명의 질병으로 고통받을 때 그 안타까움은 말로 표현할 수 없는 것이 아니겠는가? 현대에는 이렇게 안타까운 마음속에서도 아무것도 해줄 수 없음을 한탄만 하는 사람들이 부지기수이다.

이러한 사람들을 위해 기공시술법을 전수하는 코스를 개설하였다.

이 『선도기공 시술법』을 교과서로 누구나 이러한 코스를 거치면 기본과정의 기공시술법을 전수 받아 주위 사람들에게 자신의 단계에서의 기공시술을 해줄 수가 있는 것이다. 물론 선도수련을 통해 자신의 단계를 승화시켜 나아갈수록 기공시술의 효과가 높아진다 하겠다.

글쓰는 재주가 없어 졸렬하고 미흡한 내용과 표현들에 대해서는 깊이 사과를 드린다. 끝으로 독자 여러분의 많은 지도 편달을 바란다.

단기 4330년 여름,

지 은 이

차 례

제1장 선도기공(仙道氣功) 시술법

1. 선도(仙道)의 개요 ·· 21

2. 기공 시술의 개요 ·· 23
   (1) 기공 시술이란? ·· 23
   (2) 기공 시술법 ··· 23
      1) 기공 시술법의 형태와 요령 ································· 23
      2) 시술법의 보법(補法)과 사법(瀉法) ····················· 24
      3) 집중 시술법 ·· 25
      4) 기공 시술의 효과와 카이로 프랙틱 ····················· 26
      5) 기공 시술시의 인지사항 ······································ 27

3. 기공 시술의 실제 ·· 31
   (1) 경혈 찾는 법 ··· 31
   (2) 검진법 ··· 31
      1) 기(氣)의 색깔을 통한 검진(초능력 영안검진법) ······· 31
      2) 경혈(經穴)을 통한 검진 ······································ 37
      3) 피부빛으로 보는 검진 ··· 39

　　4) 얼굴의 이상으로 보는 검진 ·························· 39
　　5) 촌법 ··· 40
　　6) 복부검진법 및 치유점 ··························· 42
　　7) 척추검진법 및 치유점 ··························· 42
　(3) **척추 이상 유무 확인** ·························· 43
　　1) 문진 ··· 43
　　2) 수진 ··· 43
　(4) **기공요법** ································· 48
　　1) 모지압법 ·· 48
　　2) 쌍모지압법 ······································ 48
　　3) 쌍모지 겹치기 ·································· 49
　　4) 쌍모지 응용법 ·································· 49
　　5) 장압법 ·· 50
　　6) 쌍장압법 ·· 50
　　7) 권압법 ·· 51
　　8) 고타법 ·· 51
　　9) 중지압법 ·· 52
　　10) 복부 풀어주기 ································· 52
　　11) 전지압법 ······································· 53
　　12) 진동압법 ······································· 53
　(5) **초능력 기공 시술법** ······················ 54
　(6) **전신 기공 시술법** ······················· 60

1) 전신 기공 시술법 ······································· 60
2) 척추 시술법 ··· 64
3) 족태양 방광경 시술법 ································ 65
4) 족소양 담경 시술법 ·································· 70
5) 족양명 위경 시술법 ·································· 73
6) 족궐음 간경 시술법 ·································· 75
7) 족태양 비경 시술법 ·································· 78
8) 족소음 신경 시술법 ·································· 81
9) 발가락 시술법 ··· 83
10) 머리, 목 풀어주기································· 85
11) 복진 시술법 ··· 88
(7) 척추 교정법 ··· 90
1) 경추 교정법 ··· 90
2) 흉추 교정법 ··· 91
3) 요추 교정법 ··· 93
4) 골반 교정법 ··· 95
5) 선골 교정법 ··· 98

4. 병증(病症)에 대한 기공 시술법 ···························· 99
(1) 신경 계통 질환································· 99
1) 후두부 신경통(뒷 목덜미의 통증)···················· 99
2) 삼차 신경통(얼굴의 통증) ························101

3) 안면 경련 및 마비(얼굴의 풍증) ······················ 103

4) 두통, 두중, 편두통 ································· 105

5) 치통(풍치, 치조농루) ······················· 107

6) 구강염(입안이 헐었을 때, 입 주위에 염증,

부스럼이 났을 때) ······················· 109

7) 귀의 통증(耳痛) 및 귀울림(耳鳴) ··················· 111

8) 오십견(어깨 신경통) ······················· 113

9) 등결림 ································· 115

10) 요통(디스크, 추간판 이탈증) ······················· 117

11) 변형성 요추 통증(허리, 다리의 통증) ················· 119

12) 좌골 신경통 ································· 121

13) 손가락 마비 또는 저림 ······················· 123

14) 반신불수(중풍, 뇌졸중 후유증 등) ··················· 125

15) 척수성 소아마비 ························· 128

16) 뇌성 소아마비 ························· 130

17) 간질병(전간) ·························· 132

18) 노이로제 및 불안초조 ························ 134

19) 불면증 ···························· 136

(2) 호흡 순환기 계통 질환 ··························· 138

1) 만성 기관지염 ···························· 138

2) 천식 ································· 140

3) 감기(풍사) ···························· 142

4) 가슴이 두근거릴 때(심장신경증, 심계항진) ·········· 144
5) 방광염 질환 ································· 145
6) 고혈압 ·································· 147
7) 저혈압 ·································· 149
8) 전립선 비대증 ····························· 151
9) 코가 막힐 때······························· 153
(3) 소화기 계통 질환 ···························· 155
1) 만성 위염······························· 155
2) 위경련, 소화불량 등의 위장 질환 ·················· 157
3) 소화 불량······························· 160
4) 식욕 부진······························· 162
5) 구토증(속이 메스껍고 구토증이 날때) ··············· 164
6) 만성 설사······························· 166
7) 변비·································· 168
8) 복부 팽만증 ······························ 170
(4) 운동기 계통 질환 ···························· 172
1) 경추 염좌(목뼈의 충격에 따른 통증) ················ 172
2) 낙침(자고난 후의 목의 통증) ··················· 173
3) 목이 돌아갔을 때 ························· 174
4) 견비통(어깨 결림) ························· 176
5) 늑간 신경통(담 결림) ······················· 178
6) 구부러진 등(일명 고양이 등) ··················· 180

7) 무릎 관절통 ·· 182

8) 변형 관절염(류마티스) ······························· 184

9) 비복근 경련(쥐가 날때) ···························· 187

(5) 대사 내분비계 질환 ······························· 188

1) 갑상선 질환 ·· 188

2) 인후통증(목구멍이 아플 때) ······················· 190

3) 각기병 ·· 192

4) 성불능, 정력 부족·································· 194

5) 갱년기 장애, 노화 방지······························ 196

6) 당뇨병 ·· 199

(6) 여성병 질환 ······································ 201

1) 생리 불순··· 201

2) 냉증··· 203

3) 불감증 ··· 205

4) 불임증 ··· 207

(7) 소아 질환 ·· 209

1) 말 더듬을 때·· 209

2) 야뇨증 ··· 211

3) 야제증(아이가 밤마다 울때) ······················ 213

(8) 미용 요법 ·· 214

1) 기미, 주근깨·· 214

2) 여드름과 부스럼(얼굴의 피부질환) ·················· 216

3) 빈약한 유방(유방을 풍만하게) ····················· 218
4) 허리곡선의 유연성과 엉덩이 탄력선 강화 ············ 220
5) 비만 ······································· 222
6) 피부를 아름답고 매끄럽게 ······················ 224
(9) 기타 증상 ·································· 226
1) 머리와 정신을 맑게 ··························· 226
2) 집중력 향상 ······························· 228
3) 눈의 피로 및 눈병 ·························· 230
4) 코피가 날때 ······························· 232
5) 상초열 제거(상기증) ························ 233
6) 두드러기(심마진증) ························· 236
7) 실어증 ·································· 238
8) 대인 공포증 및 기피증 ······················ 240
9) 빈혈 ····································· 242
10) 차멀리, 배멀미 ··························· 244
11) 숙취 ···································· 246
12) 치질 ···································· 248
13) 습진 치료법 ······························ 250
14) 딸꾹질 ·································· 252
15) 조루증과 지루증 ··························· 254

5. 맺음말 ·· 256

제2장 기(氣)

1. 기(氣)란 무엇인가? ··· 259

2. 기(氣)와 동양사상(東洋思想) ···························· 263
　(1) 기(氣)와 음양오행(陰陽五行) ······················· 263
　(2) 음양(陰陽) ·· 264
　(3) 오행(五行) ·· 266
　(4) 기(氣)와 역(易) ····································· 266

3. 인체의 생리와 기(氣) ··································· 272
　(1) 진기(眞氣)와 정기(精氣) ···························· 272
　(2) 육장육부(六臟六腑)의 작용과 기(氣)의 이상으로
　　　발생하는 병증(病症) ································ 274
　　1) 심장(心)과 소장(小腸) ···························· 275
　　2) 폐(肺)와 대장(大腸) ······························ 276
　　3) 비(脾)와 위(胃) ································· 277
　　4) 간(肝)과 담(膽) ································· 277
　　5) 신(腎)과 방광(膀胱) ····························· 278
　　6) 심포(心包)와 삼초(三焦) ························· 279

4. 동의(東醫)와 기(氣) ··································· 281

(1) 인체내의 오기(五氣)를 조화시킴이 동의(東醫)의
　　핵심이다 ··· 281
(2) 기(氣)와 경락(經絡) ································· 282
(3) 기(氣)와 경혈(經穴) ································· 284
(4) 경락의 인체내 역할과 경혈의 이상으로 인한 병증(病症) ··· 287
　　1) 십이정경(十二正經) ························· 287
　　2) 기경팔맥(奇經八脈) ························· 348
(5) 동의의 유래에 대하여 ····························· 364
　　1) 산해경 ··· 364
　　2) 황제내경 ······································· 365

참고 문헌 ··· 369

필자 후기 ··· 370

제 1 장

선도기공(仙道氣功) 시술법

1. 선도의 개요

선도(仙道)는 상고시대부터 전해 내려온 우리 민족 고유의 전통적 심신 수련법으로서 지감(止感), 조식(調息), 금촉(禁觸)을 통해 인생과 대자연의 이치를 깨닫게 하여 이를 정치, 군사, 경제, 사회, 문화, 사상 등 전반에 걸쳐 운용케 했던 민족 고유의 심법(心法)이다. 그런데 오늘날에 이르러 한민족 고유의 선도는 황제의 삼황내문에서 비롯되어 노자, 장자에 의해 학문으로 형성된 중국의 신선사상인양 잘못 인식되어지고 있다.

선도는 엄연한 한민족(韓民族)의 전통 수련법이며, 역사를 거슬러 올라가 보면 이미 상고시대부터 만백성을 다스리고, 가르치는 만백성이 함께 했던 우리 민족 고유의 심법이었음을 알 수 있다.

〈태백일사〉 한국 본기
"환인께서 만백성이 지극히 착한 '수행(修行)'을 하여 마음을 열어 광명하게 하며, 일을 만들어 좋은 일이 있게 하며 세상살기를 쾌락하게 하였다."

〈태백일사〉 신시본기
"환웅천황으로부터 5대를 지나 태우의 환웅이 있었는데, 백성을 가르치기를 반드시 가만히 생각에 잠기므로 마음을 맑게 닦으며, 숨쉬는 것을 고르게 하여 정기를 보존하게 하였다."

〈태백일사〉 소도경전 본훈(삼일신고, 인물(人物) 중에서)
"철인은 느낌을 그치고(止感), 숨을 고르게 쉬며(調息), 닿음을 금하여(禁觸) 한뜻으로 이루어져 행하므로 망령된 것을 고쳐 참되어 신기(神機)를 발하나니 본성을 통달하고 공이 완성됨이 곧 이것이니라."

이상에서 보듯, 선도는 우리 역사의 상고시대부터 이미 만백성을 위한 심법으로서 자리잡고 있었음을 알 수 있다. 고운 최치원의 난랑비 서문에 보이는 현묘지도(玄妙之道)란 바로 이 선도(仙道)를 일컬음이다.

우리 한민족이 상고시대에 세계 문명의 종주국이요, 동서 이만리, 남북 오만리의 강역을 거느린 강대국으로 자리잡을 수 있었던 것은 바로 만백성의 심법이었던 이 선도(仙道) 때문이었다.

그러나, 고구려 시대에까지 이어져 한민족의 기상을 드날리게 했던 선도는 고구려 말기에 이르러, 중국의 신선 사상인 오두미교(五斗米敎)가 들어오면서 반사회적인 도교로 변질되어 결국은 고구려가 멸망당하는 주요 원인이 되고 말았다. 이로써 우리 민족의 전통적인 심법인 선도(仙道)는 맥(脈)이 끊어져 버리고 중국의 도교 즉, 오두미교(五斗米敎)가 선도(仙道)인양 인식되어져 오늘날까지 이어져 내려오고 있는 것이다.

한민족이 다시금 찬란했던 상고시대의 영광을 재현하기 위해서는 선도(仙道)를 다시 되찾아 온 국민을 위한 심법으로 자리잡게 해야 할 것이다.

2. 기공시술의 개요

(1) 기공시술이란?

기공시술이란 선도의 조식법을 위주로 하여 단전에 축적된 진기(眞氣)를 병자(病者)의 병증이 일어난 경혈에 방사하여 병증을 완치시키는 기술로서 한민족 고유의 선도 치료법이다.

기공시술을 하기 위해서는 선도(仙道)를 수련하여 축기가 우선적으로 이루어져야 하며, 또한 진기를 자유자재로 운용할 수 있는 능력이 있어야 한다. 이러한 능력을 터득하는 수련법은 필자의 졸저인 '선도기공 단전호흡'에 자세히 수록되어 있으니 참조하기 바란다.

(2) 기공시술법

1) 시술법의 형태와 요령

① 장공법(掌功法)

손바닥을 사용해서 경직된 근육을 이완시킬 때 심한 통증

을 느끼는 상대에게 기를 보내 통증을 완화시켜주고 기운을
북돋아준다.

② 지공법(指功法)

손가락을 이용하며 경혈소통이 주목적이다. 물론, 피부상
태에 따라 근육이완시에도 사용하는데 한쪽 엄지손가락만 사
용하는 경우와 보다 강한 압력을 필요로 할때 양쪽의 엄지를
포개어서 하는 경우의 2가지 방법이 있다.

그리고, 시술을 할 때에는 가능하면 시술자와 피시술자 상
호간의 호흡을 일치시키고, 3~7초 정도의 지속적인 압력으
로 피부에 수직 방향으로 압박해야 한다. 단, 환자에 따라서
는 응용을 하면서 시술하길 바란다.

2) 시술법의 보법(補法)과 사법(瀉法)

① 보법(補法)

체질이 허약하고 저항력이 약하며 영양상태가 불량하고 자
극에 민감한 것을 허증(虛證)체질이라 한다.

이런 사람을 시술할 때는 과도한 자극을 피하고 장공법이
나 지공법으로 부드럽고 가볍게 지속적인 압력을 가해야 한
다(주로 장공법을 사용한다).

경락의 흐르는 방향에 따라서 경혈의 한 지점을 누르는 것
보다 넓게 확산시키는 느낌으로 한다. 고르고 지속적인 압력

을 사용하되 처음 누를 때와 뗄 때의 동작을 지긋하고 유연하
게 실시한다.

② 사법(瀉法)

보편적으로 체력이 강하고 저항력이 강한 사람이 나쁜 기
운(邪氣)이 성하게 되면 이를 실증체질이라 한다. 이런 사람
을 시술할 때는 지공법이나 장공법으로 갑자기 충격을 주어
압박하거나 손을 뗄 때의 동작을 빠르게 하고 두 세번씩 동작
을 중단했다가 반복해서 누른다(주로 지공법을 사용한다).

3) 집중 시술법

시술법은 크게 전신시술과 부분시술로 구분하는데 전신시
술은 신체의 전반에 걸쳐 또는 부분적일지라도 다른 부분에
통증이 미치므로해서 몸을 움직이는데 곤란을 느끼는 사람에
게 실시한다.

부분시술을 국부시술 또는 국부적 시술법이라고 표현하며
신체의 일부분만 다루는 방법이다.

집중시술은 전신시술 과정의 부분으로 전신시술이 끝난 후
이상이 있는 부위에 집중적으로 시술하는 것을 말하며 시간할
당은 시술 전체시간의 3분의 1을 집중해서 실시하는 것이다.

예를 들어 흉추 5번에 이상이 있는 사람에게 시술법을 실
시할 경우 전체 예정 시간인 40분 중 25분에 걸쳐 전신시술

을 하고난 후 15분 정도를 흉추 5번 부위에 집중적으로 시술
을 실시하는 것을 말한다.

4) 기공시술의 효과와 카이로 프랙틱

① 기공시술의 효과

• 인체내의 기(氣)의 흐름과 혈액의 흐름 즉, 기혈순환을
  원활하게 하여 신진대사를 촉진시키고 자연치유력을
  극대화 시킨다.

• 근육의 경직을 이완시킴과 동시에 골격의 이상 또는 변형
  을 교정하여 신체의 불균형과 부조화를 해소시킨다.

• 육체적 긴장을 이완시키고 동시에 정신적 이완을 유
  도하여 자율신경계를 정상화하고 내분비계를 강화시
  킨다.

• 육장육부의 기능을 정상화시키고 각 장부의 조화를 이
  룬다.

② 카이로 프랙틱

카이로 프랙틱은 서양의 척추교정 요법이다. 지금으로 부
터 약100년 전에 미국의 파머라는 의사가 창안한 요법으로
현재 미국에서만 카이로 프랙틱 의과대학이 17개, 개업한
카이로 프랙틱은 4만 5천여명이나 된다고 한다. 이에 반해
국내에 기공시술을 가르치는 대학이 하나도 없음은 실로 안

타까운 일이라 하겠다.

이 카이로 프랙틱 요법은 척추 양쪽을 맨손 누름으로 해서 척추를 교정시키는 요법인데, 단지 척추만을 그 시술대상으로 하고 있다.

이에비해 경락 사상에 기초를 두고 있는 기공시술법은 인체 전반에 걸쳐 시술 대상으로 하고 있으며 인간의 거의 모든 질병을 대상으로 한다. 때문에 카이로 프랙틱은 우리 전래의 기공시술법에 비한다면 척추교정을 중심으로하는 부분적인 교정요법이라고 할 수 있다.

5) 기공시술법의 인지사항

① 시술자의 인지사항

가. 항상 청결을 유지한다.

나. 피시술자의 심신을 안정시켜야 하고 다정다감한 말투를 사용한다.

다. 피시술자의 입장에서 생각하고 시술한다.

라. 성실한 질문을 한다.

마. 정신을 집중하고 심호흡(단전호흡)을 하면서 실시하되 되도록이면 피시술자와 호흡을 맞추어 시행한다.

바. 한 지점의 압박시간은 3~7초를 유지한다(보법이나 사법에 맞춘다).

사. 국부적인 시술은 5~10분이 적당하다.

아. 전체적인 시술은
- 첫번째는 유연하게 실시하며 30분 정도로 끝낸다.
- 1일 시술 후 1일 휴식을 시킨다.
- 두번째 시술은 30~40분 정도하고 1일 휴식을 시킨다.
- 세번째부터는 허와 실을 구분하고 본격적인 시술법을 매일에 걸쳐 30~40분 가량 시행한다.

자. 무리한 시술은 피시술자의 체력소모와 몸살을 부를 수 있기 때문에 피시술자를 빨리 치료하기 위해 너무 무리한 시술을 하지 않는다.

차. 피시술자에게 명현현상(暝眩現狀)에 대해 설명해 준다.
- 가려움
- 몸살, 감기기운
- 발열
- 피로와 나른한 느낌
- 졸음

이러한 현상은 시술법을 실시한 후 2~3일이나 1주일이 지나면서 나타나는데 이는 건강을 되찾아 가는 호전반응(好轉反應)으로 특정한 부위에 통증이 심해지지 않는 이상 걱정할 것이 없는 점을 말해준다.

② 피시술자의 인지사항

가. 시술전 최소한 30분이나 1시간전에 식사를 마칠 것.

나. 술, 담배를 삼가할 것.

다. 시술전 미리 용변을 볼 것.

라. 전신의 긴장과 힘을 풀고 편안한 상태와 자세로 즐거운 일을 생각하면서 얼굴에 미소를 잃지 말 것.

③ 기공시술을 해서는 안되는 경우

가. 열이 38℃ 이상이고 전신에 통증을 느끼는 사람

나. 극도로 쇠약한 사람

다. 화농성 질환 및 습진 등의 피부병이 있는 사람

라. 충수염 같은 급성 질환자

마. 전염성 환자

바. 출혈이 있는 사람

사. 임산부

아. 절대적인 안정을 필요로 하는 사람

자. 생리중인 사람

차. 젖먹이 아이.

카. 정신 질환자

④ 기공시술을 해서는 안되는 신체부위

가. 쇄골

나. 늑골

다. 고환, 생식기

라. 뼈는 지공보다는 장공을 이용한다.

⑤ 시술환경

　가. 환기가 잘 되는 곳

　나. 실내온도 21℃~24℃ 정도를 유지

　다. 실내는 밝고 환해야 한다.

　라. 불쾌감을 주는 언행을 삼가한다.

3. 기공시술의 실제

(1) 경혈(經穴) 찾는 법

각 경혈의 위치는 개개인마다 약간씩의 차이가 있으므로 일률적으로 적용시키는 것은 무리가 있다. 하지만, 각 병증(病症)이 발생하면 해당 경혈이 경직되어 콩알이나 밥알만한 크기의 응어리가 생긴다. 바로 이 응어리가 생긴 부위가 치료할 해당 경혈이 된다. 손으로 경혈 부위를 눌러보아 응어리가 만져지면 그 부분이 치료할 경혈의 올바른 위치이다.

(2) 검진법

1) 기(氣)의 색깔을 통한 검진(초능력 영안검진법)

이 방법은 영안(靈眼)[1]이 열린 사람이라야 가능한 검진법이다. 영안이 열리는 원리는 다음과 같다.

---

1) 영안(靈眼) : 심안(心眼)이라고도 한다. 영안이 개발됨에 따라 기(氣)의 색깔 구별, 격벽투시, 인체투시, 천리안, 천안통 등의 초능력이 나타난다.

우리의 몸은 육체(肉體)와 영체(靈體)가 기(氣)를 매개체로 맞물려 있다. 즉, 정·기·신이 맞물려 있는 것이다. 이때 정(精)은 육체, 기(氣)는 만물의 매개체, 신(神)은 영체에 해당된다. 정충·기장·신명[2]의 원리에 따라 선도수련을 통해 기(氣)가 장해지면 신(神)이 밝아져서 특정한 단계에 오르면 육체의 눈이 아닌 영체의 눈 즉, 영안(靈眼)이 열리게 된다.

선도수련을 충실히 한 사람은 수련에 대한 진척에 따라 빠르고 늦음은 있으나 누구나 단계에 오르면 영안(靈眼)이 열리게 된다. 선도수련에는 단전호흡을 통해 영안(靈眼)이 열리는 경지에 오를 수 있고 또, 단전호흡을 통하지 않고 '영안(靈眼)을 여는 수련법[3]'이 있는데, 이 '영안(靈眼)을 여는 수련법'은 때가 되면 소개할 날이 오리라고 본다.

기(氣)의 색깔을 통한 검진법이란 상대방의 몸에서 방출되는 기(氣)의 색깔을 영안(靈眼)을 통해 감지하여 상대방의 질병이나 건강상태, 성격, 정서적 발달 등을 파악하는 방법이다. 미리 기(氣)의 색깔이 갖고 있는 특징을 잘 알아두면 그 사람의 성격, 감정변화, 건강, 질병 통증의 정도를 측정하거나 그 상태를 진단하는데 많은 도움이 된다.

---

2) **정충·기장·신명(精充·氣壯·神明)** : 정이 충만해지면 기가 장해지고, 기가 장해지면 신이 밝아진다(『선도기공 단전호흡』 p.61 ② 정충기장 신명성통 참조).

3) **영안을 여는 수련법** : 비록 단전호흡을 통하지 않고 영안을 연다 하더라도, 영안이 열린 사람의 기(氣)적·영(靈)적 승화의 정도에 따라 단계적인 한계가 나타난다. 이러한 초능력의 원리는 모두 매개체인 기(氣)를 통하여 나타나기 때문에 궁극적으로는 단전호흡수련과 쌍수법(雙手法)으로 맞물려 갈 때 이러한 한계를 극복해 더 높은 경지로 나아갈 수 있다.

신체가 건강한 사람은 청색과 백색의 기가 두껍게 형성되어 있다. 그러나, 질병이 발생한 사람의 몸에서는 그 질병부위에서 특이한 색의 기(氣)가 방사된다. 열(熱)을 수반하는 질병은 주로 적색의 기(氣)가 방출되며, 한기(寒氣)로 인한 질병은 회색의 기(氣)가 방출된다.

마비증세나 중풍과 같은 풍(風)에 의한 질병은 검정색의 기(氣)가 방출되며, 암에 걸린 사람은 검정색과 적색의 기(氣)가 뒤섞여 방출된다.

이와 같은 방법으로 상대방의 모습만을 보고도 그 사람의 질병과 질병부위를 자세하게 검진할 수 있다. 초능력이나 염력으로 기공시술을 하는 사람들은 거의 전부가 이 방법을 사용해서 환자의 질병과 질병부위를 검진한다.

① 청색계통
신앙심, 성실, 심신안정, 책임감, 주체성
• 백색에 밝은 청색
영적인 마음을 지닌 사람에게 나타나며 영시 능력을 가진 사람도 있다.
• 백색에 엷은 청색
심도가 얕고 귀가 얇아 남의 말이나 소문에 잘 넘어가는 사람이 많다.
• 백색에 청색이 많음
근면한 노력가이며 성실한 사람에게 나타난다.

- 백색에 짙은 청색

  책임감이 강하고 성실하며, 일처리도 뛰어난 능력가가 많
  고, 강압적이고 독선적인 성격의 소유자에게 나타난다.

- 백색에 흐린 청색

  슬픈 추억을 많이 갖고 있고, 그 추억에서 헤어나오지
  못한 사람을 나타낸다.

② 적색 계통

정력적, 활력, 분노, 증오, 충동적, 자기중심적

- 청백색에 적색

  정력, 힘을 뜻하며 지도자나 기업가 등의 활동가에게
  나타난다. 성격은 자기중심적이고 다소 충동적이다.

- 청백색에 적색과 검은색

  적색에 검은색이 흐려져 있을 때는 싸움을 좋아하는 호
  전적인 성격이거나 때로는 비인간적이고 잔인한 성격으
  로 해석된다.

③ 자색계통

영능력, 순수력, 자유

- 백색에 자색

  진리탐구자나 종교가 등에게서 많이 나타난다.

- 백색에 붉은 자색

  성격이 까다롭고 신경과민증인 사람을 나타낸다.

④ 황색계통

　건강, 지혜, 지성적, 우호적

　• 완전 황색

　　지성적이며 우호적이고, 명랑하며 심신이 건전한 사람
　　임을 말해준다.

　• 백색에 붉은 황색

　　정신적으로나 육체적으로 허약한 사람이며 성격은 소
　　극적인 사람에게 나타난다.

　• 백색에 다색이 섞인 황색

　　불건전한 생각을 가졌고, 교활하고 비겁한 사람에게 많
　　이 나타난다.

　• 백색에 황녹색

　　탁한 황녹색은 성실하지 못하고 불로소득을 좋아하는
　　사람에게 나타난다.

⑤ 오렌지색 계통

　직관지혜, 건강한 힘, 인도주의

　• 백색에 오렌지색

　　오렌지색은 그 색깔 자체가 주는 느낌처럼 따스함, 인
　　도주의 등을 의미하며, 성직자나 헌신하고 봉사하는 일
　　을 많이 하는 사람에게 나타난다.

　• 백색에 황금빛 오렌지색

　　자기억제를 잘하는 절제된 사람에게 나타난다.

• 백색에 갈색 오렌지색

의욕이 결핍된 사람, 별다른 목적이나 의미없이 인생을
사는 사람에게 나타난다.

⑥ 백색 계통

순결, 청순

• 완전 백색

모든 색을 조화시키는 백색은 정신상태가 완전한 균형
을 이루어 완성된 상태를 말한다.

⑦ 회색계통

나쁜 생각, 우울상태, 무기력, 불안, 집착

• 청백색에 회색

회색은 대부분 다른 색에 섞여 나타난다. 이 색은 신체
적으로 허약하고 성격도 나약함을 나타낸다.

⑧ 녹색계통

적응성, 겸손, 순응성, 지혜, 아이디어, 질투

⑨ 고동색계통

금전력이 강함, 이기주의적

⑩ 검붉은색 계통

분노, 증오, 악의

2) 경혈(經穴)을 통한 검진

기공시술에서는 각 병증(病症)에 대한 검진법은 수지의학과 마찬가지로 각 해당 경혈을 눌러보아 압통을 느끼는 점과 그렇지 않은 점, 응어리가 뭉쳐 있는 점과 뭉쳐 있지 않은 점 등의 상태로 각 병증을 진단하는데 그 결과에 따라 장부의 허실관계를 파악하여 병증 장부를 치료한다.

① 양실증

양기가 과적하여 실증을 일으키는 장부는 간, 심장, 심포, 대장, 위, 방광이다. 이외의 장부는 양허증을 일으킨다. 양실증은 주로 대장에 양기가 과적되어 발생하므로 대장의 경락인 천추혈을 눌러 검진한다. 천추혈을 눌러보아 압통이 심하면 제3, 4, 5번 요추의 추간판 탈출증이 발생되며 여기에 이상이 나타나면 척추 신경을 따라 아래로 내려가 다리의 혈에까지 압통점이 발생한다.

② 신실증

신실증은 신장장애로 오는 질병으로 심장쇠약으로 인해 혈액순환이 잘 안되어 오는 질병이다.

신실증이 주로 일어나는 장부는 신장, 간, 폐, 위, 소장, 삼초이다. 그외 장부는 신허증을 일으킨다. 신실증이 일어나는 주장부는 삼초와 소장이다. 신실증의 검진법은 삼초의 해당 경혈인 석문과 소장 경락의 경혈인 관원을 눌러보아 적이 쌓인 응어리가 있는지 없는지를 알아본다.

신실증은 주로 여성에게서 많이 나타나고 석문과 관원에 적이 많이 뭉쳐져 큰 응어리가 만져진다. 신실증이 발생하면 제5, 6번 흉추에 이상이 발생한다.

③ 음실증

음실증은 대체로 비만체질이나, 육식을 많이하는 사람에게 나타나며 복부가 매우 차가운 것이 특징이고 배꼽주위에 탄력과 저항감이 거의 없다. 음실증은 주로 비장에 적이 쌓여 발생하며 또한, 신허로 인해 발생하기도 한다.

음실증의 주 장부는 담, 비장, 심포, 폐, 방광이며 그외 간, 소장, 위, 삼초, 대장, 신장은 음허증이 발생한다.

음실증은 주로 비장의 해당 경락인 대횡혈을 눌러보아 압통이 나타나면 폐실증으로 판단하고, 대횡혈과 천추혈에서 동시에 압통이 나타나면 대장실증으로 판단한다.

음실증 환자의 척추를 보면 대개 앞뒤로 굴곡된 것을 발견하기 쉽다(예 : 제5, 6번 흉추가 들어가 앞가슴이 튀어 나오거나 제2, 3번 요추가 들어가 배가 블록 튀어 나온 것처럼 보인다).

이상에서처럼 경혈을 통해 검진을 실시하여 해당 장부의 병증을 판별한 후 장부의 실허증상에 따라 해당 경혈에 보사법으로서 기공시술을 실시한다.

3) 피부빛으로 보는 검진

얼굴이나 피부빛을 보면 대체로 어느 경락에 이상이 있는지를 알 수 있다.

- 푸른빛 : 간경에 이상이 있으면 핏기가 없고 푸르스름한 빛이 된다. 또한 얼굴에 핏대를 세우고 화를 잘낸다. 술을 마시면 얼굴이 벌개지는게 보통인데, 간경에 이상이 있으면 점점 파래져서 나중에는 주사를 부린다.
- 붉은빛 : 심경에 이상이 있으면 얼굴빛이 벌개진다. 심장병 환자중에는 얼굴이 붉은 사람이 많다.
- 누른빛 : 비경에 이상이 있으면 살갗이 노래진다. 단것을 좋아하는 사람은 특히 얼굴이 누렇다.
- 흰빛 : 폐경이 약한 사람은 얼굴에 핏기가 없고 창백하다.
- 검은빛 : 신경에 이상이 있으면 살갗이 거무튀튀해진다. 얼굴에 기미가 끼는 것도 신경이 약한 증거다. 폐결핵 환자로 얼굴이 검은 것은 폐경과 신경에 이상이 있기 때문이다.

4) 얼굴의 이상으로 보는 검진

눈, 코, 입술 등 얼굴 각 부위에는 경락의 이상이 잘 나타난다.

- 눈 : 눈의 장애는 간경의 이상에 기인하는 경우가 대부분
  이다.
- 혀 : 혀의 이상은 심경과 관계가 깊다. 특히 혀가 뻣뻣해
  지든가 잘 돌아가지 않는 것은 심경이 좋지 않다는 증거
  이다. 고혈압이나 저혈압으로 심장이 약해지면 혀에 백
  태가 끼거나 가벼운 중풍증상을 나타내며 언어장애를 일
  으키기도 한다.
- 입술 : 비경의 이상은 입술에 나타난다. 입술이 말라서
  터지거나 입술 양 끝이 헐기도 한다.
- 코 : 폐경에 이상이 있으면 제일 먼저 코에 나타난다. 코
  가 막히거나 콧물이 난다.
- 귀 : 신경의 이상은 귀에 나타난다. 귀가 멀어지거나
  귀울림이 있든지 또는 귀가 아프면 신경의 이상이 원인
  이 되는 수가 있다.

5) 촌법 (寸法)

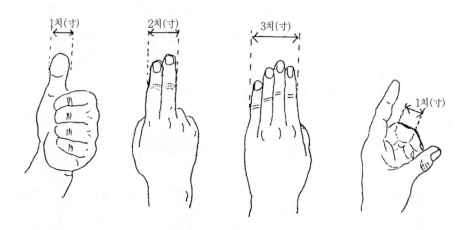

골도촌법(骨度寸法)

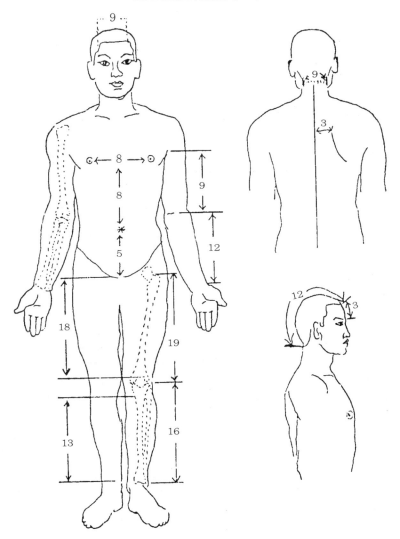

※ 촌법은 사람마다의 신장 및 체격 조건이 다르기 때문에 자신의 손
  모양(윗그림)으로 결정하는데, 뒤의 경락도 경혈 위치를 판단할 때
  이를 참고할 것.

6) 복부검진법 및 치유점

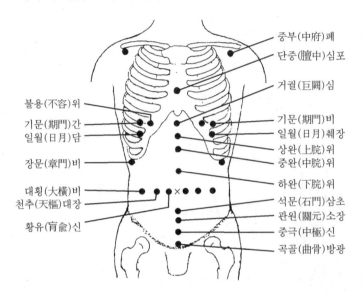

중부(中府)폐
단중(膻中)심포
거궐(巨闕)심
기문(期門)비
일월(日月)췌장
상완(上脘)위
중완(中脘)위
하완(下脘)위
석문(石門)삼초
관원(關元)소장
중극(中極)신
곡골(曲骨)방광

불용(不容)위
기문(期門)간
일월(日月)담
장문(章門)비
대횡(大橫)비
천추(天樞)대장
황유(肓兪)신

7) 척추검진법 및 치유점(치유점은 방광경락도 참조)

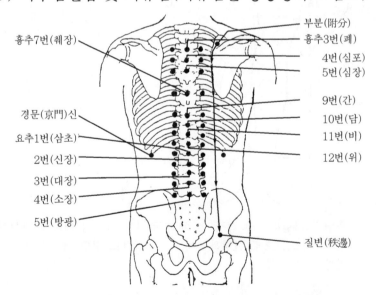

부분(附分)
흉추3번(폐)
4번(심포)
5번(심장)
9번(간)
10번(담)
11번(비)
12번(위)

흉추7번(췌장)
경문(京門)신
요추1번(삼초)
2번(신장)
3번(대장)
4번(소장)
5번(방광)
질변(秩邊)

(3) 척추 이상유무

1) 문진(問診)

① 통증부위를 물어보아 확인한다.
② 통증의 발생시기를 확인한다.
③ 현재의 상태를 확인한다.

2) 수진(手診)

① 기립자세 : 상대를 바로 서게한 후 경추에서 미추까지
   의 굴곡상태를 확인한다.

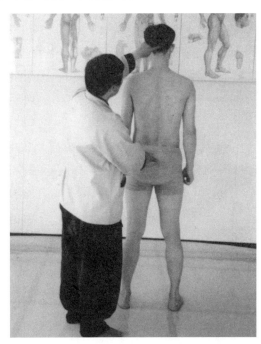

② **경추검진** : 기립자세를 유지한 채 그림처럼 팔을 반대편 어깨위로 올린다(좌우실시).

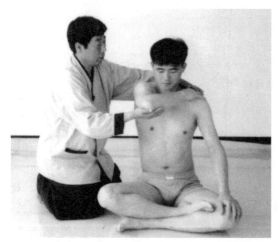

오른쪽 팔을 올리지 못하거나 올릴 때 통증을 느끼면 오른쪽 경추에 이상이 있고 왼쪽팔을 올릴 때 통증을 느끼면 오른쪽 경추에 이상이 있다.

③ **복와자세** : 상대를 엎드리게 한 자세

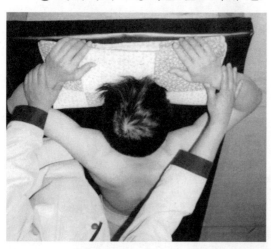

• 상대를 그림처럼 바로 엎드리게 한다. 주의할 점을 고개를 옆으로 돌리지 않도록 하고 전신의 힘을 빼어 편하게 한다.

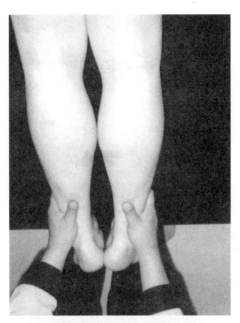

• 엎드린 자세를 유지한 채 양쪽 발 뒷꿈치를 비교한다. 다리의 장·단을 비교했을 때 길고 짧음이 구별되면 척추에 이상이 있는 것이다. 척추를 검진하여 이상유무를 확인하고 시술한다.

• 이상이 확인되면 다리를 구부려서 양쪽으로 벌려 환자의 통증을 확인한다. 통증이 심한 경우 골반에 이상이 있다.

④ 앙와자세 : 상대를 바로 눕게한 자세

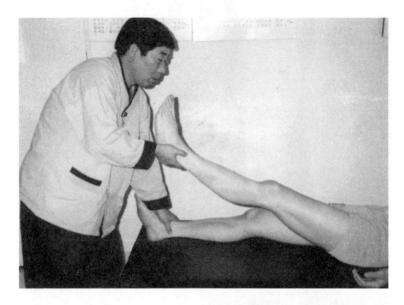

• 상대에게 다리를 교대로 무릎을 굽히지 않도록 하면서 들어올리기를 주문한다. 바닥으로부터 45° 각도 이상을 올리지 못할 때는 척추에 이상이 있다.

• 우측다리를 올리지 못할 때는 보편적으로 척추의 좌측에 좌측다리를 올리지 못할 때는 척추의 우측에 이상이 있다.

• 다리의 장·단을 비교했을 때 길고 짧음이 구별되면 척추에 이상이 있다.

⑤ 근육의 경직상태 확인

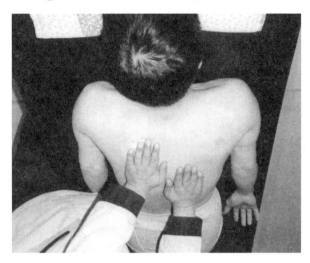

척추의 뼈를 검진하기에 앞서 견갑에서 요추 부위까지 골고루 근육의 경직상태를 점검한다.

⑥ 척추의 이상유무 검진

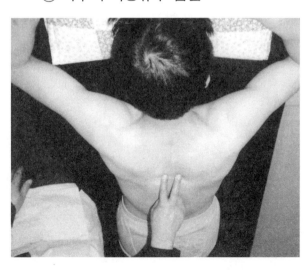

그림처럼 식지와 중지를 이용해서 척추뼈의 촉감으로 이상상태를 경추에서 미추까지 확인해 간다. 검진 후 이상부위를 확인하고 기공시술법을 시행한다.

(4) 기공요법

1) **모지요법** : 보편적으로 모지(엄지)를 많이 사용한다. 특히 지문이 있는 지복 부위를 사용하는 것이 효과적이다.

모지는 가장 안전하게 누르기 쉽고 감각도 예민하며 경혈

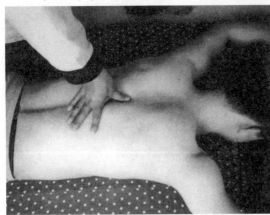

을 찾아 누르는 데 효과적이다. 또 시술자가 쓰기가 편리하고 손가락 중에서 가장 힘이 주어지는 수지(手指)로서 마음대로 힘을 조절할 수 있는 것이 특징이다.

2) **쌍모지압법** : 양손 모지를 포개서 누르는 방법으로 환자에 따라 다르겠지만 좀 강압을 요하는 환자에게 엄지손가락을 겹쳐서 힘을 합해 눌러줌으로써 쾌감을 느끼게 되며 시술자도 힘이 덜드는 편리한 방법의 하나이다.

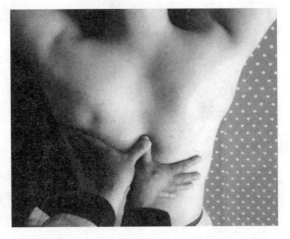

3) **쌍모지 겹치기** : 양모지를 엇갈리게 겹쳐 양 모지에 같은 힘을 가한 압력으로 눌러준다. 척추 압박시 경혈이 잘 잡히고 효과적이다. 시술법이면서 동시에 교정법으로도 활용한다.

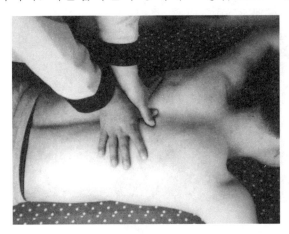

4) **쌍모지 응용법** : 양모지로 척추를 중심으로 하여 1치5푼 정도 띄어서 경압, 쾌압, 강압법을 피시술자에 따라 응용하면서 시술한다.

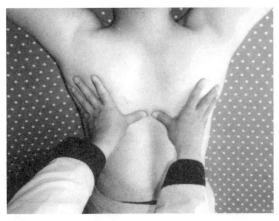

5) **장압법** : 모지압 다음으로 흔히 쓰는 것이 손바닥으로 누르는 장압이다.

기공을 처음 받는 사람이나 몹시 지쳐있는 환자에게 우선 장압으로 신경을 안정시킨 후 본격적인 시술로 들어가는 것

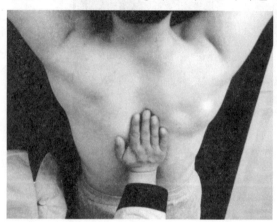

이 효과적이다. 장압은 피시술자가 편히 받을 수 있고 시술자도 힘이 들지 않아서 서로 편리한 방법이다.

6) **쌍장압법** : 양손바닥을 합해서 지긋이 강한 압력으로 눌러주는 방법이다.

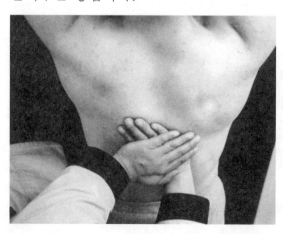

피부를 흡착하듯이 누르거나 빨아올리듯이 누르는 흡인압법(吸引壓法)을 지속적으로 6초 간격으로 눌러 주는 것이 보편적인 방법이다.

7) **권압법** : 주먹을 쥐어서 누르는 방법이다. 쌍권으로 밸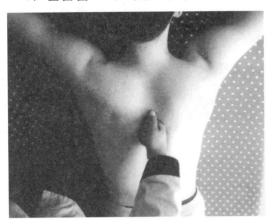런스를 유지하면서 상체의 힘을 이용하는 편이 효과적이다. 배부근육이나 근육이 많은 둔부 등을 치료하는 요법으로서 기공시술 후 근육 신경을 상통시키는 작용을 한다.

8) **고타법** : 한손 또는 두손을 번갈아 사용해서 피시술자의 몸을 리드미컬하고 상쾌하게 두드리는 방법이다. 주먹 소지구(새끼손가락쪽 손바닥의 두툼한 부분), 손바닥, 손끝 등을 이용해 필요한 방법을 활용해서 쓴다.

두드리는 속도는 1초에 3~4회의 진동자극을 주면서 가볍고 빠르게 실시하는 일이 중요하다. 가볍게 단시간 두드리면 신경이나 근육의 기능을 높여주지만, 세게 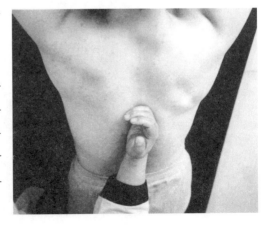장시간 두드리면 오히려 기능을 저하시킬 수도 있다. 그리고 고타법은 흉막이나 늑막 등 인체중 약하다고 생각되는 부분에는 사용하지 않는 편이 좋다.

9) **중지압법** : 양손을 그림과 같이 포개서 엄지손가락과 새끼손가락을 제외한 손가락으로 누르는 방법으로 복부 부위를 누르는데 많이 사용하며 진찰 등 환부를 살필 때도 많이 쓴다.

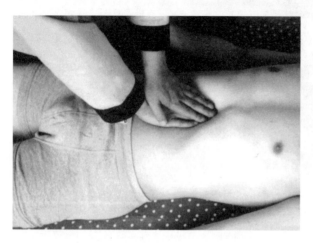

10) **복부 풀어주기** : 배꼽을 중심으로 복부전체를 손바닥으로 눌러준 후 손바닥과 손끝을 사용해 밀어주고 당겨주면서 풀어준다.

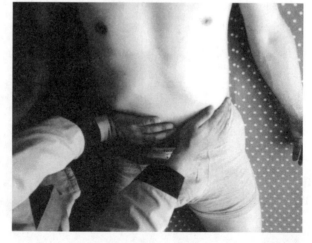

11) **전지압법** : 다섯손가락을 모두 활용하면서 손끝에 힘을 주어 주무르듯이 꽉 잡았다가 놓는 동작을 반복하는 방법

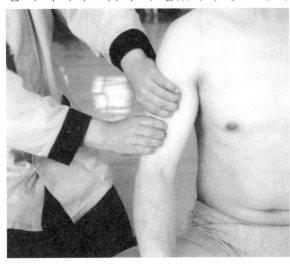

이다. 팔, 다리, 복부 등 전신에 근육이 많은 곳이나 특히 뭉친 곳에 치료하는 요법이다.

12) **진동압법** : 손바닥과 손가락을 사용해 진동 압박을 가하여 근육경결된 곳에 많이 사용하는 방법으로 빠른 속도로

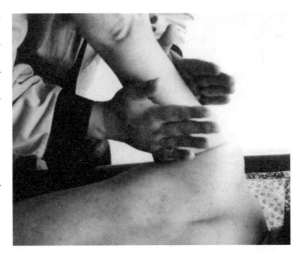

비벼서 근육을 풀어준다. 근육이 많은 둔부나 복부, 비복근, 승모근 등에 많이 쓰며 환자에게 쾌감을 주는 요법이다.

(5) 초능력 기공시술법

우리의 몸은 육체(肉體)와 영체(靈體)가 기(氣)를 매개체로 맞물려 있다. 즉, 정·기·신[1]이 맞물려 있는 것이다. 그렇기 때문에 기(氣)를 활용하여 시술한다고 했으나, 그 영향력은 육체(肉體)와 인체내의 기(氣)와 영체(靈體) 모두에 미친다. 때문에 기공시술자의 차원에 따라서는 영(靈)적 차원이상의 치료도 가능하다.

치료에는 다음과 같이 차원이 있다.

육(肉)적 치료	양의, 한약	지 압	혈자리를 눌러 자극을 준다.
기(氣)적 치료	침, 뜸	기공시술	우주의 기(氣)를 불어넣는다.
영(靈)적 치료	제령(굿), 천도	의 통	시술자의 차원에 따라 천도[2]까지 되어진다.

기공시술자는 환자에게 우주의 청정한 기운을 넣어 주어 각 경락의 막힌 곳을 뚫어주고, 기혈순환의 흐름을 원활하게 만들어 환자를 치유시킨다. 보다 고차원의 능력자는 환자의 탁기(濁氣) - 나쁜 기(氣)와 나쁜 영(靈)까지 포함 - 를 뽑아낸다. 뿐만 아니라 그 나쁜 기(氣)마저도 좋은 기(氣)로 바꾸고, 나쁜 영(靈)은 보다 승화된 영으로 화(化)하게 할 수 있다.

이것을 군이 이름 붙이자면 제령이요 천도라고도 말할 수 있겠다. 제령이나 천도가 꼭 상을 차려놓고 굿이나 천도식을 해야만 이루어지는 것은 아니다.

---

1) 정·기·신 : 정(精)은 육체(肉體), 기(氣)는 만물의 매개체, 신(神)은 영체(靈體)를 말한다.(『선도기공 단전호흡』P.48 제5장 정·기·신)

2) 천 도 : 영(靈)처리를 말하는데 여기서 영(靈)처리란 질병의 근본원인이 영(靈)적인 부분에 있는 경우 영(靈)적으로 그 근본원인을 밝혀 치유시키는 것을 말한다.

의통(醫通)이 열리면 이와 같은 일들이 가능하다. 의통(醫通)은 약손이라고도 하며 죽음을 눈앞에 둔 극심한 병이 아닌 웬만한 병은 모두 낫게 할 수 있는 경지이다. 기감(氣感)으로 느끼고 영안(靈眼)으로 환자의 상태를 보며 진정한 밝음의 상태에서 치료하는 경지이다.

그러면, 이러한 초능력 기공시술법을 살펴보도록 하자.

'의통(醫通)'을 여는 수련법

의통(醫通)을 여는 수련법이란 어떤 것인가? 심법(心法)으로 우주의 음(陰)의 기운과 양(陽)의 기운을 끌어들여, 소우주(小宇宙)인 인체의 기운과 합일시키게 되면, 자신의 몸을 뜨겁게도 할 수 있고, 차게도 할 수 있다. 이 때가 되면 환자의 나쁜 기운을 뽑아내기도 하고 좋은 기운을 환자에게 불어넣어 줄 수도 있을 뿐만 아니라, 영(靈)적인 차원 즉, 마음의 차원까지 심법(心法)으로써 치료가 가능하다. 이러한 의통(醫通)을 여는 수련법의 전수는 무척 민감한 사항이라고 말할 수 있다.

선도수련에 입문한 사람들 중에는 선천적으로 의통(醫通)이 열릴 자질을 타고난 사람도 있다. 그러나, 누구나 수련을 해나감에 따라 의통(醫通)의 자질을 획득하게 되는데, 의통이 열리는 기본 바탕은 심성(心性)이다.

마음공부는 모든 것의 바탕이다. 때문에 스승은 제자의 심성(心性)을 보고 모든 법을 전수하게 된다.

그동안 면면히 '의통(醫通)을 여는 법'을 전수해왔다. 그런데, 기(氣)적인 치료를 할 능력이 생긴 사람의 경우에도 심성(心性)이 이루어지지 못한 경우 의통(醫通)의 차원에 도달하지 못했으며, 기(氣)에 대해서 아주 초보자인 경우에도 심성(心性)이 이루어진 사람은 의통(醫通)이 열리기도 했다.

심성(心性)은 그만큼 중요하다. 때문에 의통을 여는 수련법은 심성이 이루어진 단계의 사람에게 전수한다.

• 왼손의 장심으로 우주의 청정한 기운을 받아 오른손 장
 심을 통해 환자의 단전에 기를 넣어 주어 신장을 치료하
 는 모습

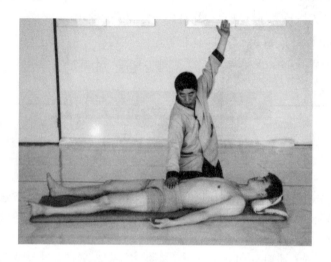

• 음릉천과 조해혈에 기를 넣어 복통, 신경쇠약을 치료하
 는 모습

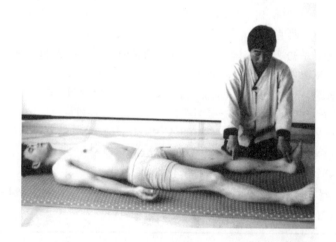

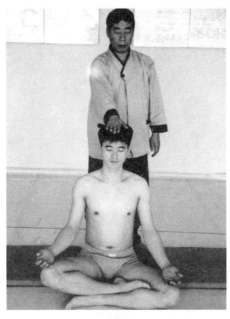

• 백회에 기를 넣어 두통, 불면증, 노이로제를 치료하는 모습

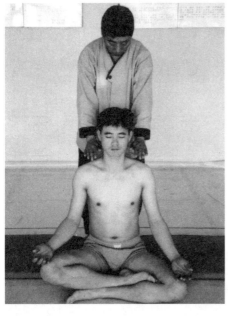

• 견정혈에 기를 넣어 견비통을 치료하는 모습

• 우주의 청정한 기운을 받아 손을 대지 않고 장심으로 환
  자에게 기를 넣어 오장육부의 이상 부위를 치료하는 모습

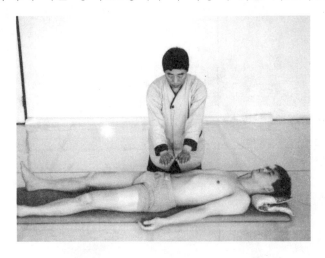

• 머리끝에서부터 온몸
  의 나쁜 기운을 용천
  으로 뽑아내어 치료하
  는 모습

• 명문혈에 기를 넣어 신장을 치료하는 모습

• 위유혈에 기를 넣어 위장질환을 치료하는 모습

(6) 전신 기공시술법

1) 전신 기공시술법

• 경직된 근육을 풀어주고 백회를 누른채 아문혈, 천주혈, 풍지혈을 시술한다.

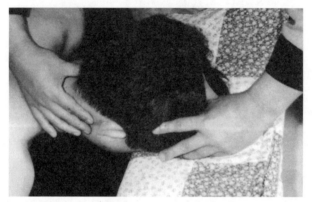

(치료범위 : 아문혈 – 정신병, 전간, 중풍후유증, 뇌진탕후유증, 만성인
후통, 농아, 두통, 구토, 현운
천주혈 – 두통, 항강, 인후증통, 비색, 견배통, 음아
풍지혈 – 감모, 두통, 두운, 항강통, 안병, 비염, 이명, 이
농, 고혈압, 편탄, 뇌부질환)

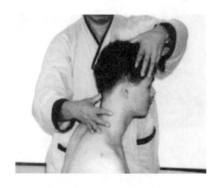

• 앉은 상태에서 경직된 근육
을 풀고 백회를 누른 채 아
문혈, 천주혈, 풍지혈을 시
술한다.

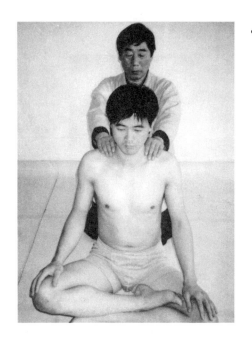

• 목에서부터 어깨, 팔꿈
치까지의 경직된 근육
을 풀어준다.

• 견정혈부터 미추혈까지 경직된 근육을 풀어준다.

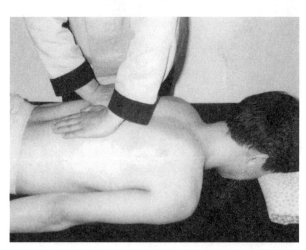

• 견정혈을 기공시술한다(족소양담경)

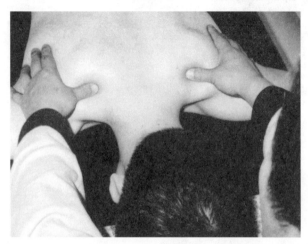

(치료범위 : 견관절급주위연조직질병, 상지탄탄, 액다한증)

• 앉은 자세에서 견정혈을 기공시술한다(족소양담경).

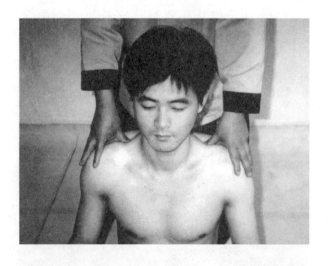

• 곡지혈을 기공시술한다(수양명대장경).

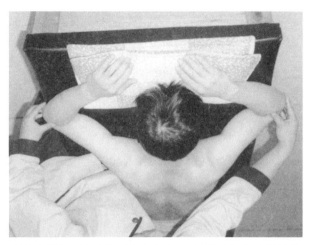

(치료범위 : 상지통, 상지탄탄, 고혈압, 발열, 피부병)

• 양계혈을 기공시술한다(수양명대장경).

(치료범위 : 두통, 목적, 이농, 이명, 수완통, 소아소화불량)

2) 척추시술법

• 척추 전체의 시술 – 흉추 1번부터 아래의 미추까지 양쪽
  의 근골지간(척추의 뼈와 힘살 사이)을 눌러간다.

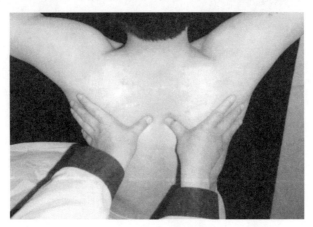

• 통증이 덜 심한쪽의 근골지간을 먼저 지긋이 누르면서
  척추방향으로 밀어간다. 이후 통증이 심한쪽을 시행하는
  데 흉추 1번에서 요추까지 차례로 눌러준다.

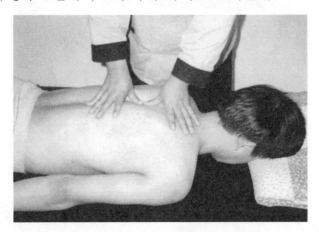

3) 족태양 방광경 시술법

- 대저혈을 기공시술한다(족태양방광경). 제1, 2 흉추 극 돌기 사이 양옆 1.5치에서 시작하여 방광유까지 기공시 술한다.

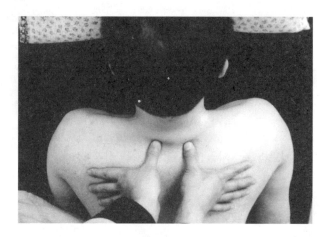

- 고황혈을 기공시술한다(족태양 방광경). 제4, 5 흉추 극돌 기 사이 양옆 3치에서 시작하여 선골까지 기공시술한다.

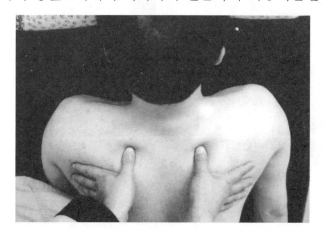

• 환도혈을 기공시술한다(족소양 담경).

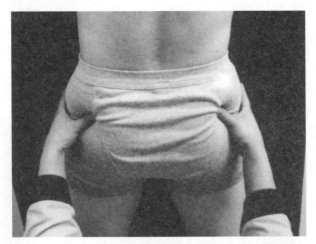

(치료범위 : 좌골신경통, 요퇴통, 하지마비)

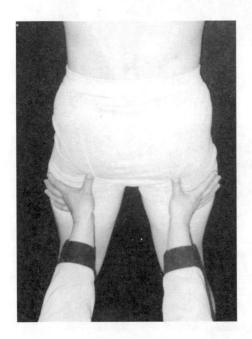

• 승부혈을 기공시술한다
  (족태양 방광경).

(치료범위 : 요저통, 좌골신
경통, 하지탄탄, 요폐, 변비)

• 은문혈을 기공시술한다(족태양 방광경).

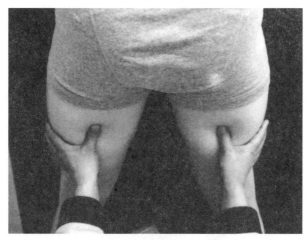

(치료범위 : 요배통, 좌골신경통, 하지마비, 하지탄탄)

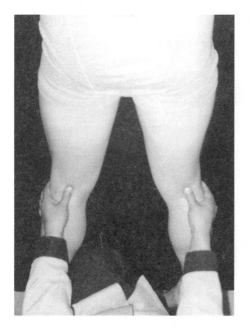

• 위중혈을 기공시술한다 (족태양 방광경).

(치료범위 : 유정, 양위, 소변불리, 급성요배통, 좌골신경통, 하지급슬관절부변증)

- 승근혈을 기공시술한다(족태양 방광경).

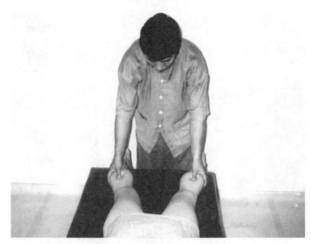

(치료범위 : 두통, 요배강통, 소퇴통, 하지마비, 지창)

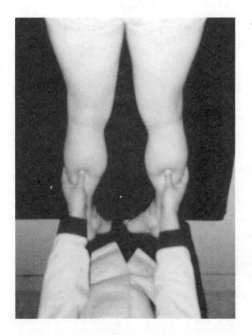

- 승산혈을 기공시술한다
  (족태양 방광경).

(치료범위 : 요퇴통, 좌골신
경통, 비장근경련, 하지탄탄,
지창, 탈항)

• 곤륜혈을 기공시술한다
  (족태양방광경).

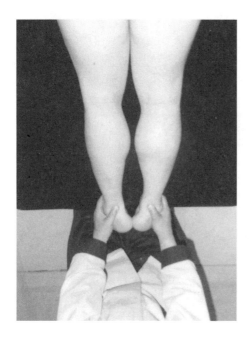

(치료범위 : 두통, 요배통, 좌
골신경통, 하지탄탄, 항강통)

• 용천혈을 기공시술한다(족소음 신경).

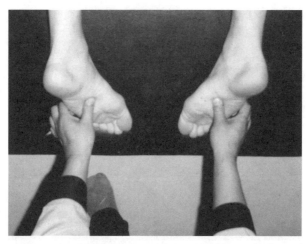

(치료범위 : 휴극, 중서, 고혈압, 뇌일혈, 소아경풍, 억병, 전간)

4) 족소양 담경 시술법

• 환도혈을 기공시술한다(족소양 담경).

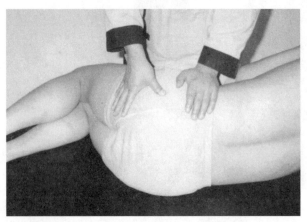

(치료범위 : 좌골신경통, 요퇴통, 하지마비)

• 풍시혈을 기공시술한다(족소양 담경).

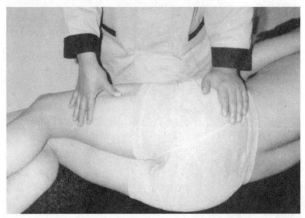

(치료범위 : 하지마비, 하지탄탄, 고외측마목, 요퇴통)

• 슬양관을 기공시술한다(족소양 담경).

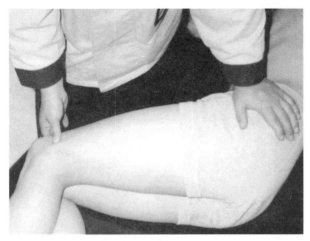

(치료범위 : 슬관절통, 하지마비급탄탄, 소퇴병증)

• 양릉천을 기공시술한다(족소양 담경).

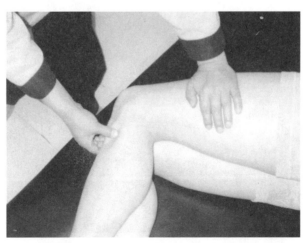

(치료범위 : 슬관절통, 좌골신경통, 편탄, 협륵통, 담낭염, 하지마목)

• 외구혈을 기공시술한다(족소양 담경).

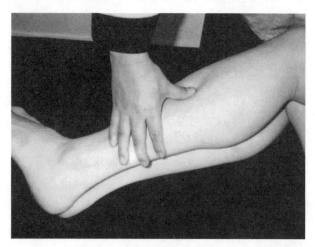

(치료범위 : 두통, 간염, 하지탄탄, 경항강통, 흉협창만)

• 현종혈을 기공시술한다(족소양 담경).

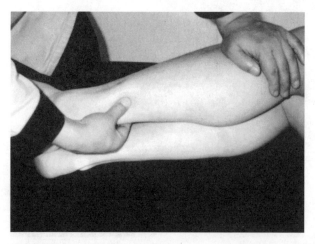

(치료범위 : 슬관절통, 협통, 낙침, 반신불수, 좌골신경통)

• 구허혈을 기공시술한다(족소양 담경).

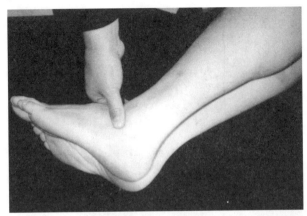

(치료범위 : 흉협통, 담낭염, 액와임파선염, 좌골신경통, 과관절
급주위연조직 질병)

5) 족양명 위경 시술법

• 족삼리혈을 기공시술한다(족양명 위경).

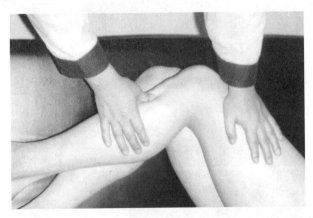

(치료범위 : 위염, 위궤양, 장염, 급성췌선염, 소아소화불량, 설
사, 이질, 실면, 고혈압, 피부소양)

• 조구혈을 기공시술한다(족양명 위경).

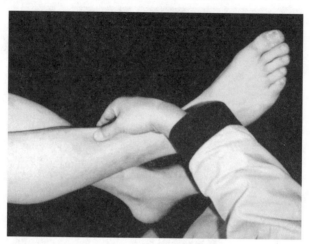

(치료범위 : 위통, 견통불거, 슬통)

• 해계혈을 기공시술한다(족양명 위경)

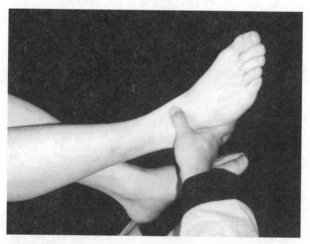

(치료범위 : 두통, 흉통, 족지마목, 과관절통)

6) 족궐음 간경 시술법

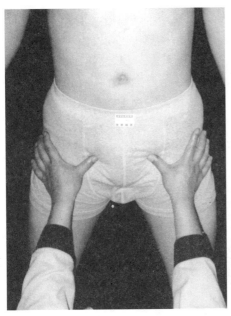

- 음렴혈을 기공시술한다
(족궐음 간경).

(치료범위 : 월경부조, 하지
동통, 산통)

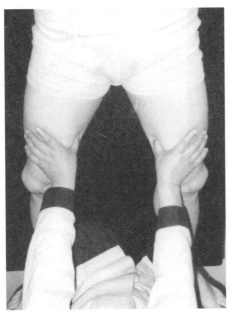

- 음포혈을 기공시술한다
(족궐음 간경).

(치료범위 : 월경부조, 소변
불리, 유뇨)

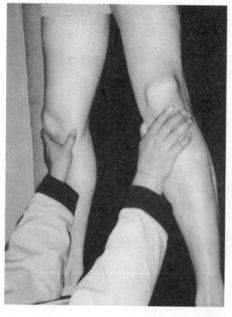

• 곡천혈을 기공시술한다
  (족궐음 간경).

(치료범위 : 자궁탈수, 음부
소양통, 소변불리, 유정, 슬
급대퇴내측통)

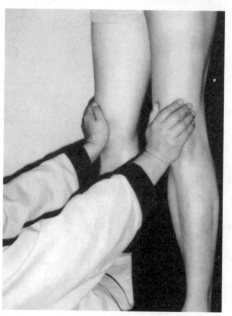

• 슬개골 및 무릎전체
  를 기공시술한 후 장
  공법으로 기(氣)를 넣
  어준다.

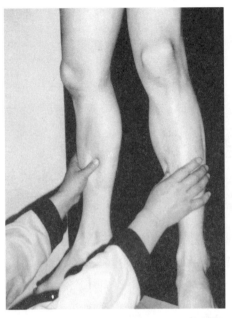

• 중도혈을 기공시술한다
(족궐음 간경).

(치료범위 : 월경부조, 붕루,
산통, 소복통, 하지관절통,
간병)

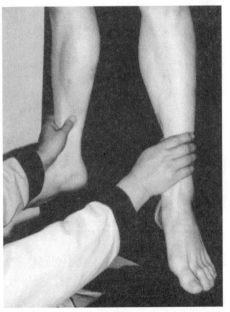

• 삼음교를 기공시술한다.

(치료범위 : 월경부조, 통경,
유정, 양위, 유뇨, 복통, 설
사, 신경쇠약, 불면, 인공유
산, 피부소양증)

- 태충혈을 기공시술한다(족궐음 간경).

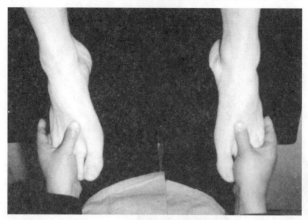

(치료범위 : 두통, 현운, 고혈압, 월경부조, 붕루, 유선염, 산기, 복창)

7) 족태음 비경 시술법

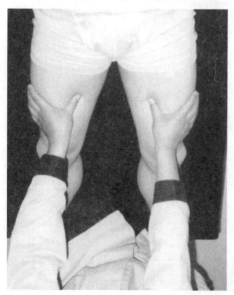

- 기문혈을 기공시술한다 (족태음 비경)

(치료범위 : 늑간신경통, 간염, 간종대, 담낭염, 흉막염, 협륵통, 위신경관능증)

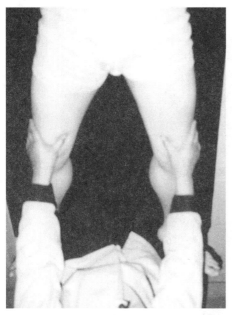

• 혈해혈을 기공시술한다
(족태음 비경).

(치료범위 : 복창, 통경, 폐
경, 피부소양, 월경부조, 자
궁출혈)

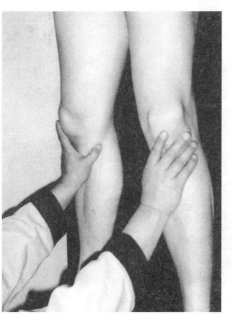

• 음릉천혈을 기공시술한
다(족태음 비경).

(치료범위 : 복통, 수종, 소
변불리, 유뇨, 유정, 월경부
조, 이질)

• 삼음교혈을 기공시술한다

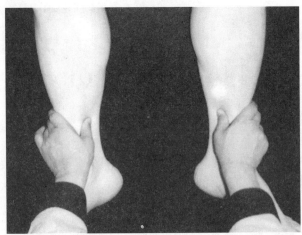

(치료범위 : 월경부조, 통경, 유정, 양위, 유뇨, 복통, 설사, 신
경쇠약, 불면, 인공유산, 피부소양증)

• 상구혈을 기공시술한다(족태음 비경).

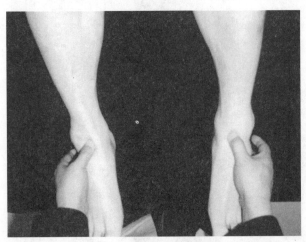

(치료범위 : 장명, 복창, 변비, 설사, 황달, 소화불량, 족과부동통)

8) 족소음 신경 시술법

• 음곡혈을 기공시술한다(족소음 신경).

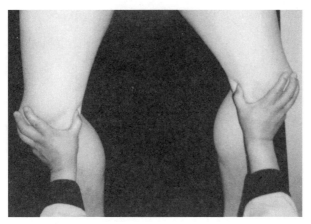

(치료범위 : 요로감염, 요저류, 유정, 양위, 월경과다, 붕루, 슬
고내측통)

• 축빈혈을 기공시술한다(족소음 신경).

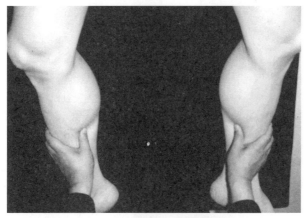

(치료범위 : 하복통, 월경통, 신경관능증, 소퇴통)

• 삼음교혈을 기공시술한다.

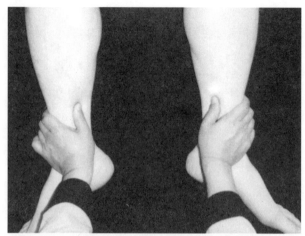

(치료범위 : 월경부조, 통경, 유정, 양위, 유뇨, 복통, 설사, 신경쇠약, 불면, 인공유산, 피부소양증)

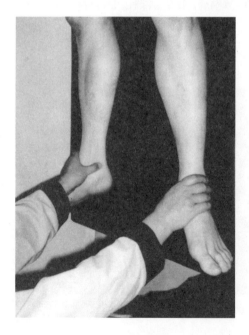

• 태계혈, 태종혈, 수천혈, 조해혈을 기공시술한다(족소음 신경).

(치료범위 : 태계혈 - 요통, 유정, 속저통, 치통, 이명, 인후통, 신염, 방광염, 유뇨
태종혈 - 효천, 학질, 신경쇠약, 억병, 요폐, 인통, 각근통
수천혈 - 월경부조, 복통, 소변불리, 자궁탈수, 근시
조해혈 - 월경부조, 신경쇠약, 전간, 변비, 인후염, 편도선염, 불면)

9) 발가락 시술법

• 엄지발가락부터 새끼발가락까지 풀어준다.

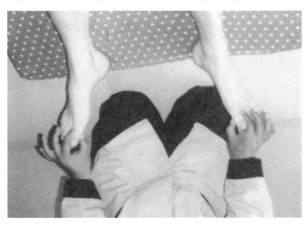

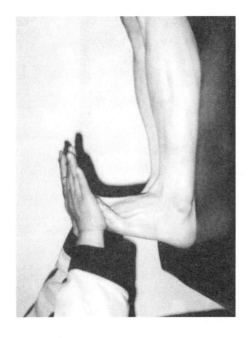

• 손바닥을 사용하여 두 발끝에 대고 위로 밀어주고 아래로 당겨준다.

- 족궐음 간경락의 태충혈을 3~7초 정도 풀어준 후 행간
  혈을 잡고 발을 흔들어 준 다음 발을 들어서 털어준다(3
  번 정도).

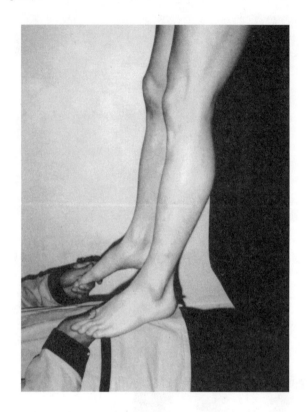

10) 머리, 목 풀어 주기

• 목 전체를 풀어준다(좌, 우).

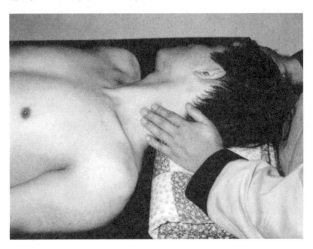

• 목 전체를 풀어준다(좌, 우).

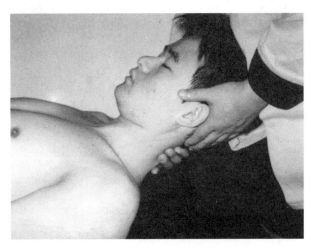

- 대추혈, 아문혈, 천주혈, 풍지혈, 풍부혈, 뇌호혈, 백회혈, 전정혈을 기공시술한다.

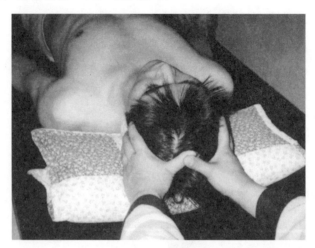

- 신정혈, 두유혈, 태양혈, 청명혈을 차례로 기공시술한다.

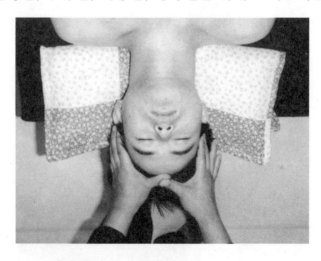

• 이완된 경추를 잡고 좌 · 우로 흔든 후 지긋이 잡아 당겨
  준다.

11) 복진 시술법

• 구미혈에서 곡골(방광)혈까지 위에서 아래로 복진 시술
  한다(복부 검진법 참조).

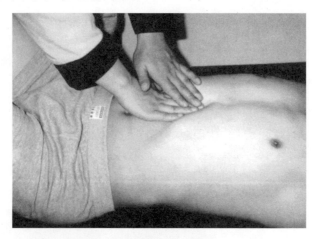

• 곡골(방광)혈에서 시계방향으로 돌아가며 시술한 다음
  이상 부위를 집중 시술한다(복부 검진법 참조).

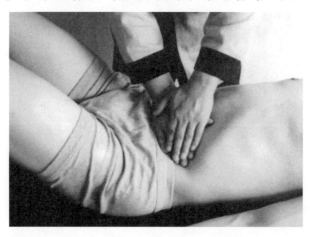

• 그림과 같이 단중혈을 중지로 지긋이 눌러줌과 동시에 장심으로 기(氣)를 넣어준다.

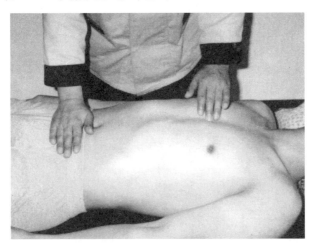

• 그림과 같이 대추에서 방광유까지 타법으로 두드려 준다.

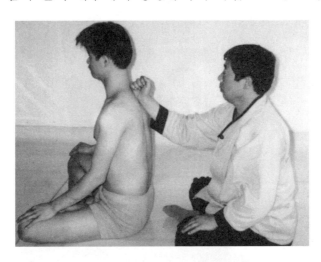

(7) 척추 교정법

1) 경추 교정법

• 양손으로 귀를 감싸고 당기면서 이상부위를 순간 교정한다.

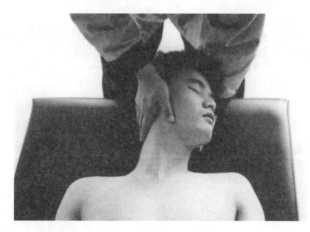

• 손바닥과 손목을 이용하여 이상부위를 순간 교정한다.

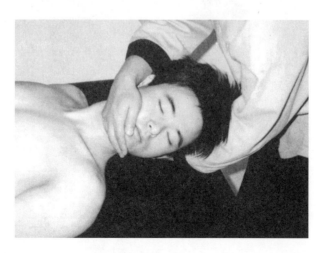

2) 흉추 교정법

- 피시술자의 흉추를 바르게 하고 이상부위를 장심을 이용 하여 순간 교정한다.

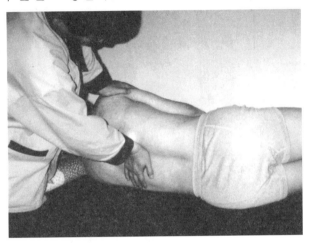

- 그림과 같이 이상부위에 몸의 체중을 실어 순간 교정한다.

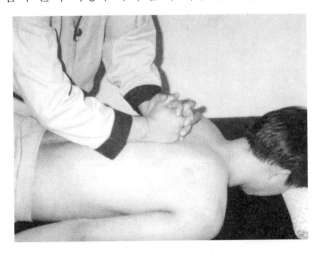

• 흉추를 바르게 하고 손가락을 합친 후 이상부위에 힘을 가하여 순간 교정한다.

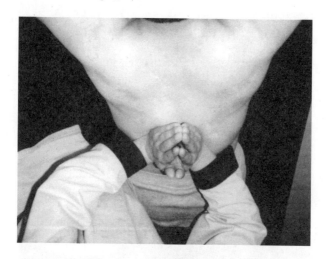

• 양손 엄지손가락으로 이상부위를 교차하면서 몸의 체중을 실어 순간 교정한다.

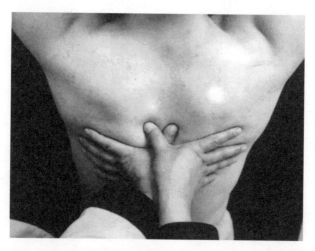

- 그림과 같이 시술자는 접촉된 무릎을 척추에 대고 피시
  술자의 팔꿈치를 잡아 당기면서 밑에서 위로 올라가며
  척추를 바로 잡아준다.

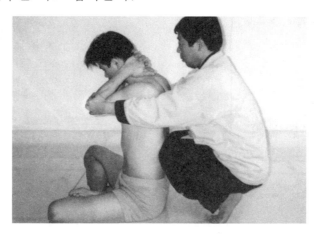

3) 요추 교정법

- 피시술자를 바르게 눕힌 후 다리를 겹치게 하여 쇄골에
  장심을 대고 무릎으로 이상부위를 조종하면서 순간 교정
  한다. 척추 전체를 교정하는 효과가 있다(※ 쇄골주의).

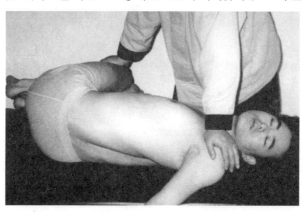

- 여유가 없어질 때까지 회전시킨 다음 시술자는 피시술자의 견갑골을 잡고 이상부위에 장심을 대고 밀고 당기면서 순간 교정한다.

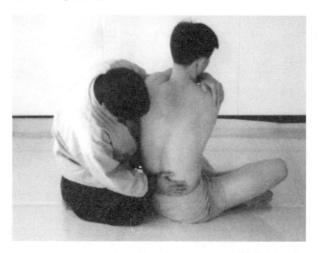

- 여유가 없어질 때까지 회전시킨 다음 이상부위에 장심을 대고 밀어주고 다른 손으로는 당기면서 순간 교정한다.

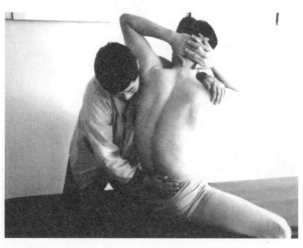

4) 골반교정법

• 그림과 같이 한손으로 이상부위에 장심을 대고 다른 한
  손으로 무릎을 들어올려 순간 교정한다.

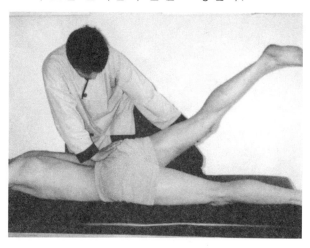

• 위와 같이 순간 교정한다.

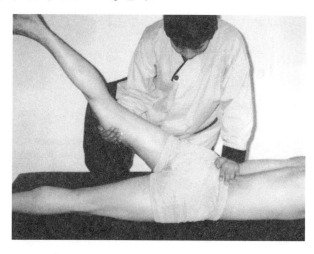

- 교정시 피시술자는 전신의 힘을 뺀 상태로 있고, 시술자
  는 무릎을 들어올려 지긋이 눌러서 이상 부위를 확인한
  다음 대퇴를 굴려주면서 교정한다.

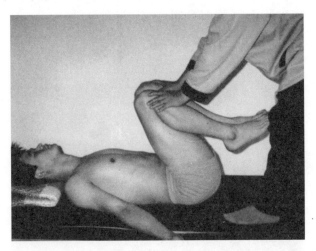

- 환자가 아픔을 느끼지 않을 정도로 시작하여 양손을 지
  긋이 눌러가면서 이상부위 확인후 교정한다.

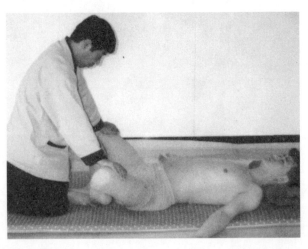

• 양손으로 지긋이 누르면서 교정한다.

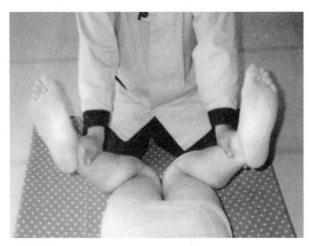

• 피시술자를 바르게 눕힌 후 다리를 겹치게 하여 이상부
위를 무릎을 이용해 교정한다(※ 쇄골 주의).

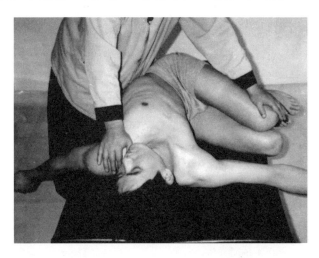

5) 선골 교정법

• 이상부위를 확인하면서 장심의 힘을 이용하여 강·약을
  조종하면서 교정한다.

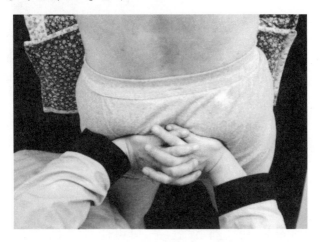

• 이상부위를 확인하면서 엄지손가락을 이용하여 각도를
  변형시키면서 강·약으로 교정한다.

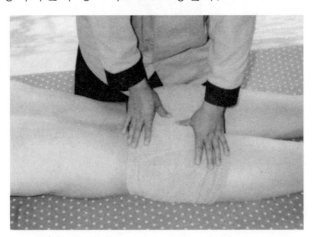

4. 병증(病症)에 대한 기공시술법

(1) 신경계통 질환

1) 후두부 신경통(後頭部神經痛 뒷목덜미의 통증)

일반적으로 후두통이라고 하는 것인데 뒷목에서부터 어깨·팔 전체가 뿌듯하고 쑤시며 무거워지는 증상을 나타낸다. 이는 경추위에 있는 머리를 지탱하는 목의 뼈들 사이에 완충역할을 하는 해면상 조직인 추간원판(椎間圓板)에 이상이 생겨 어깨, 팔, 손끝으로 가는 혈관이나 신경을 압박하기 때문에 나타나는 증상인 것이다.

이때 머리카락을 가볍게 만져도 극심한 통증이 오고 두피의 신경이 아주 민감하며 만약 머리가 깨질듯이 아픈 증세가 있으면 이는 심장압축에서 나오는 혈액이 뇌에 순조롭게 순환되지 않고 있음을 나타낸다. 뇌에 피가 너무 많이 흘러가면 충혈성(피가 충만한) 두통을 초래하며 또 뇌에 혈액이 원활히 공급되지 않으면 체혈성 혹은 빈혈성 두통을 초래하게 된다.

기공시술은 순서대로 하고, 주요 혈인 뇌공, 완골, 풍지, 천주, 현리, 천유는 집중 시술한다.

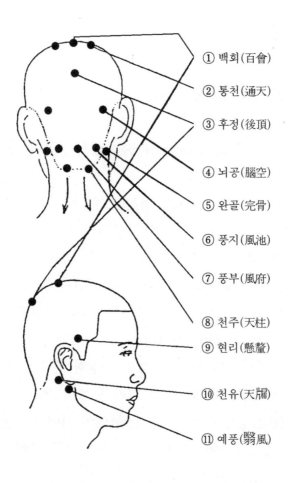

① 백회(百會)

② 통천(通天)

③ 후정(後頂)

④ 뇌공(腦空)

⑤ 완골(完骨)

⑥ 풍지(風池)

⑦ 풍부(風府)

⑧ 천주(天柱)

⑨ 현리(懸釐)

⑩ 천유(天牖)

⑪ 예풍(翳風)

2) 삼차신경통(三叉神經痛), 얼굴의 통층

삼차신경통은 안면부의 삼차신경이 하나에서 여러개로 갈라지는 곳에서 발생되고 발생빈도는 중년여성층에서 높게 나타난다. 통증의 처음증세는 얼굴에 둔통(鈍痛)을 느낄 정도이지만 악화되면 몸을 움직일 때마다 얼굴에서 머리뒤와 어깨까지 바늘로 찌르듯한 통증이 매우 강렬하게 나타나나 감각상실이나 신경전도의 기능은 나타나지 않는다.

때론 입이 벌리기 어려워 식사도 제대로 할수 없는 경우도 있고 심한 경우 밤에 잠들기 어렵기 때문에 신경과민으로 쇠약해지기 쉽다. 그 원인은 정확히 밝혀진바 없으나 삼차신경의 분지(分枝)가 통과하는 두개골의 공극(孔隙)이 압박을 받거나 염증성 자극을 받는 것과 관련 있다고 추측되며 병리검사상으론 이상이 나타나지 않는다. 한의학상으로는 주로 평소 습관이 신실(愼實)치 못하여 육음지사(六淫止邪)가 표(表)로부터 경락으로 침범해와 두부(頭部)를 범한 결과 청양치기(請陽痔氣)가 저해되어 발생하며 혹은 과도한 사고(思考)나 번로(煩勞)로 간음(肝陰)이 손상되어 울체되는 화(火)로 화(化)함으로써 간양(肝陽)이 상항(上亢)하여 발생된다고 본다.

발작시 특징은 격렬한 동통(疼痛)으로 나타나며 이 동통은 수초내지 수십초간 지속되다 돌연히 그치는 것이 보통이며 하루에도 수차 내지 수십차 발작한다. 기공시술은 순번대로 하고 주요 혈인 예풍, 척택을 집중 시술한다.

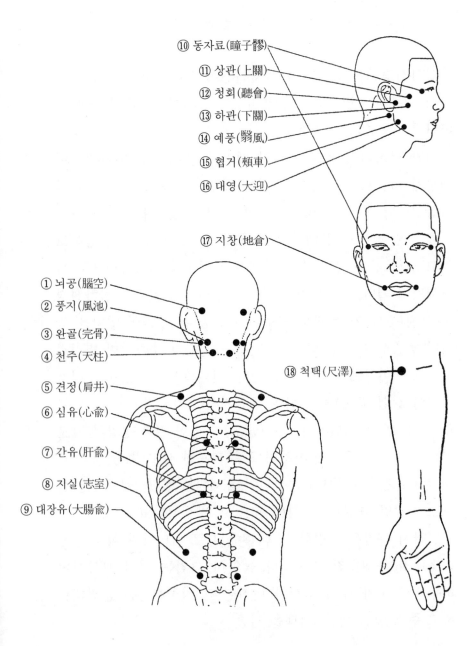

⑩ 동자료(瞳子髎)

⑪ 상관(上關)

⑫ 청회(聽會)

⑬ 하관(下關)

⑭ 예풍(翳風)

⑮ 협거(頰車)

⑯ 대영(大迎)

⑰ 지창(地倉)

① 뇌공(腦空)

② 풍지(風池)

③ 완골(完骨)

④ 천주(天柱)

⑤ 견정(肩井)

⑥ 심유(心兪)

⑦ 간유(肝兪)

⑧ 지실(志室)

⑨ 대장유(大腸兪)

⑱ 척택(尺澤)

3) 안면경련 및 마비(얼굴의 풍증)

얼굴에는 아픔이나 차고 더운 것을 감지하는 삼차신경과 근육을 관장하는 안면신경 두개가 있다. 안면경련은 안면신경기능이 둔화되어 일어나는 증세로 경우에는 눈거풀이나 입술이 툭툭 튀는 것 같은 가벼운 증세를 일으키기도 하고, 알콜중독이나 디프테리아 등으로 발작이 오기도 한다. 하절에 선풍기나 에어콘을 켜놓고 자거나 밖에서 찬이슬을 맞고 자거나 찬돌베게 등을 베고 장시간 잠든 경우에 갑자기 얼굴이 굳어져 말도 못하게 되는데, 이처럼 얼굴을 장시간 차게 하거나 심신의 극심한 피로가 계속되는 경우 얼굴의 운동신경이 둔화되어 경련과 마비가이 일어난다.

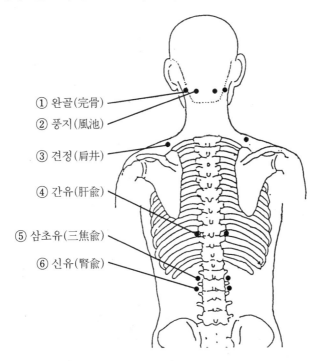

① 완골(完骨)
② 풍지(風池)
③ 견정(肩井)
④ 간유(肝兪)
⑤ 삼초유(三焦兪)
⑥ 신유(腎兪)

풍사(風邪)가 중경락(中經絡)에 침범하면 구안(口眼)이 와사(蝸斜)된다. 풍사가 초입(初入)하였을 때는 그 부위가 도리어 이완무력(弛緩無力)하게 되고 건측(健側)으로 구안을 당겨서 비틀어지되 혹은 좌측으로 혹은 우측으로 비틀어진다.

기공시술은 순번대로 하고 주요 혈인 양백, 사죽공, 정명, 동자료, 영향, 지창은 집중 시술한다.

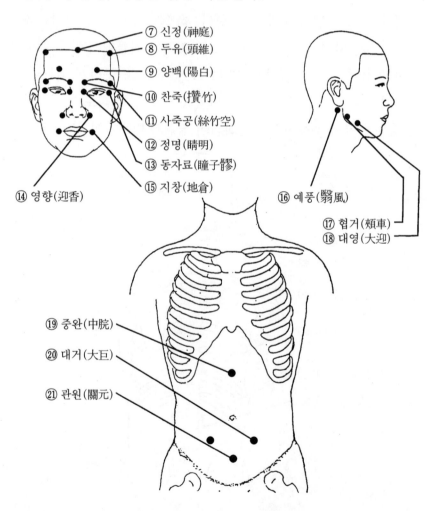

⑦ 신정(神庭)
⑧ 두유(頭維)
⑨ 양백(陽白)
⑩ 찬죽(攢竹)
⑪ 사죽공(絲竹空)
⑫ 정명(睛明)
⑬ 동자료(瞳子髎)
⑭ 영향(迎香)
⑮ 지창(地倉)
⑯ 예풍(翳風)
⑰ 협거(頰車)
⑱ 대영(大迎)
⑲ 중완(中脘)
⑳ 대거(大巨)
㉑ 관원(關元)

4) 두통(頭痛), 두중(頭重), 편두통(偏頭痛)

　두통중에는 좌우편두통, 염궐두통, 혈허두통, 기허두통, 열궐두통 등이 있다. 일시적으로 통증이 오기도 하고 지속적으로 오기도 하는데 그 원인은 대략 다음과 같다.

- 기후변화에서 오는 감기몸살로 인한 두통
- 가스중독이나 유독성 음식물을 섭취했을 때
- 정신적 긴장이나 불안초조감으로 인해서
- 생리불순, 치통, 이통, 출혈 등으로 열이 발생했을 때

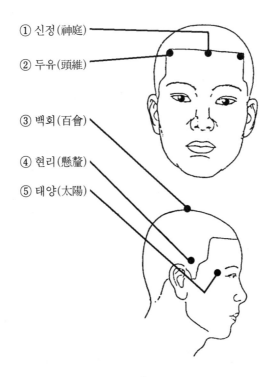

① 신정(神庭)
② 두유(頭維)
③ 백회(百會)
④ 현리(懸釐)
⑤ 태양(太陽)

• 뇌염, 뇌종양, 유행성 수막염, 뇌동맥경화 등은 지속적
  으로 올 수도 있다.

두통이나 두중통은 그 원인 자체가 분명한 것은 전문의의
치료가 필요하지만 가벼운 증상의 두통이나 두중통은 아래
치료법으로도 완쾌할 수 있다. 이때 뇌공, 완공, 풍지, 천주,
견정을 집중 기공시술하면 좋다.

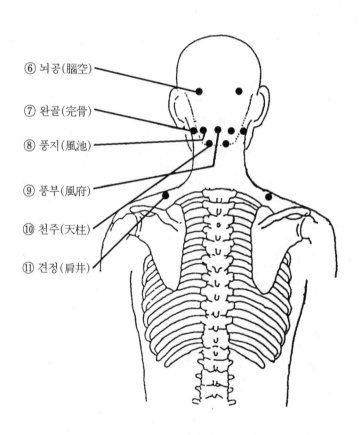

⑥ 뇌공(腦空)

⑦ 완골(完骨)

⑧ 풍지(風池)

⑨ 풍부(風府)

⑩ 천주(天柱)

⑪ 견정(肩井)

5) 치통(齒痛 : 풍치, 치조농루)

치통에도 여러가지 원인은 있으나 통증은 주로 충치에 의해 오는 증상이 많다. 또 얼굴의 지각을 관장하는 삼차신경의 이상에서 오는 치통도 있다.

상치통(上齒痛)은 족양명위경(足陽明胃經)의 사백혈(四百穴)이나 거료혈(巨髎穴)이 효과적이고 하치통(下齒痛)은 수양명대장경(手陽明大腸經)의 대영혈(大迎穴)이 효과적이다.

신화(腎火)가 항진되면 골수가 말라 뼈가 흔들리는 경우도 있다. 아래 그림에 따라 지속적으로 기공시술을 해주면 전반적인 치통에 효과적이다.

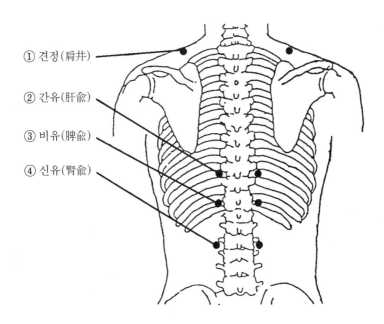

① 견정(肩井)
② 간유(肝兪)
③ 비유(脾兪)
④ 신유(腎兪)

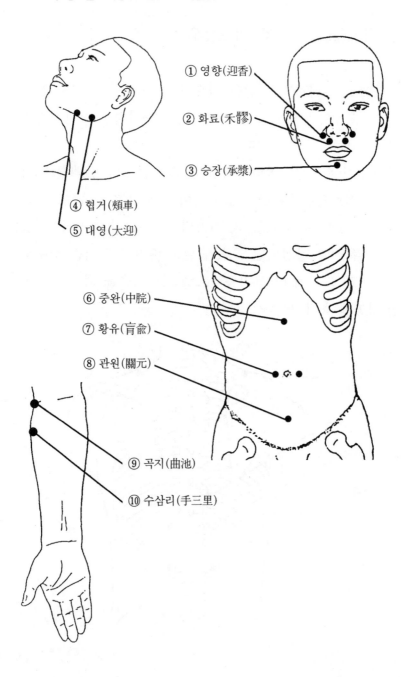

① 영향(迎香)

② 화료(禾髎)

③ 승장(承漿)

④ 협거(頰車)

⑤ 대영(大迎)

⑥ 중완(中脘)

⑦ 황유(肓兪)

⑧ 관원(關元)

⑨ 곡지(曲池)

⑩ 수삼리(手三里)

6) 구강염(입안이 헐었을 때, 입주위에 염증 부스럼 등이 났을 때)

입속이 헐고 입주위에 염증이나 종기 등이 나고 거칠어지며 식욕부진하고 명치 끝이 답답하면서 불쾌하거나 신체무력감 등을 나타내는 병증이면 대개 소화기 계통의 상태가 좋지 않은 것에서 기인하는 바 위(胃)와 장(腸)의 균형을 바로잡아 치료한다.

치료는 간유(肝兪), 비유(脾兪), 위유(胃兪)를 치료하여 위와 장의 부조를 바로 잡아 주고, 지창혈(地倉穴)은 종기 및 부스럼 안면신경마비, 입의 경련, 침흘리는데 등의 치료에 가장 좋은 혈이다. 비기(脾氣)는 입과 통하여 비(脾)가 화평한 즉 능히 오곡을 알고, 심기(心氣)는 혀와 통하여 심(心)이 화

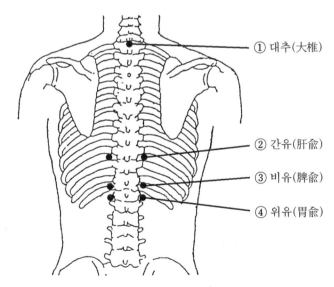

① 대추(大椎)
② 간유(肝兪)
③ 비유(脾兪)
④ 위유(胃兪)

평한즉 오미(五味)를 안다(脾氣通於口 脾和則 口能知五穀 心
氣通於舌心和則舌能知五味矣).

　폐에 열이 있으면 입속이 맵고(脾有熱 口辛)

　심에 열이 있으면 입속이 쓰고(心有熱 口苦)

　신장에 열이 있으면 입속이 짜고(腎有熱 口鹹)

　간에 열이 있으면 입속이 시다(肝有熱 口酸)

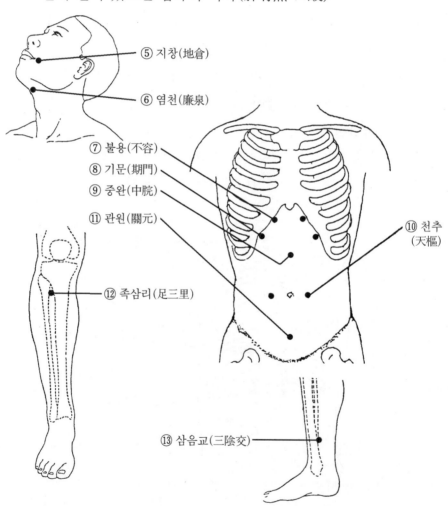

⑤ 지창(地倉)

⑥ 염천(廉泉)

⑦ 불용(不容)

⑧ 기문(期門)

⑨ 중완(中脘)

⑪ 관원(關元)

⑩ 천추(天樞)

⑫ 족삼리(足三里)

⑬ 삼음교(三陰交)

7) 귀의 통증(耳痛) 및 귀울림(耳鳴)

이통(耳痛)은 대개 귀에서 대뇌(大腦), 소뇌(小腦)에 이르는 기능에 장애가 있을 때 발생되며 주로 중이염이나 노화성에서 오는 수가 흔하다. 증세는 귀에서 소리가 나거나 통증을 느끼는 것인데 통증이 심한 중이염이나 이관협착증(耳菅俠窄症)같이 밤에 잠을 못잘 정도로 통증이 심하면 안정을 취하면서 무리한 노동이나 운동을 피하고 목욕도 삼가하는 것이 좋으며 전문의를 찾는 것이 좋다. 특별한 원인없이 음식을 씹을 때 통증을 느끼는 신경성 통증이나 귀주위를 누르면 오는 이통, 이명증은 치료가 가능하다. 신기(腎氣)는 귀에 통하여 신이 화평한즉 능히 오음을 듣는고로 이명이나 이농은 신장에서 찾음이 마땅하다 했다(腎氣通於耳 腎和則 能聞五音 故耳鳴而耳聾者宜腎臟).

순번대로 기공시술하고 예풍, 풍지, 완골은 집중 시술한다.

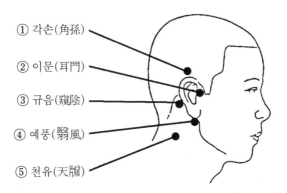

① 각손(角孫)
② 이문(耳門)
③ 규음(窺陰)
④ 예풍(翳風)
⑤ 천유(天牖)

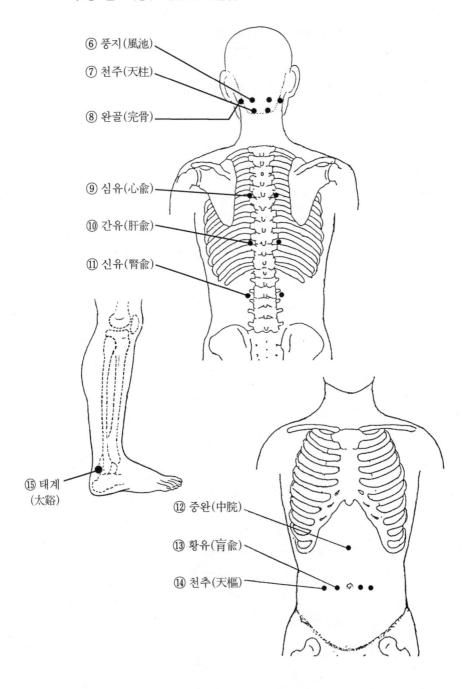

⑥ 풍지(風池)

⑦ 천주(天柱)

⑧ 완골(完骨)

⑨ 심유(心兪)

⑩ 간유(肝兪)

⑪ 신유(腎兪)

⑮ 태계
(太谿)

⑫ 중완(中脘)

⑬ 황유(肓兪)

⑭ 천추(天樞)

8) 오십견(어깨신경통)

　오십견은 관절을 싸고 있는 인대근육과 건(腱)의 힘줄이상
으로 염증을 일으킨 증세로 주로 40~50대에서 흔히 발생한
다하여 오십견이라 부른다. 즉 노화로 인한 완관절통을 말한
다. 증세는 팔이 져리고 마비감이 있고 쑤시며 팔을 회전시키
는데 힘이 들며 몹시 아픈 통증을 나타낸다. 치료는 아픈 경
락을 위주로 치료하며 기공치료가 매우 효과적이다.

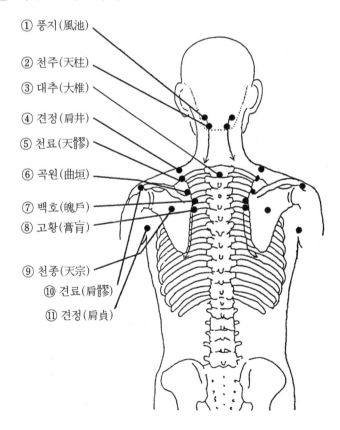

① 풍지(風池)
② 천주(天柱)
③ 대추(大椎)
④ 견정(肩井)
⑤ 천료(天髎)
⑥ 곡원(曲垣)
⑦ 백호(魄戶)
⑧ 고황(膏肓)
⑨ 천종(天宗)
⑩ 견료(肩髎)
⑪ 견정(肩貞)

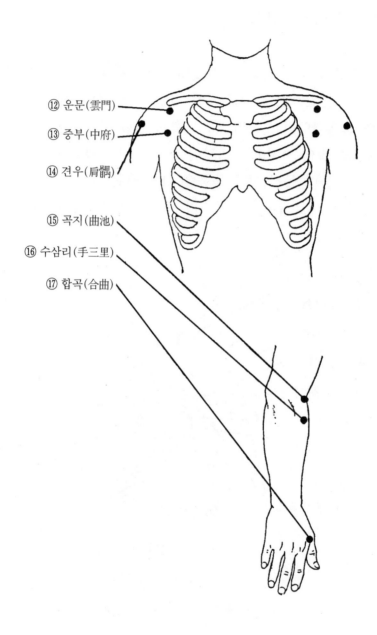

⑫ 운문(雲門)

⑬ 중부(中府)

⑭ 견우(肩髃)

⑮ 곡지(曲池)

⑯ 수삼리(手三里)

⑰ 합곡(合曲)

9) 등 결림

배주근경질증이라고도 하는 것인데 그 원인은 노화현상에서도 오고 무거운 짐을 지는 사람이나 굽히고 하는 일에 종사하는 사람, 한쪽으로만 힘을 주는 일을 하는 사람, 운동 경기의 피로 등에서 찾아볼 수 있다.

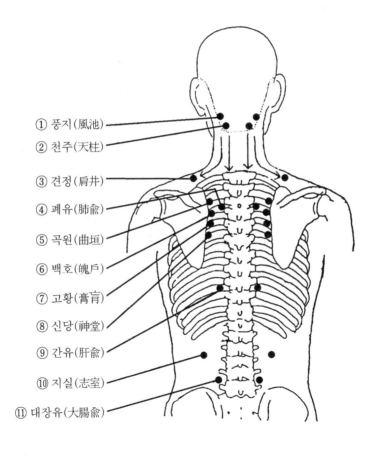

① 풍지(風池)
② 천주(天柱)
③ 견정(肩井)
④ 폐유(肺兪)
⑤ 곡원(曲垣)
⑥ 백호(魄戶)
⑦ 고황(膏肓)
⑧ 신당(神堂)
⑨ 간유(肝兪)
⑩ 지실(志室)
⑪ 대장유(大腸兪)

대개 척추근부(脊椎筋部), 승모근부(僧帽筋部), 괄배근부
(括背筋部), 극하근부(棘下筋部) 등에서 통증이 오고 결림증
세와 숨만 쉬어도 깜짝 놀라게 되는 증세이다.

곡원, 백호, 고황, 신당을 집중 기공 시술한다.

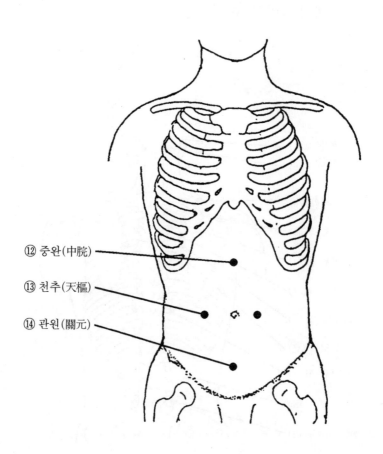

⑫ 중완(中脘)

⑬ 천추(天樞)

⑭ 관원(關元)

10) 요통(腰痛 : 디스크, 추간판 이탈증)

허리는 신에 속하니 신이 허한즉 요통이 온다(腰屬腎 腎虛則 腰痛).

요통의 발생원인은 내상(內傷)이나 외감(外感), 방사과도(房事過度)나 무거운 것을 져서 발생하는 경우가 많다. 즉 신

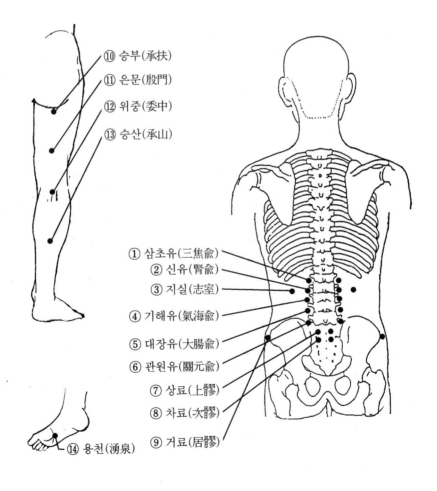

⑩ 승부(承扶)
⑪ 은문(殷門)
⑫ 위중(委中)
⑬ 승산(承山)

① 삼초유(三焦兪)
② 신유(腎兪)
③ 지실(志室)
④ 기해유(氣海兪)
⑤ 대장유(大腸兪)
⑥ 관원유(關元兪)
⑦ 상료(上髎)
⑧ 차료(次髎)
⑨ 거료(居髎)

⑭ 용천(湧泉)

장이 허하고 정혈(精血)이 허해서 오는 신허요통(腎虛腰痛)
과 풍(風)이 신을 상하게 해서 통증이 좌우로 왔다갔다하는
풍통(風痛)과 무거운 것을 들다 삐거나 떨어져서 다치는 물리
적 요소에서 오는 좌민요통(挫悶腰痛)으로 나눠볼 수 있다.

　기공시술은 순번대로 진행하고 흉추교정법으로 시술한다.

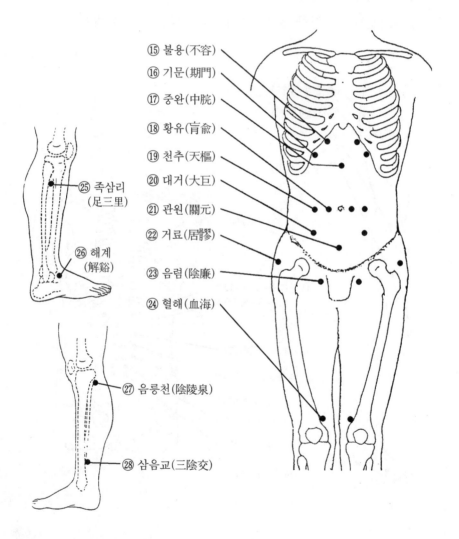

⑮ 불용(不容)
⑯ 기문(期門)
⑰ 중완(中脘)
⑱ 황유(肓兪)
⑲ 천추(天樞)
⑳ 대거(大巨)
㉑ 관원(關元)
㉒ 거료(居髎)
㉓ 음렴(陰廉)
㉔ 혈해(血海)

㉕ 족삼리(足三里)
㉖ 해계(解谿)
㉗ 음릉천(陰陵泉)
㉘ 삼음교(三陰交)

11) 변형성 요추통증(變形性 腰椎痛症 : 허리, 다리의 통증)

변형성 요추증이란 간단히 설명하면 척추신경이 역출(力出)하는 척공(脊孔) 사이에 균형이 맞지않아 신경이 짖눌려 오는 증상을 말하는데 허리 뿐만 아니라 하지의 무릎까지 통증이 오고 져려오는 것을 말한다. 슬관절(膝關節)의 통증은 퇴행성 변형으로 오는 경우도 있다. 이러한 병증은 중년이후에 많이 발생되며 특히 비만체질에서 많이 발생한다.

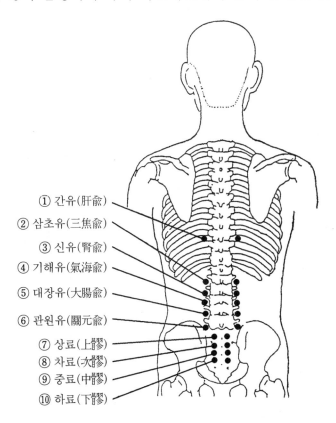

① 간유(肝兪)
② 삼초유(三焦兪)
③ 신유(腎兪)
④ 기해유(氣海兪)
⑤ 대장유(大腸兪)
⑥ 관원유(關元兪)
⑦ 상료(上髎)
⑧ 차료(次髎)
⑨ 중료(中髎)
⑩ 하료(下髎)

식이요법으로 체질을 개선하면서 단전호흡을 병행하는 것이 효과적이다.

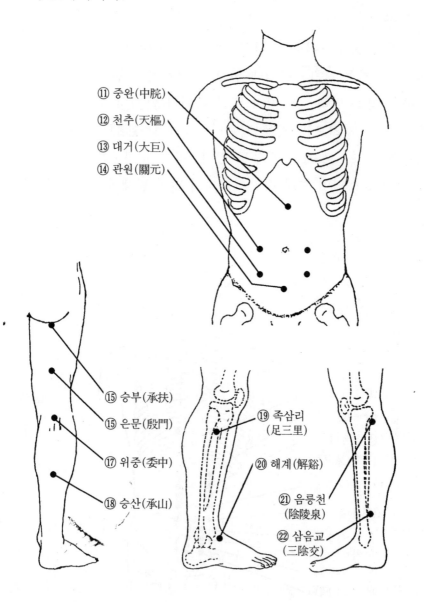

⑪ 중완(中脘)
⑫ 천추(天樞)
⑬ 대거(大巨)
⑭ 관원(關元)
⑮ 승부(承扶)
⑮ 은문(殷門)
⑰ 위중(委中)
⑱ 승산(承山)
⑲ 족삼리(足三里)
⑳ 해계(解谿)
㉑ 음릉천(陰陵泉)
㉒ 삼음교(三陰交)

12) 좌골신경통(坐骨神經痛)

좌골신경통은 인체내에서 가장 굵고 긴 좌골신경이 허리에서 둔부 허벅지를 지나 발뒤꿈치에 이르는 신경계통이 요골(腰骨)에서 장애를 받으면 편족통증(片足痛症)이 오고 내장장애(內臟障碍)(당뇨나 부인병)가 있을시는 양족통증(兩足痛症)이 오게 된다.

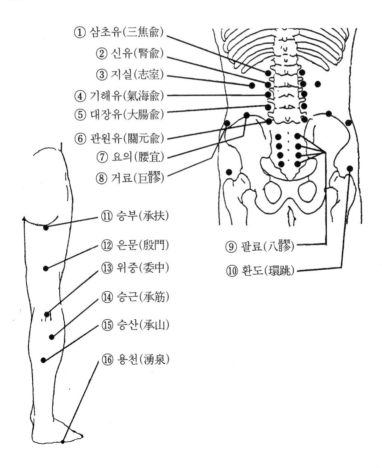

① 삼초유(三焦兪)
② 신유(腎兪)
③ 지실(志室)
④ 기해유(氣海兪)
⑤ 대장유(大腸兪)
⑥ 관원유(關元兪)
⑦ 요의(腰宜)
⑧ 거료(巨髎)
⑪ 승부(承扶)
⑫ 은문(殷門)
⑬ 위중(委中)
⑭ 승근(承筋)
⑮ 승산(承山)
⑯ 용천(湧泉)
⑨ 팔료(八髎)
⑩ 환도(環跳)

　기침이나 재치기 또는 몸을 굽혔을 때 심한 통증이 오거나 다리 뒤쪽이 져리고 무릎을 펴서 올리면 허벅지에서 종아리에 심한 통증이 나타난다. 척추의 노쇄나 변형, 습냉(濕冷)이나 일시적인 과중한 피로가 원인이 될 수도 있다. 순번대로 집중 시술하되, 복진을 많이 해주면 매우 효과적이다.

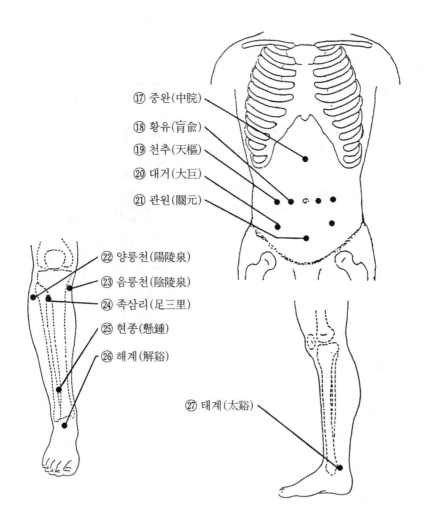

⑰ 중완(中脘)
⑱ 황유(肓兪)
⑲ 천추(天樞)
⑳ 대거(大巨)
㉑ 관원(關元)

㉒ 양릉천(陽陵泉)
㉓ 음릉천(陰陵泉)
㉔ 족삼리(足三里)
㉕ 현종(懸鍾)
㉖ 해계(解谿)

㉗ 태계(太谿)

13) 손가락마비 또는 저림

원인은 대개 3가지 정도로 분류한다.

경추의 이상으로 중추신경을 압박하여 손끝으로 통하는 신경근(神經根)이 눌려오는 증상인데 대개 5, 6번 경추에 이상이나 변형이 있으면 모지와 인지가 저리고 6, 7번이면 중지 7번과 흉추 1번이면 약지나 소지에 저림 증상이 온다. 또 쇄골하동맥이 압박되어 혈액순환이 잘안될 경우인데 이 경우는 또 신체허약으로 혈액순환이 말초혈관에서 원활히 순환이 안되는 빈혈일 경우에서도 이런 증상이 나타난다.

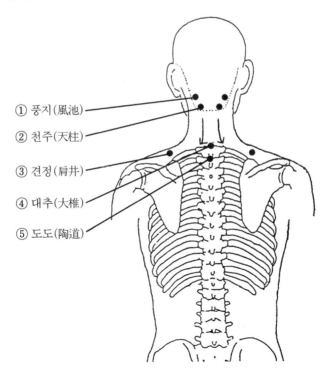

① 풍지(風池)
② 천주(天柱)
③ 견정(肩井)
④ 대추(大椎)
⑤ 도도(陶道)

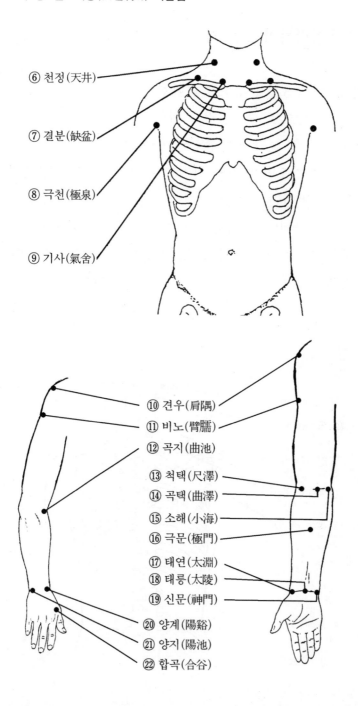

⑥ 천정(天井)

⑦ 결분(缺盆)

⑧ 극천(極泉)

⑨ 기사(氣舍)

⑩ 견우(肩隅)

⑪ 비노(臂臑)

⑫ 곡지(曲池)

⑬ 척택(尺澤)

⑭ 곡택(曲澤)

⑮ 소해(小海)

⑯ 극문(極門)

⑰ 태연(太淵)

⑱ 태릉(太陵)

⑲ 신문(神門)

⑳ 양계(陽谿)

㉑ 양지(陽池)

㉒ 합곡(合谷)

14) 반신불수(半身不隨 : 중풍, 뇌졸증 후유증 등)

반신불수는 인체의 한쪽이 마비되는 것을 말한다. 뇌내 혈
관이 변형되어 좁아지거나 굳어지면 혈의 압을 견디지 못하
고 터져서 발병하는 경우는 흔히 고혈압의 경우에서 많이 나
타난다. 또는 뇌세포의 영양장애로 그 기능이 둔화되어 뇌가

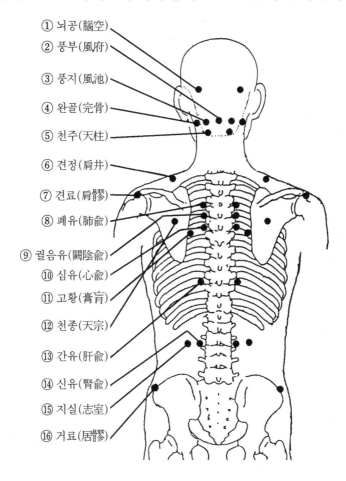

① 뇌공(腦空)
② 풍부(風府)
③ 풍지(風池)
④ 완골(完骨)
⑤ 천주(天柱)
⑥ 견정(肩井)
⑦ 견료(肩髎)
⑧ 폐유(肺兪)
⑨ 궐음유(闕陰兪)
⑩ 심유(心兪)
⑪ 고황(膏肓)
⑫ 천종(天宗)
⑬ 간유(肝兪)
⑭ 신유(腎兪)
⑮ 지실(志室)
⑯ 거료(居髎)

서서히 위축되어 무력해짐으로써 발병하는 것은 저혈압인 경우가 많다.

이 증상의 특징은 오른잡이가 오른쪽이 마비되면 언어장애가 오고, 왼쪽에 왔을 때 언어장애가 없는데, 왼손잡이에게도 마찬가지이다. 흔히 일명 중풍이라고 한다.

순번대로 기공시술을 해줌과 동시에 근육과 수족관절마디를 잘 풀어주며 꾸준한 인내로 치료해 준다.

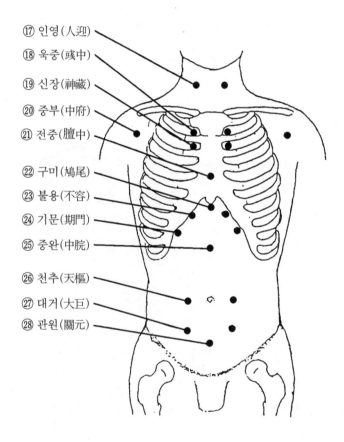

⑰ 인영(人迎)
⑱ 욱중(彧中)
⑲ 신장(神藏)
⑳ 중부(中府)
㉑ 전중(膻中)
㉒ 구미(鳩尾)
㉓ 불용(不容)
㉔ 기문(期門)
㉕ 중완(中脘)
㉖ 천추(天樞)
㉗ 대거(大巨)
㉘ 관원(關元)

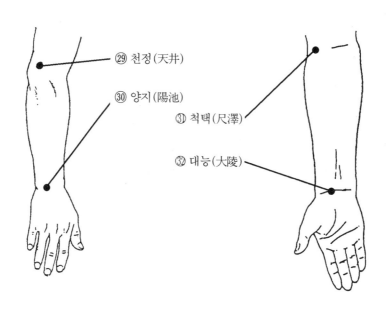

㉙ 천정(天井)

㉚ 양지(陽池)

㉛ 척택(尺澤)

㉜ 대능(大陵)

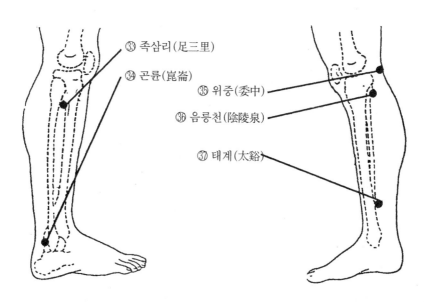

㉝ 족삼리(足三里)

㉞ 곤륜(崑崙)

㉟ 위중(委中)

㊱ 음릉천(陰陵泉)

㊲ 태계(太谿)

15) 척수성 소아마비(脊髓性 小兒麻痺)

척수성 소아마비는 주로 여름이나 가을에 나타나는 일종의
전염병의 하나이다. 경미할 때는 발열, 두통, 설사를 2~3일
간 계속하는 등의 증세가 나타났다. 자연히 회복되는데 이를
불현성감염이라 하는데 척수성 소아마비의 90%를 점유하고
있다. 이밖에 폴리오라는 세균성 척수소아마비는 병균이 척
수의 회백질 부분에 침입되어 척수신경을 장애를 주어 발병
하는데 수족이 마비되어 차지는 현상이 나타난다.

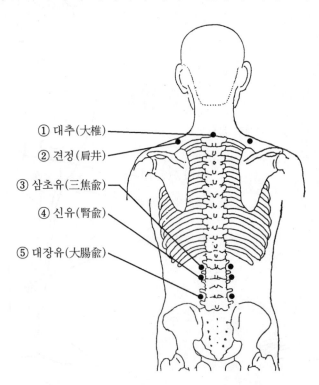

① 대추(大椎)

② 견정(肩井)

③ 삼초유(三焦兪)

④ 신유(腎兪)

⑤ 대장유(大腸兪)

　　치료시에는 급성증상을 없앤후 열찜질이나 온수욕을 해준
다. 전신 시술법으로 치유하며 경락순서에 따라 집중시술한다.

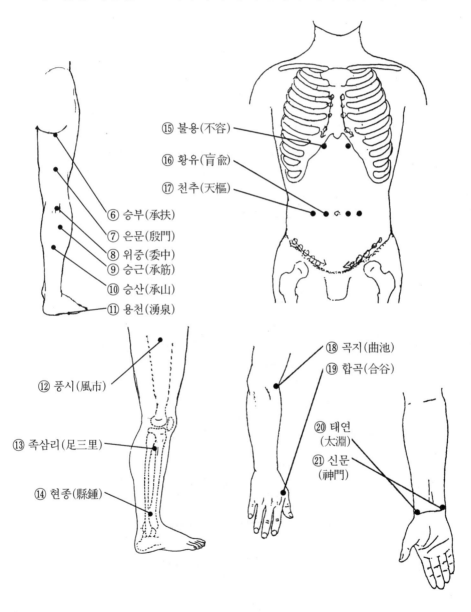

⑮ 불용(不容)

⑯ 황유(肓兪)

⑰ 천추(天樞)

⑥ 승부(承扶)

⑦ 은문(殷門)

⑧ 위중(委中)

⑨ 승근(承筋)

⑩ 승산(承山)

⑪ 용천(湧泉)

⑫ 풍시(風市)

⑬ 족삼리(足三里)

⑭ 현종(縣鍾)

⑱ 곡지(曲池)

⑲ 합곡(合谷)

⑳ 태연
(太淵)

㉑ 신문
(神門)

16) 뇌성소아마비(腦性小兒麻痺)

뇌성마비는 유전이나 또는 태아시기에 바이러스 등의 감염으로 수족이 마비되고 대부분의 경우 지능지수도 낮아지는 어린아이에게 있는 증상을 말한다. 현대의 의학발전에도 불구하고 치료에 있어서는 난관이 많아 기대하는 효과를 거두기가 어려운 실정이다. 지속적인 노력으로 수족의 굳어진 부분을 물리적 요법으로 어느정도 증상을 완화시키는 정도는 가능하지만 완치는 기대가 어렵다.

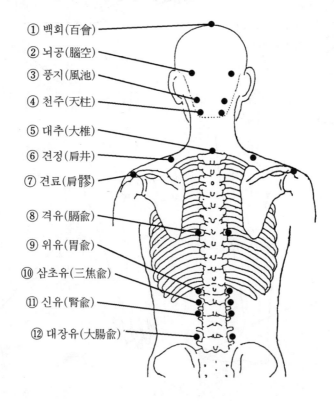

① 백회(百會)
② 뇌공(腦空)
③ 풍지(風池)
④ 천주(天柱)
⑤ 대추(大椎)
⑥ 견정(肩井)
⑦ 견료(肩髎)
⑧ 격유(膈兪)
⑨ 위유(胃兪)
⑩ 삼초유(三焦兪)
⑪ 신유(腎兪)
⑫ 대장유(大腸兪)

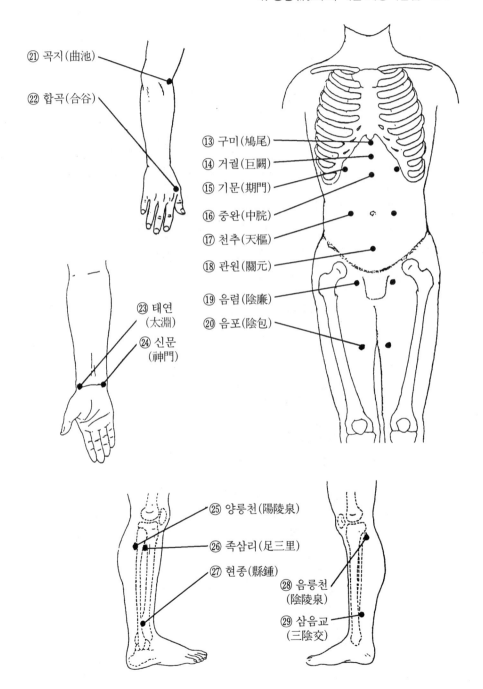

㉑ 곡지(曲池)

㉒ 합곡(合谷)

⑬ 구미(鳩尾)

⑭ 거궐(巨闕)

⑮ 기문(期門)

⑯ 중완(中脘)

⑰ 천추(天樞)

⑱ 관원(關元)

⑲ 음렴(陰廉)

⑳ 음포(陰包)

㉓ 태연
(太淵)

㉔ 신문
(神門)

㉕ 양릉천(陽陵泉)

㉖ 족삼리(足三里)

㉗ 현종(縣鍾)

㉘ 음릉천
(陰陵泉)

㉙ 삼음교
(三陰交)

17) 간질병(전간〔癲癎〕)

간질병은 까무러치면서 입에서 거품을 토하며 이상한 소리를 내는데 평상시에는 멀정하다가도 간헐적으로 이런 증상을 일으킨다. 간질은 크게 두가지로 나눌 수 있는데 태어나면서부터 발병되는 진성간질과 타병이 원인이 되는 증후성간질로 나눌 수 있다. 진성간질은 태(胎)속에 있을 때 산모가 크게 놀라 기(氣)가 상기되어 뇌에 정(精)과 기(氣)가 종양을 일으켜 뇌의 장애를 받아 발병되는 것으로 추정되고 정확한 원인은 불명이다.

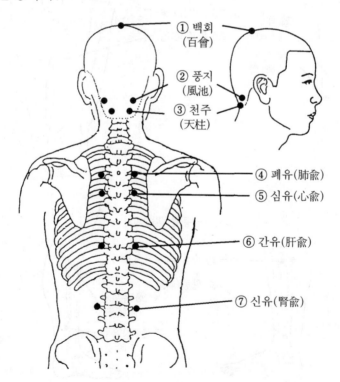

① 백회
(百會)

② 풍지
(風池)

③ 천주
(天柱)

④ 폐유(肺兪)

⑤ 심유(心兪)

⑥ 간유(肝兪)

⑦ 신유(腎兪)

　동의(東醫)에서는 간(肝)에 원인이 있는 계간(谿癎), 심(心)에 원인이 있는 미간(尾癎), 비(脾)에 원인이 있는 우간(牛癎), 폐(肺)에 원인이 있는 양간(羊癎), 신(腎)에 원인이 있는 저간(猪間)으로 5가지로 분류하나 증세는 비슷하다. 경락순서에 따라 집중 시술하되, 단전호흡을 통해 체질 개선을 하는 것이 효과적이다.

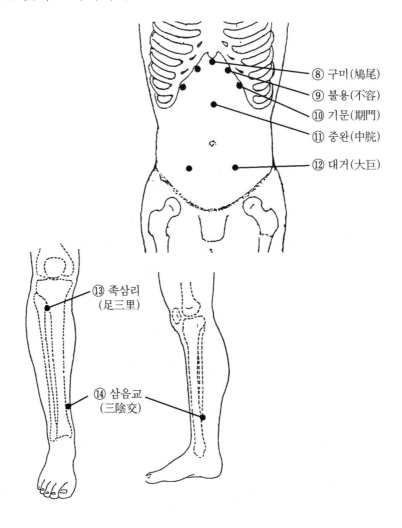

⑧ 구미(鳩尾)
⑨ 불용(不容)
⑩ 기문(期門)
⑪ 중완(中脘)
⑫ 대거(大巨)
⑬ 족삼리 (足三里)
⑭ 삼음교 (三陰交)

18) 노이로제 및 불안 초조

항상 머리가 무겁고, 기력이 없으며, 이유없는 우울증, 신경질적이고 화를 잘낸다. 일종의 신경질환으로 복잡한 현대생활에서 과도한 정신소모에 기인하거나 동시에 각종 공해로 인해 오는 증상이다. 밤에 가슴이 답답하고 두근거려 잠을 잘 못 이루며 가슴(특히 심장부근)에 통증을 느끼면 심장성 노이로제로 볼수 있고, 진찰을 해보아도 신체기능엔 이상이 없

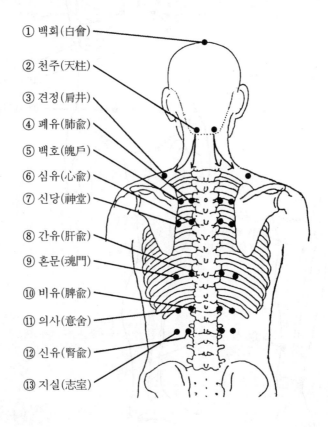

① 백회(白會)
② 천주(天柱)
③ 견정(肩井)
④ 폐유(肺兪)
⑤ 백호(魄戶)
⑥ 심유(心兪)
⑦ 신당(神堂)
⑧ 간유(肝兪)
⑨ 혼문(魂門)
⑩ 비유(脾兪)
⑪ 의사(意舍)
⑫ 신유(腎兪)
⑬ 지실(志室)

으나 쇼크나 흥분의 원인으로 증상이 발작되는 경우가 있는
데 이를 신경성 노이로제라 한다. 현대 의학으로는 치료하기
어려우나 경락 순서에 따라 기공시술하는 것이 아주 효과적
이다. 환자는 단전호흡수련을 해주는 것이 좋다.

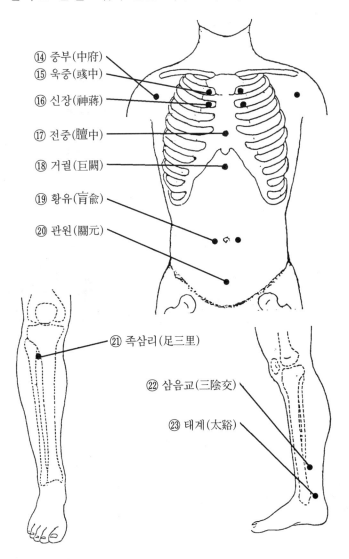

⑭ 중부(中府)
⑮ 욱중(彧中)
⑯ 신장(神蒋)
⑰ 전중(膻中)
⑱ 거궐(巨闕)
⑲ 황유(肓兪)
⑳ 관원(關元)
㉑ 족삼리(足三里)
㉒ 삼음교(三陰交)
㉓ 태계(太谿)

19) 불면증

　잠을 이루기 어렵거나 쉽게 잠에서 깨는 현상이다. 원인은
주로 신경질이나 심리요소가 많으나 고혈압, 위장장애 등의
질환에서 오기도 한다.

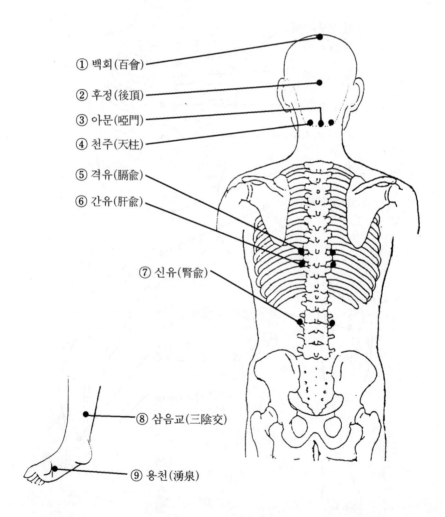

① 백회(百會)
② 후정(後頂)
③ 아문(啞門)
④ 천주(天柱)
⑤ 격유(膈兪)
⑥ 간유(肝兪)
⑦ 신유(腎兪)
⑧ 삼음교(三陰交)
⑨ 용천(湧泉)

　신경성인 경우는 대부분 먼저 불면의 공포감을 떨쳐버리지 못해 그것이 불면증세를 더욱 가중시킨다. 따라서 자신의 긴장된 심리 상태를 풀어 주는 것이 좋고 잠자기 전에 단전호흡을 하는 것이 가장 이상적인 방법이다.

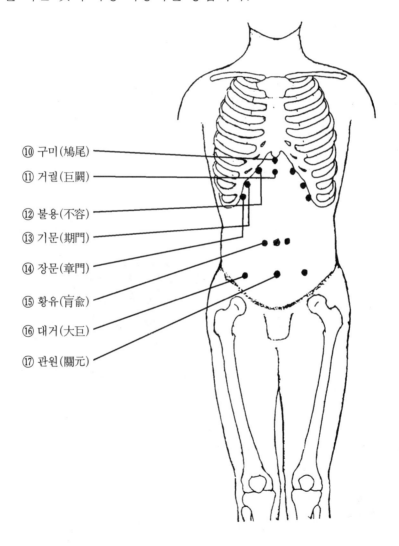

- ⑩ 구미(鳩尾)
- ⑪ 거궐(巨闕)
- ⑫ 불용(不容)
- ⑬ 기문(期門)
- ⑭ 장문(章門)
- ⑮ 황유(肓兪)
- ⑯ 대거(大巨)
- ⑰ 관원(關元)

(2) 호흡순환기 계통 질환

1) 만성기관지염(慢性氣管支炎)

만성기관지염은 폐에 병이 있는데 사시(四時)의 부정지기 (不正之氣)가 범하여 폐기가 선양되지 못하고 청숙(淸肅)기 능을 상실해서 발생된다.

해소와 객담, 흉민 등이 장기간에 걸쳐 반복되며 발작하고 계속 가중되며 오래도록 잘낫지 않는 병이다. 만성병은 본래 병이 폐에 있으며 비와 신(脾腎)까지 영향을 미쳐 해소가 오

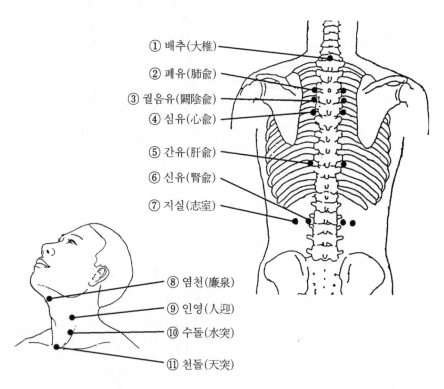

① 배추(大椎)
② 폐유(肺兪)
③ 궐음유(闕陰兪)
④ 심유(心兪)
⑤ 간유(肝兪)
⑥ 신유(腎兪)
⑦ 지실(志室)
⑧ 염천(廉泉)
⑨ 인영(人迎)
⑩ 수돌(水突)
⑪ 천돌(天突)

래되어 폐기가 부족해지거나 비허(脾虛)함에 따라 습과 담이
옹폐하거나 신허(腎虛)에 따라 한수(寒水)가 사폐(射肺)함으
로써 해소가 반복해서 계속 일어나게 된다.

　기공시술은 순번대로 하고 주요 혈인 염천, 인영, 수돌, 천
돌, 기사, 중부, 공최를 집중 시술한다.

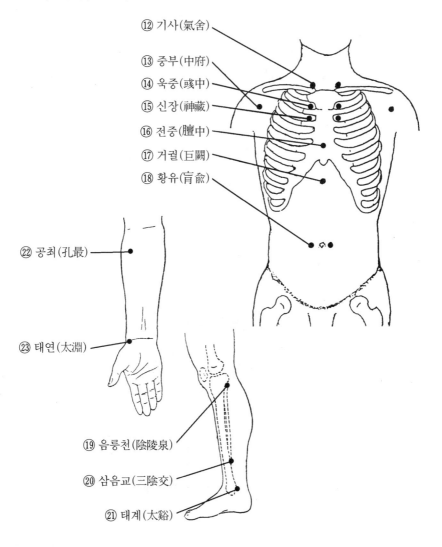

⑫ 기사(氣舍)
⑬ 중부(中府)
⑭ 욱중(彧中)
⑮ 신장(神藏)
⑯ 전중(膻中)
⑰ 거궐(巨闕)
⑱ 황유(肓兪)

㉒ 공최(孔最)
㉓ 태연(太淵)

⑲ 음릉천(陰陵泉)
⑳ 삼음교(三陰交)
㉑ 태계(太谿)

2) 천식(喘息 : 천식성 기관지염, 기관지성 천식)

 폐는 기(氣)를 주관하여 숙강(肅降)을 하는데 폐기가 상역(上逆)하게 되면 천식을 일으킨다. 풍한(風寒), 음식, 정신적 피로 등이 작용하여 폐에 있던 담(膽)을 발동시켜 담(膽)과 기(氣)가 서로 방해하여 위로 올라 기(氣)가 담(膽)에 의해 장애를 받아 서로 엉켜 기포를 막아버리고 따라서 폐기의 승강이 원활치 못해 천식이 나타난다. 발병되면 가슴이 답답해지고 목에서 짐승 우는 듯한 소리가 나고 가래 뱉기가 어려워지며 발작이 그칠 때는 백색의 거품같은 가래를 뱉어내고 열이나고 기침이 더욱 심해지며 누런색의 진득한 가래를 뱉어내면 대개 폐에 열이 있

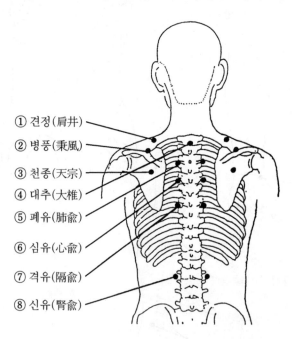

① 견정(肩井)
② 병풍(秉風)
③ 천종(天宗)
④ 대추(大椎)
⑤ 폐유(肺兪)
⑥ 심유(心兪)
⑦ 격유(隔兪)
⑧ 신유(腎兪)

고 감염된 경우이다. 병이 오래되면 호흡이 짧아지고 천식하며 심계(心悸), 안면과 사지에 부종이 나타나는 수도 있다.

경락 순서에 따라 집중 시술하는 것이 아주 효과적이다. 환자는 단전호흡을 해주는 것이 좋다.

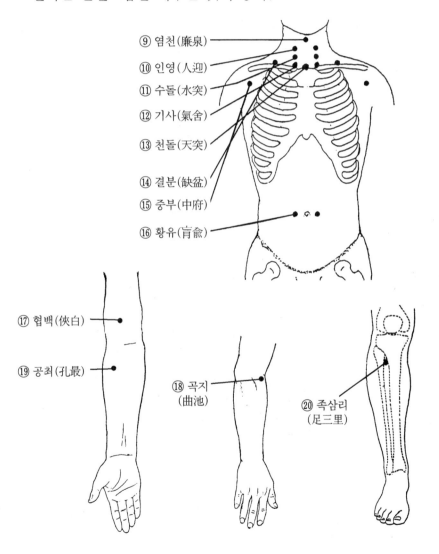

⑨ 염천(廉泉)
⑩ 인영(人迎)
⑪ 수돌(水突)
⑫ 기사(氣舍)
⑬ 천돌(天突)
⑭ 결분(缺盆)
⑮ 중부(中府)
⑯ 황유(肓兪)
⑰ 협백(俠白)
⑲ 공최(孔最)
⑱ 곡지(曲池)
⑳ 족삼리(足三里)

3) 감기(풍사〔風邪〕)

감기는 인체내에 한기가 침입되면 체온이 방산되어 피부의 위기(衛氣)가 조절작용 부조(不調)로 인해 오한, 발열, 두통 등의 증상을 느끼면서 콧물이 나고 목이 아프며 재치기 등을 하게 되는데 심해지면 목이 간질간질하며 염증이 생기며 심한 기침, 현훈 등의 상태로 발전하고 더 심해지면 폐렴이 되기도 한다.

초기감기는 호흡기질환에 오는 경미한 증상이지만 제때에

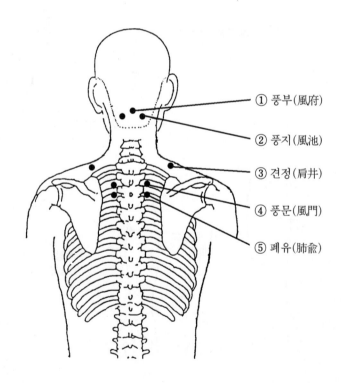

① 풍부(風府)

② 풍지(風池)

③ 견정(肩井)

④ 풍문(風門)

⑤ 폐유(肺兪)

치료를 못하면 큰병으로 발전되기 때문에 감기는 만병의 근원이라고도 한다. 감기기운이 있을 때는 풍부(風府), 풍지(風池) 혈이 좋고 특히 공최혈(孔最穴)은 발열, 호흡곤란 등의 증상치료에 아주 효과적인 혈이다.

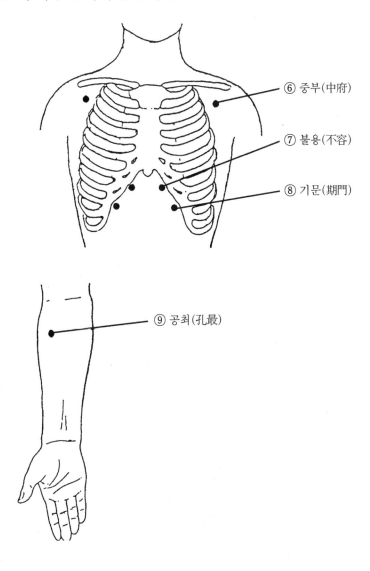

⑥ 중부(中府)

⑦ 불용(不容)

⑧ 기문(期門)

⑨ 공최(孔最)

4) 가슴이 두근거릴 때(심장신경증, 심계항진)

심장신경증이란 심장이 빠르고 강하게 요동하면서 불안감이 취침전에 더해져 잠을 자지 못하고 심장근처가 불쾌감을 느끼면서 통증이 오는데, 가슴이 두근거리고 호흡곤란이 수반되며 뇨량(尿量)의 감소와 부종이 수반되기도 한다. 대개 갱년기 접어든 여자들에 흔히 발병하고 신경질적이고 성급한 사람에게 많은 증세이다. 순번대로 시술하고 견정, 심유, 고황, 극천, 태충혈은 집중 시술한다.

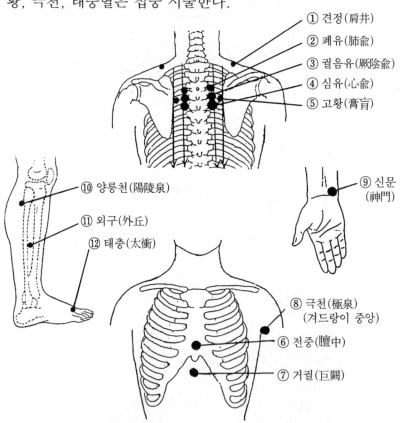

① 견정(肩井)
② 폐유(肺兪)
③ 궐음유(厥陰兪)
④ 심유(心兪)
⑤ 고황(膏肓)
⑩ 양릉천(陽陵泉)
⑪ 외구(外丘)
⑫ 태충(太衝)
⑨ 신문(神門)
⑧ 극천(極泉)(겨드랑이 중앙)
⑥ 전중(膻中)
⑦ 거궐(巨闕)

5) 방광염 질환(膀胱炎 疾患)

　방광염은 방광점막에 균의 감염으로 방광에 염증이 일어나는 증세인데 방광점막에 충혈(充血), 종창(腫脹), 궤양, 출혈 등의 병변이 일어난다. 이로 인하여 소변후에 잔료감이 있으며 하복부가 무지근하거나 빈뇨, 뇨급, 혈뇨 등의 증세가 생겨난다. 대개 갱년기에서 노년기 사이에 흔히 발생되며 하복부가 딴딴하고 누르면 상복부에까지 통증이 전해진다.

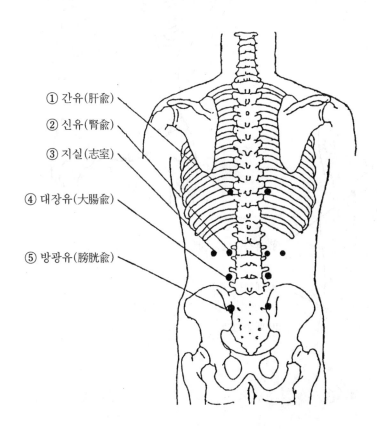

① 간유(肝兪)

② 신유(腎兪)

③ 지실(志室)

④ 대장유(大腸兪)

⑤ 방광유(膀胱兪)

순번대로 시술하되, 방광경락을 집중 시술한다. 그외 곡골 아래 서혜부(사타구니) 주위의 멍울을 푼다.

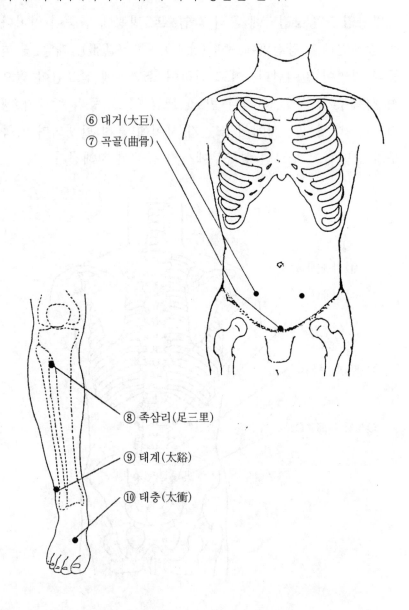

⑥ 대거(大巨)
⑦ 곡골(曲骨)

⑧ 족삼리(足三里)

⑨ 태계(太谿)

⑩ 태충(太衝)

6) 고혈압(高血壓)

혈압이란 심장의 수축력이 펌프작용을 하여 피를 내보낼 때 동맥벽에 미치는 힘을 혈압이라 하는데 이때 심장의 수축력이 증대되거나 혈관이 탄력성을 잃거나 이물질에 의해 혈관내가 좁아져 혈액의 순환이 저항을 받아 혈압이 높아진 상태를 고혈압이라 한다. 고혈압은 대개 80%가 유전성에서 온다. 그러나, 다른 원인에 의해서 오는 경우도 있다. 증상은 후두통, 현기증, 불면, 변비, 동계(動悸), 견통, 두중, 이명 등의 증세가 나타나며 악화되면 요독증을 일으킨다.

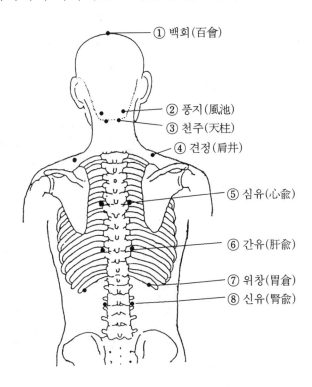

① 백회(百會)
② 풍지(風池)
③ 천주(天柱)
④ 견정(肩井)
⑤ 심유(心兪)
⑥ 간유(肝兪)
⑦ 위창(胃倉)
⑧ 신유(腎兪)

고혈압일 경우 과도한 운동은 피하고, 가벼운 산책, 기공체
조 등이 좋고 지속적으로 단전호흡을 하면 더욱 효과적이다.

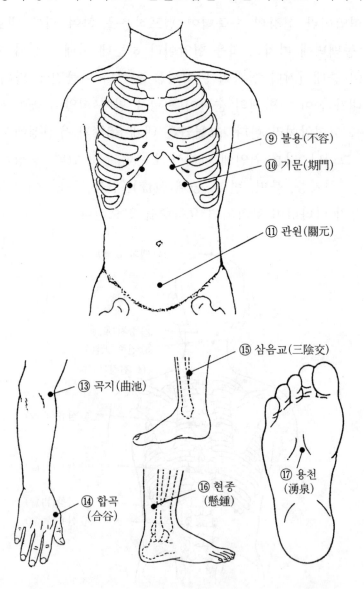

7) 저혈압

일반적으로 성인의 혈압이 90/60mmHg 보다 낮은 것을 저혈압이라 한다. 원인은 내분비기능의 저하와 만성소모성질환, 영양불량 등으로 인해 발생한다. 주요 증상으로는 현기증, 두통, 건망증, 피곤 무력 등의 현상이 있다.

치료에 있어서는 영양을 보강하기 위해 양질의 단백질류의 섭취량을 늘리고, 취침시 머리를 지나치게 높게 또는 너무 얕게 해서는 안된다. 적당한 운동이 필요하며 전신의 몸관리에 중점을 둔다. 순번대로 시술하고 복진을 집중 시술한다.

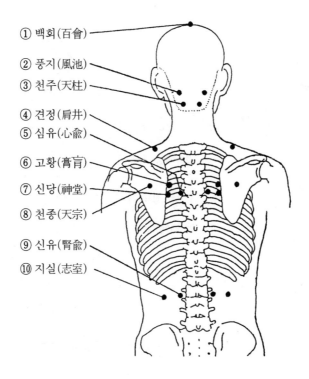

① 백회(百會)
② 풍지(風池)
③ 천주(天柱)
④ 견정(肩井)
⑤ 심유(心兪)
⑥ 고황(膏肓)
⑦ 신당(神堂)
⑧ 천종(天宗)
⑨ 신유(腎兪)
⑩ 지실(志室)

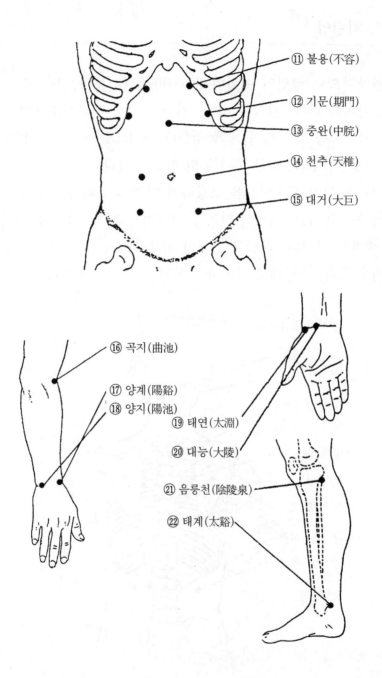

⑪ 불용(不容)

⑫ 기문(期門)

⑬ 중완(中脘)

⑭ 천추(天樞)

⑮ 대거(大巨)

⑯ 곡지(曲池)

⑰ 양계(陽谿)

⑱ 양지(陽池)

⑲ 태연(太淵)

⑳ 대능(大陵)

㉑ 음릉천(陰陵泉)

㉒ 태계(太谿)

8) 전립선 비대증(前立腺 肥大症)

본병은 성년의 남자에게서 많이 볼수 있는 질병으로 방광
과 요도사이에 있는 전립선이 비대해져 요도를 압박하여 소
변배설이 어려워지는 것이다. 따라서 수분을 배설하는 원류
가 막혀 염증이나 혈액결핍 농증 등이 발생되어 배뇨이상이
나 성기능 장애 등을 일으키게 된다.

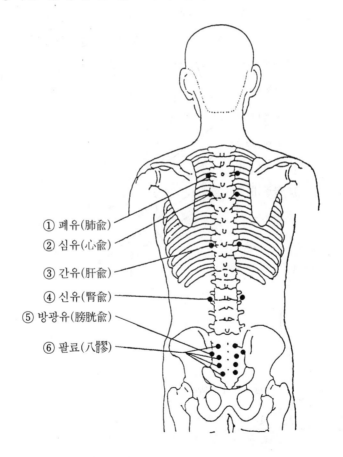

① 폐유(肺兪)
② 심유(心兪)
③ 간유(肝兪)
④ 신유(腎兪)
⑤ 방광유(膀胱兪)
⑥ 팔료(八髎)

본병은 심기(心氣)가 부족하여 상화(相火)가 망동(妄動)하여 습열이 하주(下注)해서 오는 경우가 많고, 노년에는 명문(命門)의 화(火)가 쇠하여 오는 경우 또는 습열이나 패정(敗精)이 너무 오랫동안 머물러 발병되기도 한다.

기공시술을 순번대로 하고 신유, 팔료혈을 집중시술하되 복진을 많이 해주는 것이 효과적이다.

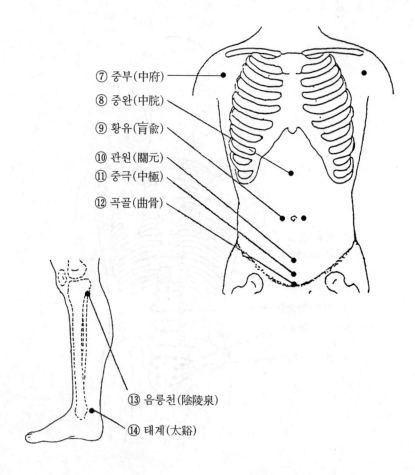

⑦ 중부(中府)
⑧ 중완(中脘)
⑨ 황유(肓兪)
⑩ 관원(關元)
⑪ 중극(中極)
⑫ 곡골(曲骨)
⑬ 음릉천(陰陵泉)
⑭ 태계(太谿)

9) 코가 막힐 때

코막힘은 흔한 증상이다. 간혹 코로는 호흡이 곤란하고 갑갑하여 입으로 호흡을 하는 경우를 종종 본다. 대부분 비(鼻)계통의 질환이 요인이며 원인은 감기, 두통, 과민성체질, 콧물, 재치기 또는 코속의 건조 등이 주원인이다.

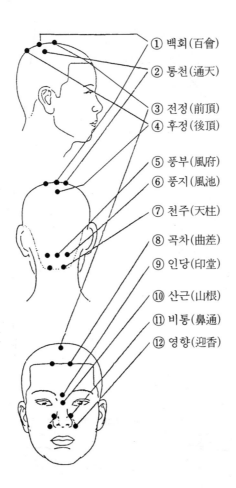

① 백회(百會)
② 통천(通天)
③ 전정(前頂)
④ 후정(後頂)
⑤ 풍부(風府)
⑥ 풍지(風池)
⑦ 천주(天柱)
⑧ 곡차(曲差)
⑨ 인당(印堂)
⑩ 산근(山根)
⑪ 비통(鼻通)
⑫ 영향(迎香)

코막힘에 있어 치료는 뒷머리쪽의 천주와 풍지가 명혈이다. 이 혈을 자극하면 코도 시원스럽게 뚫리고 눈도 맑아진다. 계속해서 영향 곡차, 통천혈을 자극주면 더욱 효과가 있고 후각도 느낄 수 있게 된다.

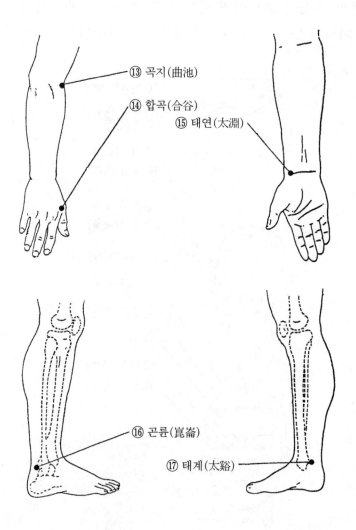

⑬ 곡지(曲池)

⑭ 합곡(合谷)

⑮ 태연(太淵)

⑯ 곤륜(崑崙)

⑰ 태계(太谿)

(3) 소화기 계통 질환

1) 만성위염(慢性胃炎)

급성위염이 장기화되면 만성위염으로 전환된다. 자극성 음식물의 장기복용, 술, 담배 등의 과다한 섭취, 영양결핍 등의 각종 요인이 위점막이 벽세포를 파괴하여 위점막에 염증을 일으키며 위점막이 위축되게 된다.

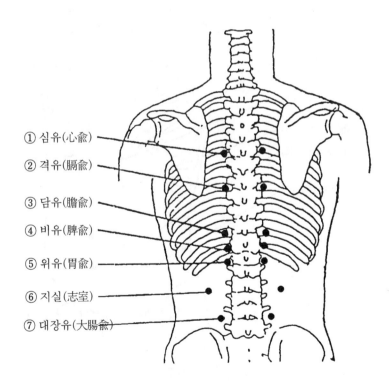

① 심유(心兪)
② 격유(膈兪)
③ 담유(膽兪)
④ 비유(脾兪)
⑤ 위유(胃兪)
⑥ 지실(志室)
⑦ 대장유(大腸兪)

위축성 위염일 경우 빈혈, 설사, 몸이 야위고 혀가 담담해
지는 증상을 수반한다. 증상으로는 식후에 상복부 불쾌감, 압
박감이 나타나고 때론 속이 메스껍고, 신트림이 나면서 포만
감이 있고 구역질, 명치 끝이 답답하고, 소화불량과 가슴이
쓰리기도 하고 식욕감퇴의 증상을 나타낸다.

순번대로 시술하고 위유, 지실, 불용, 거궐, 중완혈을 집중
시술한다.

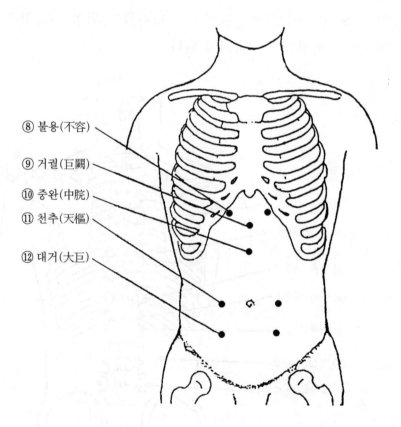

2) 위경련(胃痙攣), 소화불량 등의 위장질환

위(胃)에서 발생되는 제반증상중 가장 고통스런 통증을 수
반하는 증세이다. 통증은 정도의 차이가 큰데 경미한 것부터
충격의 상태에까지 이르기도 하며 2~3분 정도에서 길게는
1~2시간씩 지속되는 것도 있다. 통증부위는 배꼽부터 명치
끝까지 당기고 못견딜 정도로 아프다. 원인은 변질된 음식이

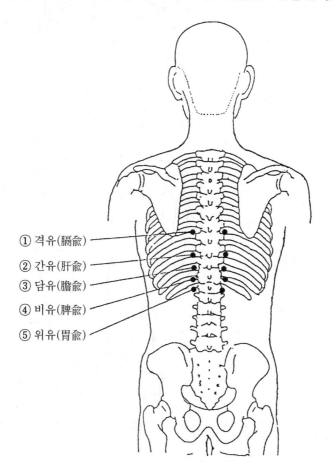

① 격유(膈兪)
② 간유(肝兪)
③ 담유(膽兪)
④ 비유(脾兪)
⑤ 위유(胃兪)

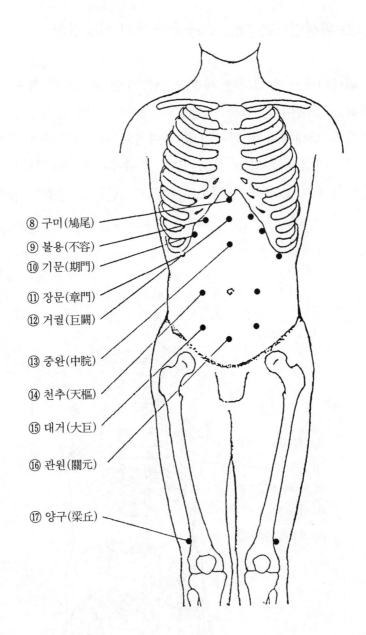

⑧ 구미(鳩尾)
⑨ 불용(不容)
⑩ 기문(期門)

⑪ 장문(章門)
⑫ 거궐(巨闕)

⑬ 중완(中脘)

⑭ 천추(天樞)

⑮ 대거(大巨)

⑯ 관원(關元)

⑰ 양구(梁丘)

나 소화하기 어려운 음식 또는 담석증, 위궤양, 십이장궤양
등으로도 통증이 생기며 신경성의 경우에 중압감등으로 인해
위근육마비와 같은 경련을 일으키기도 한다. 또 위신경의 이
상으로 근육이 급속히 수축되어 오는 수도 허다하다.

　뜨거운 물수건으로 배 전체를 찜질한 후 순번대로 시술한다.
꾸준한 노력이 필요하다.　환자가 단전호흡을 하면 아주 효과
적이다.

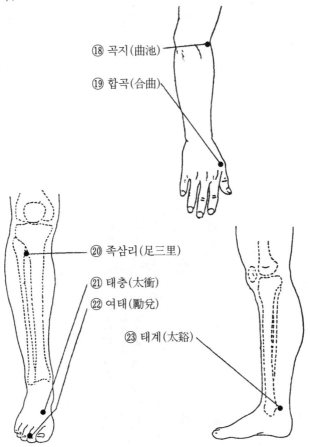

⑱ 곡지(曲池)

⑲ 합곡(合曲)

⑳ 족삼리(足三里)

㉑ 태충(太衝)
㉒ 여태(勵兌)

㉓ 태계(太谿)

3) 소화불량(消化不良)

사람은 곡기로 살기 때문에 소화만 잘되면 병이 없어지는 것이고 또한 병이 있으면 소화기(消火器)에 변화가 생기고 그 변화가 없어졌다면 병이 나은 것으로 볼 수 있다. 무슨 병이든지 먼저 위장의 기능을 조정 회복하는데 치중하여야 한다. 위는 치료에 있어서도 그만큼 중요한 위치에 있는 것이다. 소화불량은 위장의 소화흡수상태가 양호하지 못해서 음식물이 잘 소화 흡수 못하고 때로는 설사를 동반하기도 한다.

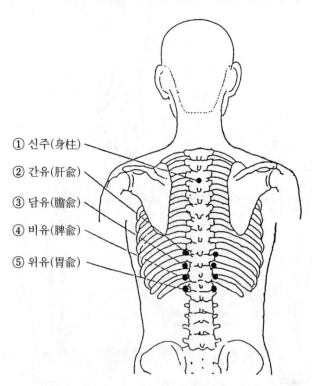

① 신주(身柱)

② 간유(肝兪)

③ 담유(膽兪)

④ 비유(脾兪)

⑤ 위유(胃兪)

　　증상과 원인은 신경성 식욕부진과 소화기계통의 질환으로
나누어 관찰해 본다. 순번대로 시술하되, 주요혈인 거궐, 불
용, 중완, 양문, 천추, 대거, 관원을 집중시술한다.

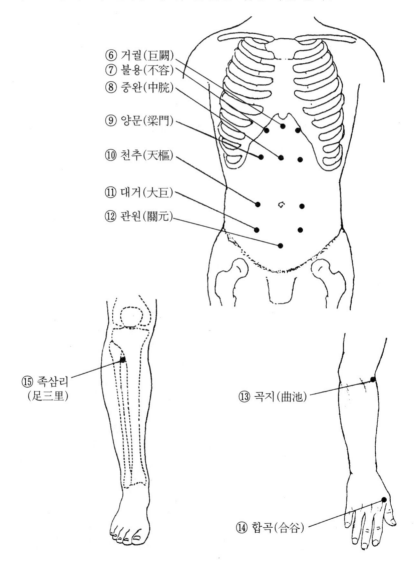

⑥ 거궐(巨闕)
⑦ 불용(不容)
⑧ 중완(中脘)
⑨ 양문(梁門)
⑩ 천추(天樞)
⑪ 대거(大巨)
⑫ 관원(關元)
⑮ 족삼리(足三里)
⑬ 곡지(曲池)
⑭ 합곡(合谷)

4) 식욕부진(食慾不振)

식욕부진이란 음식물을 보고도 먹고 싶은 마음이 안나는
상태를 말한다. 대개는 환절기에 자주 일어나며 과로가 심할
때라든가, 고민이 많을 때 또는 소화기 계통의 병이나 외감성
감기 등으로 나타날 수도 있다.

특별한 병에 의해서가 아니고, 단지 정서적 불안 즉 신경성
이나 정신적긴장 등으로 인한 것이라면 적당한 운동이나 경

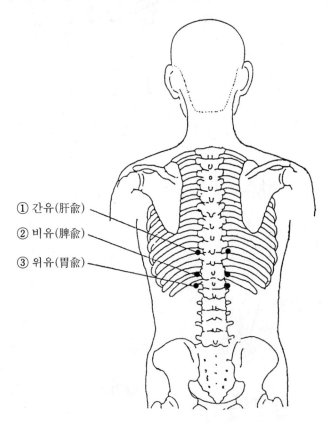

① 간유(肝兪)
② 비유(脾兪)
③ 위유(胃兪)

혈요법 등으로 위나 장의 연동활동을 원활케 해줌으로써 효
과를 볼 수가 있다.

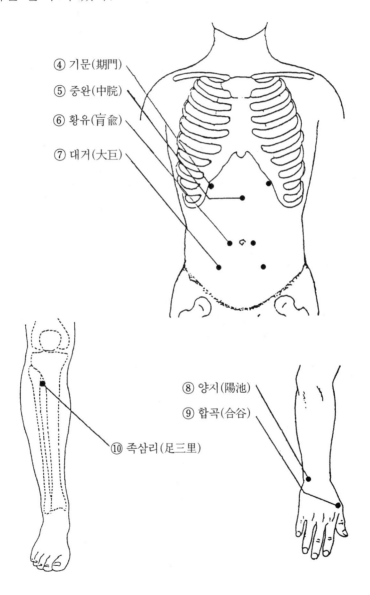

④ 기문(期門)
⑤ 중완(中脘)
⑥ 황유(肓兪)
⑦ 대거(大巨)
⑧ 양지(陽池)
⑨ 합곡(合谷)
⑩ 족삼리(足三里)

5) 구토증(嘔吐症)

구(嘔)는 급격히 위(胃)를 쥐어짜는 동작을 말하고, 토(吐)는 그 동작과 동시에 위에 들어있던 음식물과 기타 물질이 입으로 올라오는 것을 말한다. 일반적으로 구와 토는 함께 발발한다. 구토증은 음식, 기후 등과도 유관하며 날음식, 찬음식, 상한음식, 쉰음식 또는 불결한 음식을 섭취했을 때나 한습(寒濕)과 서습(署濕)을 받아 비위기능이 쇠약해진데다 위에서 열거한 음식물로 인한 손상이 겹쳐지므로써 청탁(淸濁)이 나누어지지 않고 운화기능(運化機能)이 실조되어 나타나는 증세이다.

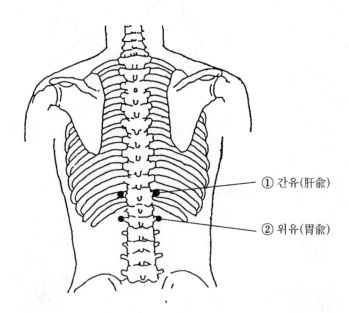

① 간유(肝兪)

② 위유(胃兪)

　두통이 수반되면 중추신경계통의 질병이고, 발열이 수반되면 대부분 감염성 질병이고, 복통이 수반되면 복강내 염증으로 볼수 있고, 설사가 수반되면 장관(腸管)감염인 경우가 많다.

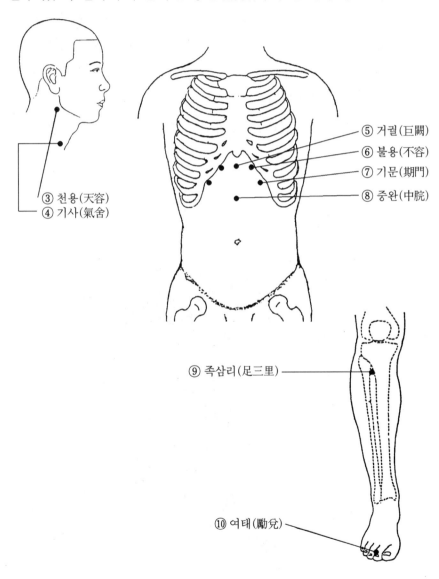

③ 천용(天容)
④ 기사(氣舍)

⑤ 거궐(巨闕)
⑥ 불용(不容)
⑦ 기문(期門)
⑧ 중완(中脘)

⑨ 족삼리(足三里)

⑩ 여태(勵兌)

6) 만성설사(慢性泄瀉)

설사의 원인은 여러가지가 있으나 크게는 2가지로 나눌 수 있다. 위장내 내용물이 유독성물질로 혼재할 때 그 독성을 체내에 흡수되지 않게 하기 위해 그 독과 내용물까지 급속히 장을 통해 배출하게 되는데 이 경우는 흔히 구토를 겸하며 대개 강한 복통을 일으킨다.

항상 피곤하고 권태를 느끼고 땀이 나기도 하고 현훈증(眩暈症)이 있기도 하고, 조금만 노역하여도 소화가 안되면서 설

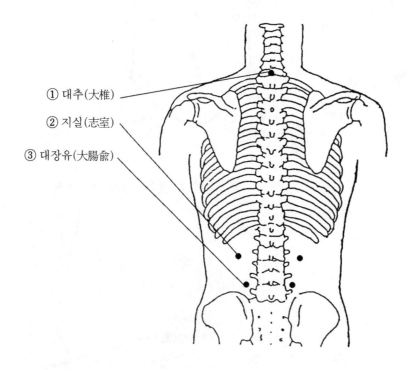

① 대추(大椎)

② 지실(志室)

③ 대장유(大腸兪)

사를 닭똥처럼 하는 설사는 위무력으로 오는 설사이다. 기공
시술은 순번대로 하되 복진을 많이 하면 그 효과가 좋다.

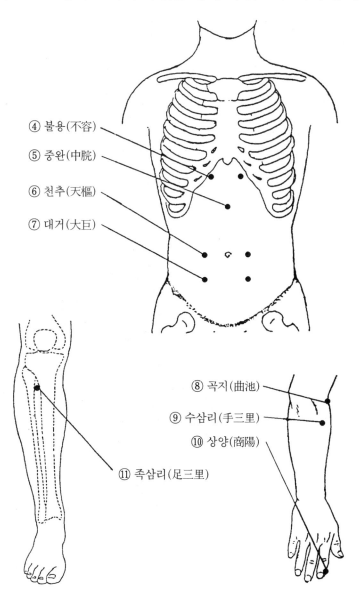

7) 변비(便秘)

대변비결(大便秘結)의 줄인 많을 변비라 한다. 즉 대변이
편하게 통하지 않고 결제하는 것이다. 대체로 1일1회 배변을
순조로운 배변이라 하겠으나 각자의 체질이나 음식의 분량,
종류, 소화력의 강약에 따라 차이가 있기 때문에 대변이 드물
다고 꼭 병으로는 볼 수 없다. 다만 배변이 좋지 못하고 뒤가
묵직하거나 뱃속이 불편하거나 두통, 두중, 다몽(多夢), 불면
등의 증세가 있으면 변비로 보아야 한다.

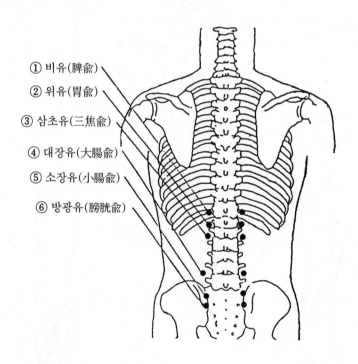

① 비유(脾兪)
② 위유(胃兪)
③ 삼초유(三焦兪)
④ 대장유(大腸兪)
⑤ 소장유(小腸兪)
⑥ 방광유(膀胱兪)

　변비는 크게 2가지로 구분하는바 기운이 없고 사지를 움직이기 싫으며 말이 힘이 없고 말하기 싫어하고 땀이 과도히 나며 현기증이 있는 것은 기허조비(氣虛燥秘)이고 열감은 없으나 영양이 좋지 못하고 혈분이 부족해서 대변이 조(燥)하여 누기가 힘드 혈조변비(血燥便秘)로 구분한다.

　순번대로 시술하되 복진을 집중시술한다.

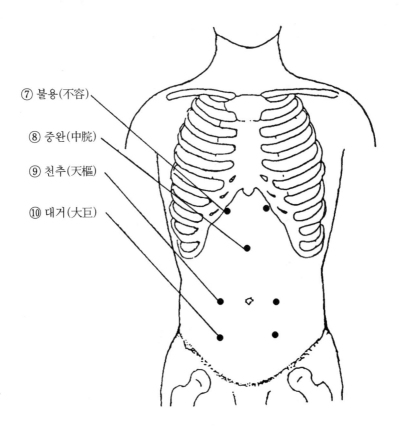

⑦ 불용(不容)

⑧ 중완(中脘)

⑨ 천추(天樞)

⑩ 대거(大巨)

8) 복부팽만증(腹部膨滿症)

대장 과민증의 일종으로 팽만증은 하복부가 극심한 긴장감
이 있고 좌우 복부가 당기듯한 둔통이 있으며 하복부가 파르
르 떨리면서 은근한 통증이 자주 나타나며 또한 여성인 경우
다리가 차거워지는 증세를 나타낸다. 대장과민증은 약물로써
의 치료보다는 기분전환을 하고 마음을 편히하여 경혈요법의
치료가 효과적이다. 복진을 많이 해주면 더욱 좋다.

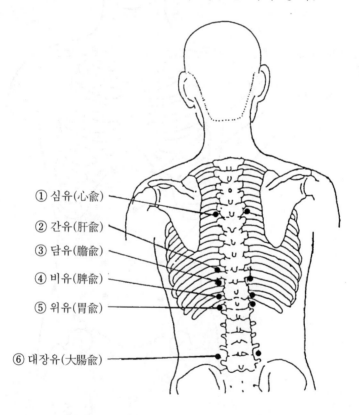

① 심유(心兪)
② 간유(肝兪)
③ 담유(膽兪)
④ 비유(脾兪)
⑤ 위유(胃兪)
⑥ 대장유(大腸兪)

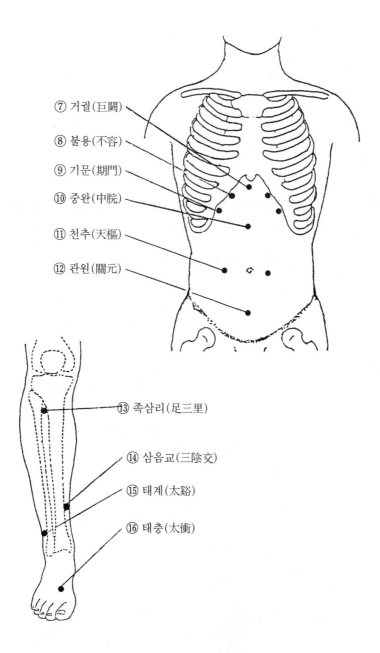

⑦ 거궐(巨闕)

⑧ 불용(不容)

⑨ 기문(期門)

⑩ 중완(中脘)

⑪ 천추(天樞)

⑫ 관원(關元)

⑬ 족삼리(足三里)

⑭ 삼음교(三陰交)

⑮ 태계(太谿)

⑯ 태충(太衝)

(4) 운동기 계통 질환

1) 경추염좌(頸椎捻挫 : 목뼈의 충격에 따른 통증)

경추염좌란 7개의 목뼈 즉, 경추가 교통사고와 같은 순간적
인 물리적 충격으로 뼈와 뼈 사이를 연결하는 인대근육이 일시
적으로 긴장된 상태로 인대와 근육사이에 열과 부기가 수반되
어 머리와 신경에 영향을 미쳐 어깨가 뻣뻣해지는 등의 경직감
이 있고, 이명, 두통의 증상을 나타낸다. 뜨거운 물수건으로
목전체를 찜질한 다음 순번대로 시술한다.
(※ 경추 교정법 참조)

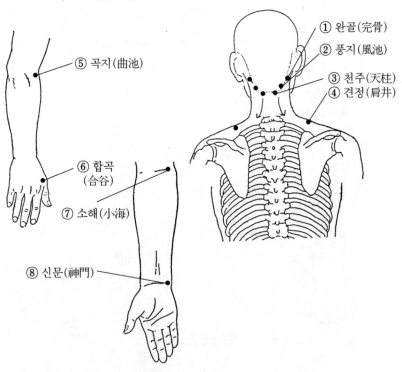

① 완골(完骨)
② 풍지(風池)
③ 천주(天柱)
④ 견정(肩井)
⑤ 곡지(曲池)
⑥ 합곡(合谷)
⑦ 소해(小海)
⑧ 신문(神門)

2) 낙침(자고난 후의 목의 통증)

낙침은 수면자세가 불량해서 경부가 손상을 입고 목을 움직이지 못할 정도로 통증이 오고 후두부에서 어깨까지 통증을 느끼는 것을 낙침이라 하는데 증상이 심할 경우는 근육이 아프고 굳어지기도 한다. 이외에도 찬공기를 쐬면서 잠을 잤을 경우에도 발생하게 된다. 치료시는 우선 경직된 근육을 풀어주는데 주력해 준다.

※ 경추 교정법 참조

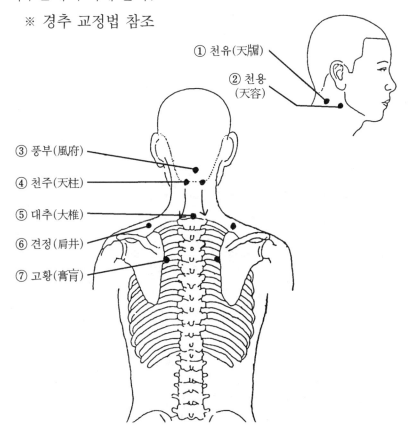

① 천유(天牖)
② 천용(天容)
③ 풍부(風府)
④ 천주(天柱)
⑤ 대추(大椎)
⑥ 견정(肩井)
⑦ 고황(膏肓)

3) 목이 돌아갔을 때

　아이들이 목에 딱딱한 굳은 살 같은 것이 돋아나 목을 제대로 움직일 수 없을 때는 목이 돌아가는 초기증세라 볼수 있는데, 즉시 의사를 찾아가 치료를 받아야지 단순한 부스럼 정도로 여겨서 가볍게 넘겨서는 안된다. 그밖에도 목을 마음대로 움직일 수 없는 경우가 있는데 이 또한 목이 돌아가는 초기증세인 경우가 있다. 일반적으로 이러한 증상은 초기에 치료한다면 완전히 치유되 수 있으나, 말기까지 시간을 끌게 되면 얼굴의 변형을 초래할 수 있다. 증상이 초기일 때에는 의사의 치료를 받는 것 외에 순번대로 기공시술을 하면 빨리 정상으로 회복될 수 있다.

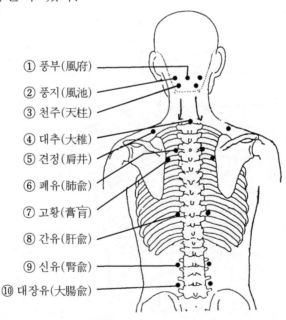

① 풍부(風府)
② 풍지(風池)
③ 천주(天柱)
④ 대추(大椎)
⑤ 견정(肩井)
⑥ 폐유(肺兪)
⑦ 고황(膏肓)
⑧ 간유(肝兪)
⑨ 신유(腎兪)
⑩ 대장유(大腸兪)

기공시술을 해 줄 경우 인내심을 가지고 지속적으로 해야
한다.

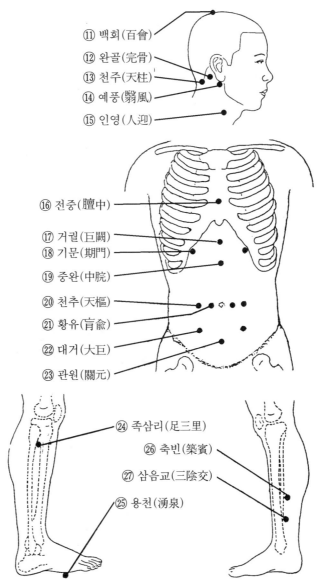

⑪ 백회(百會)
⑫ 완골(完骨)
⑬ 천주(天柱)
⑭ 예풍(翳風)
⑮ 인영(人迎)

⑯ 전중(膻中)
⑰ 거궐(巨闕)
⑱ 기문(期門)
⑲ 중완(中脘)
⑳ 천추(天樞)
㉑ 황유(肓兪)
㉒ 대거(大巨)
㉓ 관원(關元)

㉔ 족삼리(足三里)
㉖ 축빈(築賓)
㉗ 삼음교(三陰交)
㉕ 용천(湧泉)

4) 견비통(어깨 결림)

어깨결림은 직립동물인 사람에게는 숙명적이라 할 수 있다. 원인은 근육피로에서 오는 것으로 신경계(神經系), 순환계(循環系), 소화기계(消化器系), 눈의 피로 등으로 흔히 유발되며, 장시간 근육을 수축 또는 무리한 힘을 써서 일어나는 경우가 많다.

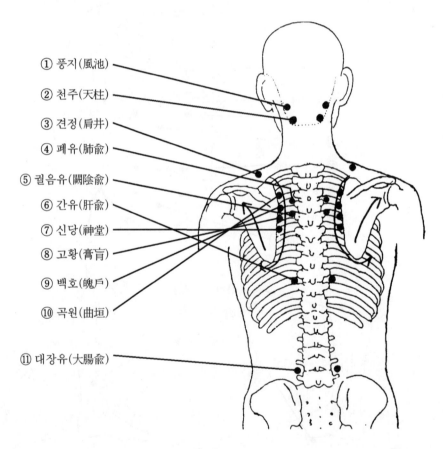

① 풍지(風池)
② 천주(天柱)
③ 견정(肩井)
④ 폐유(肺兪)
⑤ 궐음유(闕陰兪)
⑥ 간유(肝兪)
⑦ 신당(神堂)
⑧ 고황(膏肓)
⑨ 백호(魄戶)
⑩ 곡원(曲垣)
⑪ 대장유(大腸兪)

신경과 혈액순환이 원활하지 못한 경우에 일어난다. 대개 갱년기 이후에 많이 오며, 무리한 운동을 갑자기 하였을 때 많이 나타나는 증상이다.

견비통에 걸리면 흔히 두드리는데 허약체질이나 고혈압인 사람에게는 머리에 충격이 가므로 두드리지 않는게 좋다. 순번대로 기공시술을 한다. 기공시술과 더불어서 환자가 단전 호흡수련을 꾸준히 해준다면 보다 효과적이다.

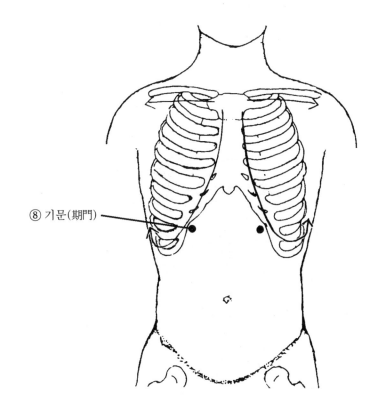

⑧ 기문(期門)

5) 늑간 신경통(담결림)

흔히 담이 결린다고 하는 것을 말한다. 늑간신경통은 척추 근육의 이상으로 늑막과 유착(癒着) 등이 늑간신경통의 원인이 된다. 대개는 무리한 상체운동이나 힘든 일을 무리하게 하다 순간적으로 호흡조절이 되지 않았을 때 심호흡만 하여도

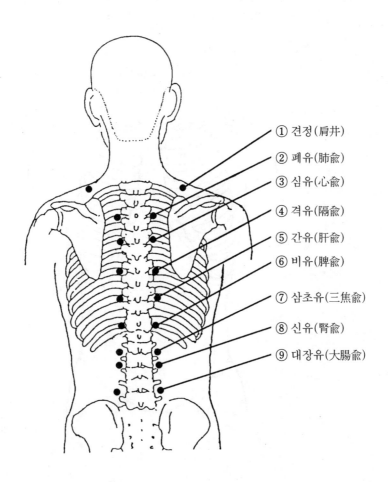

① 견정(肩井)
② 폐유(肺兪)
③ 심유(心兪)
④ 격유(隔兪)
⑤ 간유(肝兪)
⑥ 비유(脾兪)
⑦ 삼초유(三焦兪)
⑧ 신유(腎兪)
⑨ 대장유(大腸兪)

옆구리가 결리고 큰소리나 헛기침을 해도 통증이 온다.

　신경성으로 발병되기도 한다. 주의할 것은 늑간은 지압을 금하고, 장법으로 시술한다.　환자가 단전호흡수련을 평소에 해주면서 기공시술을 받는다면 더욱 효과적이다.

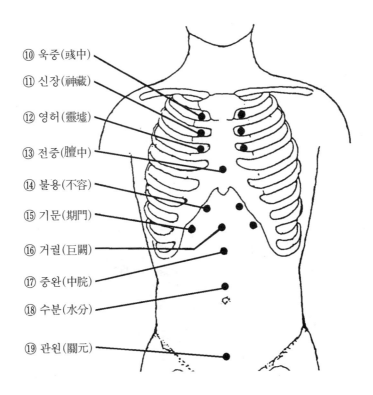

⑩ 욱중(彧中)
⑪ 신장(神藏)
⑫ 영허(靈墟)
⑬ 전중(膻中)
⑭ 불용(不容)
⑮ 기문(期門)
⑯ 거궐(巨闕)
⑰ 중완(中脘)
⑱ 수분(水分)
⑲ 관원(關元)

6) 구부러진 등(일명 고양이등)

등이 굽어지는 원인으론 어떤 사고에 의해 발생되는 외상
성과 노화성에서 오는 것으로 분류할 수 있다. 대개는 노화성
에서 오는 것이 대부분인데 이 노화성은 갱년기 초부터 초기
증세가 시작되는데 대개는 무리한 운동이나 노동 또는 자세
의 불균형 등에서 온다. 이는 척추와 척추사이를 연결하는 연
골(軟骨)이 탈구증상이 있을 때 오는데, 앞으로 굽은 상태를
전만곡탈구라한다. 심하면 심·폐의 기능을 약화시켜 숨이차
고 답답해지며, 기침이 나고, 흉추주신경의 둔화증으로 손이

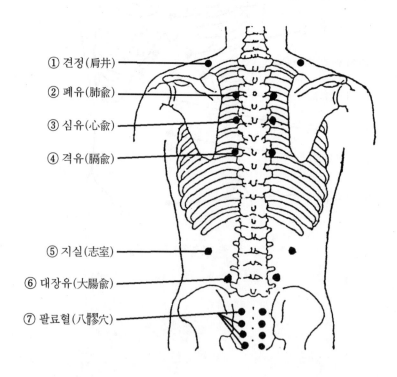

① 견정(肩井)
② 폐유(肺兪)
③ 심유(心兪)
④ 격유(膈兪)
⑤ 지실(志室)
⑥ 대장유(大腸兪)
⑦ 팔료혈(八髎穴)

져리며 통증이 오고 장의 상태가 나빠져 변비를 초래하기도
한다.

전신시술법으로 치료하며 경락순서에 따라 집중 시술한다.

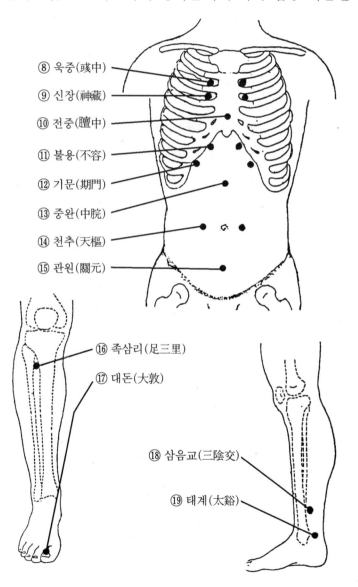

⑧ 욱중(彧中)
⑨ 신장(神藏)
⑩ 전중(膻中)
⑪ 불용(不容)
⑫ 기문(期門)
⑬ 중완(中脘)
⑭ 천추(天樞)
⑮ 관원(關元)
⑯ 족삼리(足三里)
⑰ 대돈(大敦)
⑱ 삼음교(三陰交)
⑲ 태계(太谿)

7) 무릎관절통(膝關節痛)

슬관절통은 인체의 양기가 허약하여 풍한습사(風寒濕邪)가 기부(肌膚)에 침입하여 경락으로 들어가고 관절에 머물러 있게 되면 기혈(奇血)의 운행이 양호하지 못하여 통증이 오게 된다. 근육, 관절, 근골 등이 시큰거리고 져리며 무지근하여 굴신(屈伸)이 어려워진다.

무릎관절통은 갱년기 이후에 여성들에게 많이 찾아볼 수 있다. 만성이 되어 심하게 되면 관절이 붓고, 물이 고이며, 통증이 고통스럽게 오며, 오래 서있게 되면 요추와 다리에도 통증이 온다.

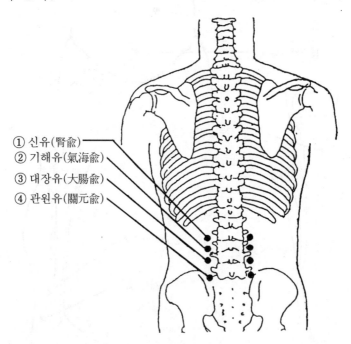

① 신유(腎兪)
② 기해유(氣海兪)
③ 대장유(大腸兪)
④ 관원유(關元兪)

 치료에 중점은 요추(腰椎)에 두되, 위충, 위양, 음곡, 혈해, 양구, 슬양관을 집중 시술한다. 환자가 평소에 단전호흡수련을 하면 기공시술의 효과가 배증된다.

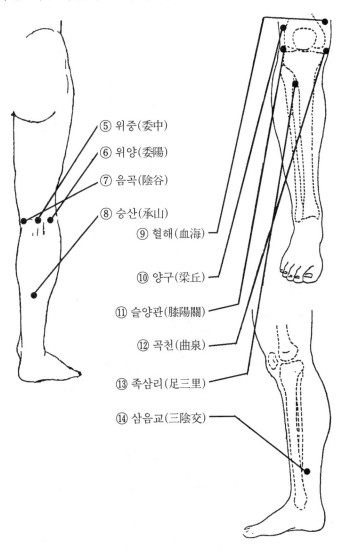

⑤ 위중(委中)

⑥ 위양(委陽)

⑦ 음곡(陰谷)

⑧ 승산(承山)

⑨ 혈해(血海)

⑩ 양구(梁丘)

⑪ 슬양관(膝陽關)

⑫ 곡천(曲泉)

⑬ 족삼리(足三里)

⑭ 삼음교(三陰交)

8) 변형 관절염(變形關節炎 : 류머치스)

류마치스 관절염(rheumatoid arthritis)이란 운동성 관절
이 마디마디가 쑤시고 아픈 통증이 오며 발열이 나고 붓기도
하는 만성전신성 질환으로 30대~50대 사이 여성에게서 많
이 발생된다. 증세는 손가락 마디에서 시작하여 차츰 관절로
옮겨가 쑤시고 통증 발발하고 심하면 관절이 굳어지는 경우
도 생기며 병사가 오래되면 간신(肝腎)이 손상을 받아 근육
의 영향을 공급함이 상실되어 기혈의 운행이 매끄럽지 못해

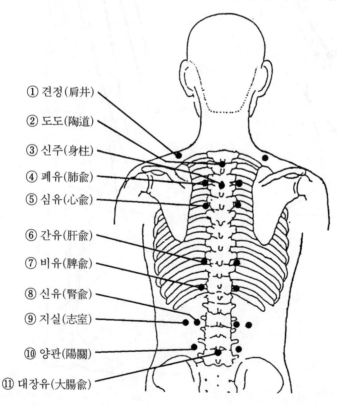

① 견정(肩井)
② 도도(陶道)
③ 신주(身柱)
④ 폐유(肺兪)
⑤ 심유(心兪)

⑥ 간유(肝兪)
⑦ 비유(脾兪)
⑧ 신유(腎兪)
⑨ 지실(志室)
⑩ 양관(陽關)
⑪ 대장유(大腸兪)

져 진액이 뭉쳐져 담(痰)을 이루어 결과적으로 기형(畸形)이 오고 뻣뻣해져 거동이 불편해진다.

　환자는 대개 무력피곤, 체중감소, 미열(微熱), 전신불쾌감을 나타내고 도한(盜汗)과 정신상태의 불안감을 나타낸다. 전신시술법으로 치료하며 경락 순서에 따라 집중 시술하는 것이 효과적이다.

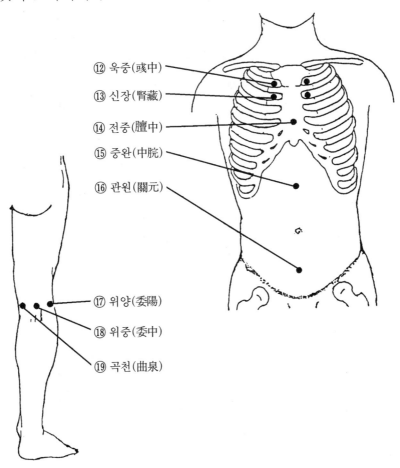

⑫ 욱중(彧中)
⑬ 신장(腎藏)
⑭ 전중(膻中)
⑮ 중완(中脘)
⑯ 관원(關元)
⑰ 위양(委陽)
⑱ 위중(委中)
⑲ 곡천(曲泉)

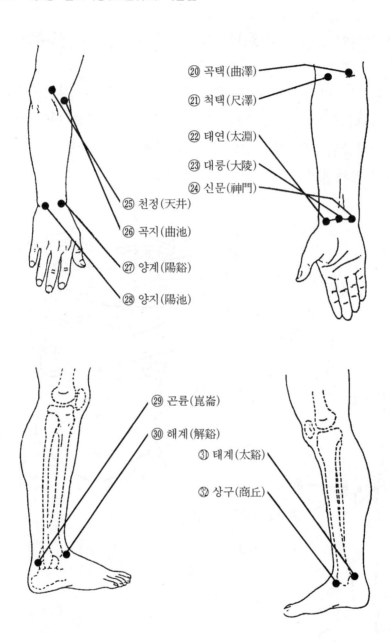

⑳ 곡택(曲澤)

㉑ 척택(尺澤)

㉒ 태연(太淵)

㉓ 대릉(大陵)

㉔ 신문(神門)

㉕ 천정(天井)

㉖ 곡지(曲池)

㉗ 양계(陽谿)

㉘ 양지(陽池)

㉙ 곤륜(崑崙)

㉚ 해계(解谿)

㉛ 태계(太谿)

㉜ 상구(商丘)

9) 비복근경련(腓腹筋痙攣 : 쥐가 날때)

장딴지에 쥐가 나서 고통을 느끼는 것을 말한다. 평소에는 하지 않던 격심한 운동을 갑자기 하는 경우에 장단지의 운동신경이 근육을 경결(硬結)시켜 굳어지고 응어리지는 것으로 일시적이다. 휴식을 취하면서 환부를 마시지 한다.

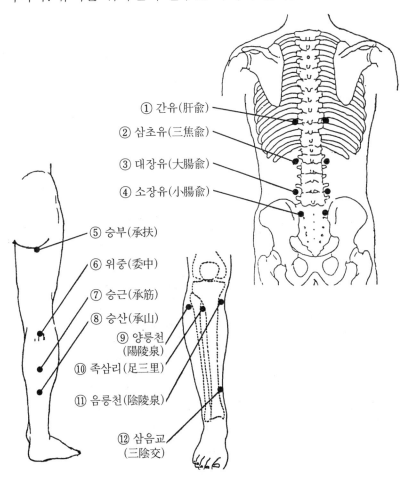

① 간유(肝兪)
② 삼초유(三焦兪)
③ 대장유(大腸兪)
④ 소장유(小腸兪)
⑤ 승부(承扶)
⑥ 위중(委中)
⑦ 승근(承筋)
⑧ 승산(承山)
⑨ 양릉천(陽陵泉)
⑩ 족삼리(足三里)
⑪ 음릉천(陰陵泉)
⑫ 삼음교(三陰交)

(5) 대사 내분비계 질환

1) 갑상선질환(甲狀腺疾患)

갑상선 홀몬이 너무 많이 생산 분비되는 병적현상으로 일명 세도우씨병이라고 한다. 원인은 정확히 밝혀진 바 없고 정신적 고민이나 과로가 원인인 것으로 추정하고 있다. 남자보다 여자의 중년기 대개 30~50세에서 발병률이 높다.

증세는 갑상선이 부어오르고, 눈이 튀어나오며, 가슴이 두근대며, 맥박이 빨라지고 손가락이 떨리고, 땀이 많아지며 신

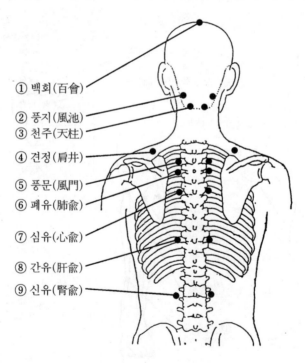

① 백회(百會)
② 풍지(風池)
③ 천주(天柱)
④ 견정(肩井)
⑤ 풍문(風門)
⑥ 폐유(肺兪)
⑦ 심유(心兪)
⑧ 간유(肝兪)
⑨ 신유(腎兪)

경질적이 되면서 여자는 생리불순, 남자는 성욕감퇴 등의 제
병을 수반하기도 한다.

　기공시술은 순번대로 하고 인영, 수돌, 공최, 어제혈을 집
중시술한다. 환자가 단전호흡을 해주면 좋다.

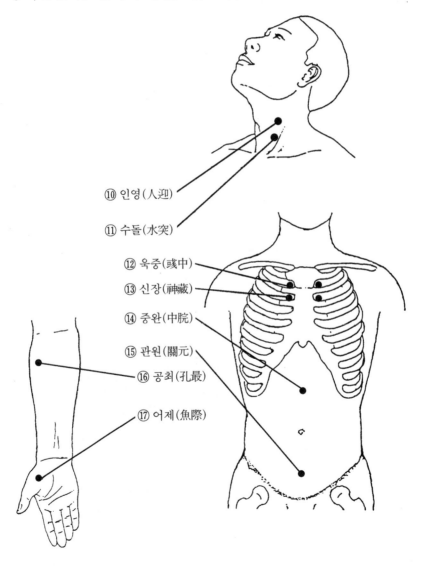

⑩ 인영(人迎)

⑪ 수돌(水突)

⑫ 욱중(彧中)

⑬ 신장(神藏)

⑭ 중완(中脘)

⑮ 관원(關元)

⑯ 공최(孔最)

⑰ 어제(魚際)

2) 인후통증(咽喉痛症 : 목구멍이 아플 때)

인후에 통증이 오는 경우는 여러 원인들이 있다. 가벼운 감기 증세에서도 오고, 건조한 곳에 오래 머무르거나 먼지같은 것이 많은 곳에서 작업을 했을 경우 목에서 소리가 나고 마른 기침을 하거나 편도선이 부어 침을 삼키려면 통증이 오며 목이 답답해지는 증상이 나타난다. 또는 폐결핵에 의한 후두(喉頭), 결핵성 후두암, 디프테리아 등에 있어서도 나타난다. 중증은 전문의의 치료가 필요하고 심하지 않은 경우는 기공치료로 잘낫는다.

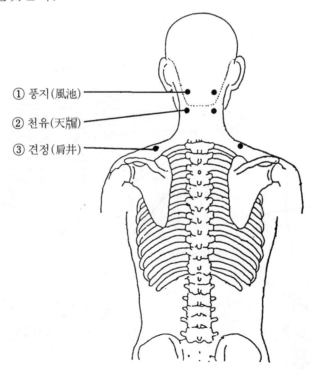

① 풍지(風池)
② 천유(天牖)
③ 견정(肩井)

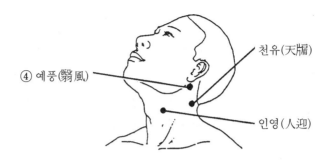

④ 예풍(翳風)

천유(天牖)

인영(人迎)

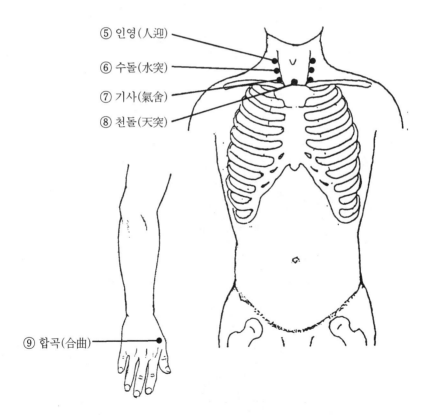

⑤ 인영(人迎)

⑥ 수돌(水突)

⑦ 기사(氣舍)

⑧ 천돌(天突)

⑨ 합곡(合曲)

3) 각기병(脚氣病)

각기병의 증세는 전신이 피곤을 느끼고, 식욕이 부진하며, 무력감이 나타나며 숨이 차고 두근거리는 증세와 다리가 붓기도 한다. 각기병은 비타민 B_1의 결핍에서 일어나므로 현대는 비타민제의 구매가 쉬워지면서 거의 사라져가고 있다.

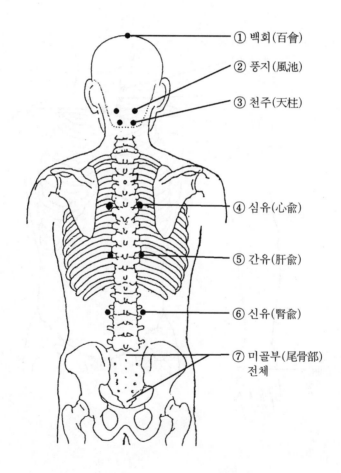

① 백회(百會)

② 풍지(風池)

③ 천주(天柱)

④ 심유(心兪)

⑤ 간유(肝兪)

⑥ 신유(腎兪)

⑦ 미골부(尾骨部) 전체

치료에 있어 족삼리혈은 전신의 무력감을 없애주고 신유혈
은 전신에 활력을 주며 부기나 질환을 없애준다.

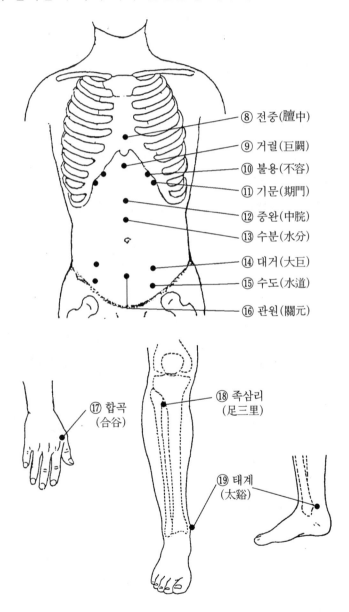

⑧ 전중(膻中)

⑨ 거궐(巨闕)

⑩ 불용(不容)

⑪ 기문(期門)

⑫ 중완(中脘)

⑬ 수분(水分)

⑭ 대거(大巨)

⑮ 수도(水道)

⑯ 관원(關元)

⑰ 합곡
(合谷)

⑱ 족삼리
(足三里)

⑲ 태계
(太谿)

4) 성불능(性不能 : 음위, 임포턴스), 정력부족

　남성이 생리적이나 환경적 요인에 의해 성적 충동요인이 소실되어 발기가 안되거나 되더라도 미약한 상태로 정상적인 교합을 유지할 수 없는 상태를 임포턴스(Impotence), 발기불능, 음위증이라고 한다.

　원인으로는 매우 다양한 형태에서 이루어지고 있으나 대개 남성고환의 결여나 위축, 뇌하수체, 갑상선부신 등의 기능이 불완전한데서도 오고 전립선염이나 정낭염, 당뇨병, 간장병, 동맥경화 또는 빈혈, 영양불량, 음경의 종양, 노인성으로도 온다.

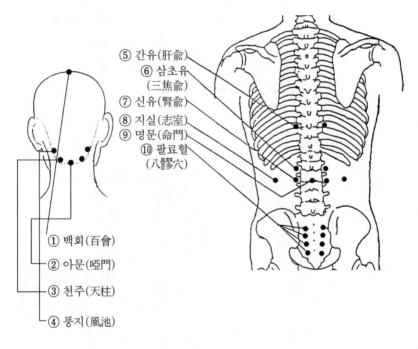

⑤ 간유(肝兪)
⑥ 삼초유(三焦兪)
⑦ 신유(腎兪)
⑧ 지실(志室)
⑨ 명문(命門)
⑩ 팔료혈(八髎穴)

① 백회(百會)
② 아문(啞門)
③ 천주(天柱)
④ 풍지(風池)

현대는 특히 정신적 불안, 초조, 우울, 신경쇠약 등에서 오
는 경우가 많아 정신적 요법을 곁들이기도 한다. 전신시술법
으로 치료하며 순번대로 집중시술한다. 환자가 단전호흡수련
을 하면 매우 효과적이다.

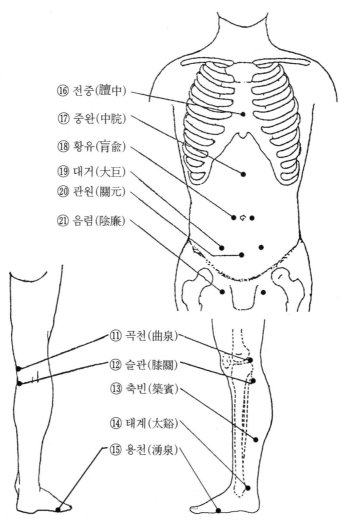

⑯ 전중(膻中)
⑰ 중완(中脘)
⑱ 황유(肓兪)
⑲ 대거(大巨)
⑳ 관원(關元)
㉑ 음렴(陰廉)

⑪ 곡천(曲泉)
⑫ 슬관(膝關)
⑬ 축빈(築賓)
⑭ 태계(太谿)
⑮ 용천(湧泉)

5) 갱년기 장애(更年期 障碍), 노화방지

갱년기란 나이가 40세 이후부터 인체 세포조직이 노쇄해지는 현상을 말한다. 대부분은 심한 정신적 피로와 운동부족으로 오는 경우가 대부분이며, 갱년기 장애는 노화를 재촉하여 시력감퇴, 이명, 우울, 초조, 만성피로, 비만, 요통, 변비, 관절통 등의 증상이 나타난다. 이외에도 성(性)적장애를 불러오기도 한다. 충분한 휴식으로 심신을 안정시키면서 지속적인 적당한 운동(단전호흡)으로 자율신경을 조절함으로써 극복될 수 있다.

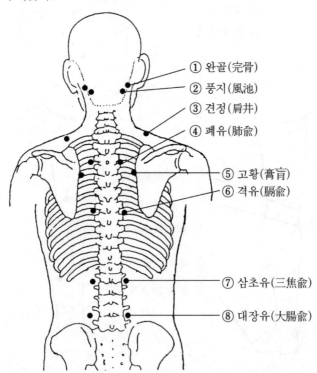

① 완골(完骨)
② 풍지(風池)
③ 견정(肩井)
④ 폐유(肺兪)

⑤ 고황(膏肓)
⑥ 격유(膈兪)

⑦ 삼초유(三焦兪)

⑧ 대장유(大腸兪)

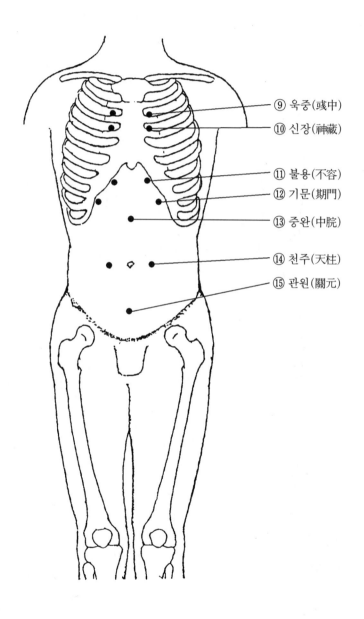

⑨ 욱중(彧中)
⑩ 신장(神藏)
⑪ 불용(不容)
⑫ 기문(期門)
⑬ 중완(中脘)
⑭ 천주(天柱)
⑮ 관원(關元)

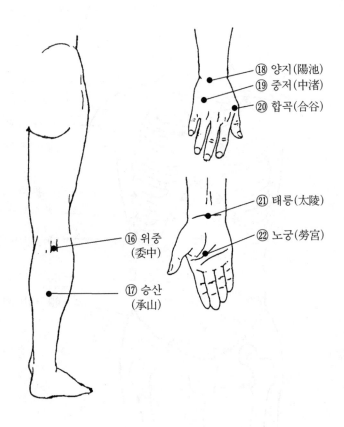

⑱ 양지 (陽池)
⑲ 중저 (中渚)
⑳ 합곡 (合谷)

㉑ 태릉 (太陵)
㉒ 노궁 (勞宮)

⑯ 위중 (委中)
⑰ 승산 (承山)

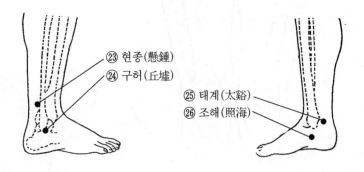

㉓ 현종 (懸鍾)
㉔ 구허 (丘墟)

㉕ 태계 (太谿)
㉖ 조해 (照海)

6) 당뇨병(糖尿病)

일명 소갈병(消渴病)이라하는데 상·중·하소로 구분한다.
상소(上消)증은 병이 심·폐(心肺)에 있어 가슴이 답답하
고 혀끝이 갈라지며, 목구멍이 확확대고 입에 구갈이 나며 식
욕은 감퇴되나 대변·소변은 정상이다. 중소(中消)증은 비·
위(脾胃)에 병이 있어 목이 마르고 물을 자주 마시며 자한(自
汗)이 나고 변이 굳고 소변을 자주보며 심한 악취가 나면서
만성위염을 합병한다. 하소(下消)증은 병이 신(腎)에 있어 색
욕과다, 물을 많이 마시며 다리가 마르고 귀바퀴(耳輪)가 검
고 반질반질해지며 소변은 거품이 나며 단내(甘)가 난다.

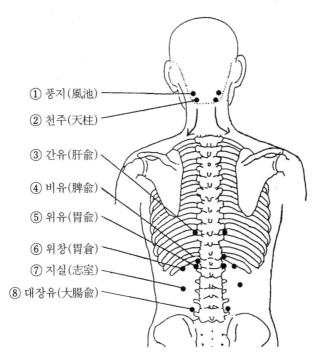

① 풍지(風池)
② 천주(天柱)
③ 간유(肝兪)
④ 비유(脾兪)
⑤ 위유(胃兪)
⑥ 위창(胃倉)
⑦ 지실(志室)
⑧ 대장유(大腸兪)

소갈병은 현대병이라 하는데 음식조절이 매우 중요하며 음주, 방사, 맵고 짠 음식 등을 피해야 한다. 환자는 단전호흡을 꾸준히 해주는 것이 좋다.

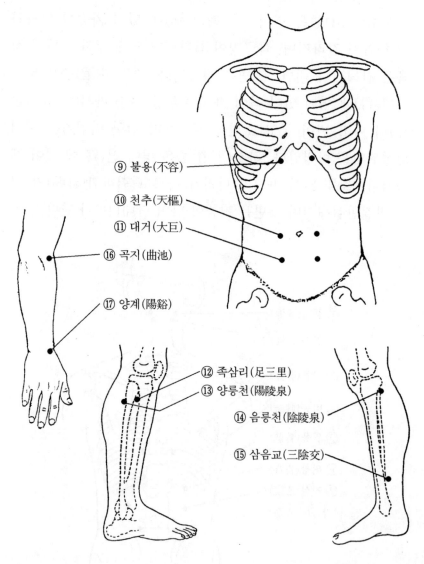

⑨ 불용(不容)
⑩ 천추(天樞)
⑪ 대거(大巨)
⑯ 곡지(曲池)
⑰ 양계(陽谿)
⑫ 족삼리(足三里)
⑬ 양릉천(陽陵泉)
⑭ 음릉천(陰陵泉)
⑮ 삼음교(三陰交)

(6) 여성병 질환

1) 생리불순(生理不順)

여성은 인체구조중 남성과는 근본적으로 다른 기능들을 갖고 있는데 임신, 분만, 수태를 하기 위해 복잡한 생리적 기관들이 그것이다.

여자는 성숙하면 태아를 양육하기 위해 생리적으로 자궁에 피를 모으다가 일정기간에 수태가 안되면 외부로 배출시키는 작용을 일정한 주기를 갖고 반복하는 것을 월경(月經)이라 하는데 이 상태를 생리라고도 한다.

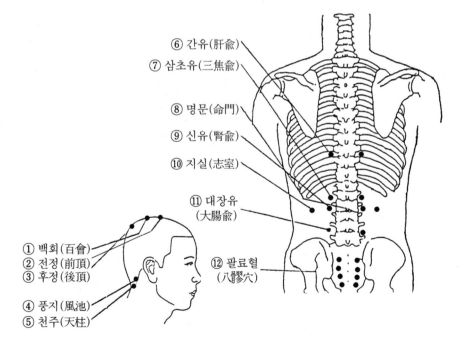

⑥ 간유(肝兪)
⑦ 삼초유(三焦兪)
⑧ 명문(命門)
⑨ 신유(腎兪)
⑩ 지실(志室)
⑪ 대장유(大腸兪)
① 백회(百會)
② 전정(前頂)
③ 후정(後頂)
④ 풍지(風池)
⑤ 천주(天柱)
⑫ 팔료혈(八髎穴)

생리불순이나 생리통은 이 과정에서 통증을 느끼는 현상을 말하는데 사람에 따라 차이는 있으나, 통증을 못느끼는 경우부터 심하게 느끼는 정도의 차이가 있다. 병의 원인은 대개 평탄한 생활환경에서 급격히 환경이 악화되거나 참기 힘든 심한 분노의 감정이 안정되지 못하고 지속된 경우에 오는 수가 많고, 허약에서 오는 경우도 있다.

기공시술은 순번대로 하되, 삼초유, 명문, 신유, 지실, 팔료혈을 집중시술한다.

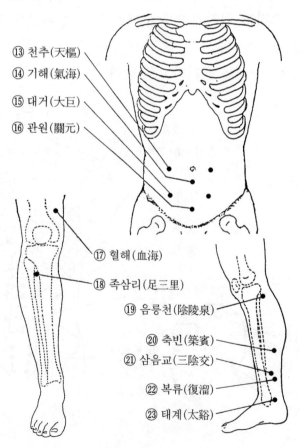

⑬ 천추(天樞)
⑭ 기해(氣海)
⑮ 대거(大巨)
⑯ 관원(關元)

⑰ 혈해(血海)
⑱ 족삼리(足三里)
⑲ 음릉천(陰陵泉)
⑳ 축빈(築賓)
㉑ 삼음교(三陰交)
㉒ 복류(復溜)
㉓ 태계(太谿)

2) 냉증(冷症)

냉증이란 대하(帶下)라고도 한다. 임맥은 자궁위에서 대맥을 지나 제중(臍中)위를 관통하는데 대맥은 맨끝의 갈비와 양쪽 장문혈에서 일어나 띠를 두른것 같이 되어 있다. 이 대맥에 습(濕)과 담(痰)이 맺혀져 늘어지면서 병이 되는데 이를 대하라 한다.

대하는 색이 누렇고 진하며 콧물이나 고름같은 습열에 의한 대하가 있고 이때는 등·허리가 시큰대고 힘이 없어지고 음부 안쪽이 부어오면서 가렵고 뇨가 황색을 띠며 열감이 있

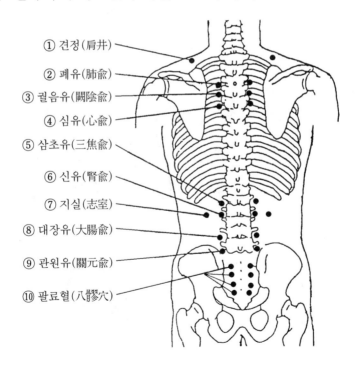

① 견정(肩井)
② 폐유(肺俞)
③ 궐음유(闕陰俞)
④ 심유(心俞)
⑤ 삼초유(三焦俞)
⑥ 신유(腎俞)
⑦ 지실(志室)
⑧ 대장유(大腸俞)
⑨ 관원유(關元俞)
⑩ 팔료혈(八髎穴)

게 된다. 한(寒)과 어체(瘀滯)로 오는 대하는 진득하고 덩어
리지며 붉은빛이 돈다. 계속해서 흘러나오며 월경색이 검고
덩어리진다. 하복통이 있으며 구갈이 있으나 음료수를 즐겨
찾지 않으며 안색이 어두운편이 된다.

순번대로 기공시술하고 주요혈인 신유, 지실, 팔료혈, 천
추, 대거, 용천을 집중시술한다.

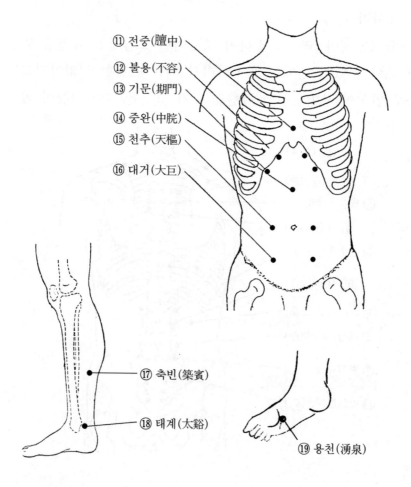

⑪ 전중(膻中)
⑫ 불용(不容)
⑬ 기문(期門)
⑭ 중완(中脘)
⑮ 천추(天樞)
⑯ 대거(大巨)
⑰ 축빈(築賓)
⑱ 태계(太谿)
⑲ 용천(湧泉)

3) 불감증(不感症)

　여성이 교합시 충분한 만족감을 느끼지 못하는 것을 불감
증이라 한다.

　생식기 자체의 결함에서 오는 수도 있지만 성(性)에 대한
열등감이나 수치심을 느낀다거나, 상대가 마음에 안들거나,
주변환경의 열악함이나 몸이 허약상태 등의 정신적 노이로제
성에서 많이 온다.

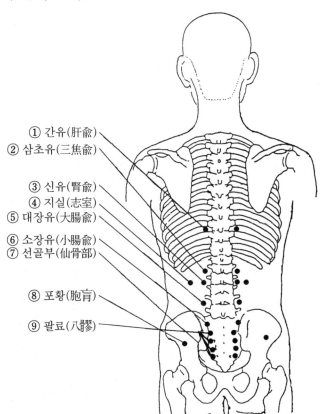

① 간유(肝兪)
② 삼초유(三焦兪)

③ 신유(腎兪)
④ 지실(志室)
⑤ 대장유(大腸兪)

⑥ 소장유(小腸兪)
⑦ 선골부(仙骨部)

⑧ 포황(胞肓)

⑨ 팔료(八髎)

　치료는 경혈을 자극하는 기공치료가 효과적이다. 이외에
경락상에는 표현하지 않았지만 회음부에서부터 생식기까지
또 생식기 주변을 잘 눌러보아 압통이 있는 곳은 전부 풀어준
다. 치료를 위해 단전호흡을 병행하면 효과적이다.

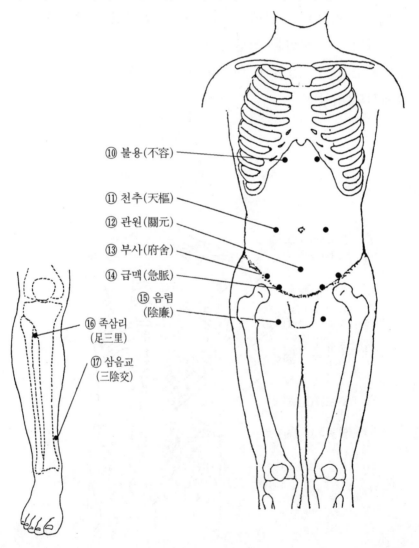

⑩ 불용(不容)

⑪ 천추(天樞)

⑫ 관원(關元)

⑬ 부사(府舍)

⑭ 급맥(急脈)

⑮ 음렴
　 (陰廉)

⑯ 족삼리
　 (足三里)

⑰ 삼음교
　 (三陰交)

4) 불임증(不姙症)

불임증은 예전엔 여성의 전적인 이상으로 알고 있었으나 근자에는 남성의 불임이 심각히 대두되고 있다. 심각한 공해속에서 과중한 피로가 무정자증, 정자감소증, 정자의 통로 장애 등이 남성불임의 원인이며 여성은 난소장애, 내분비이상, 난관장애, 자궁경염 등 여성의 영양불량 등으로 불임이 된다.

이 외에도 여성이 너무 비만인 경우나 마른경우에 또는 체질적으로 몸이 냉(冷)한경우 임신이 잘 되지 않는다.

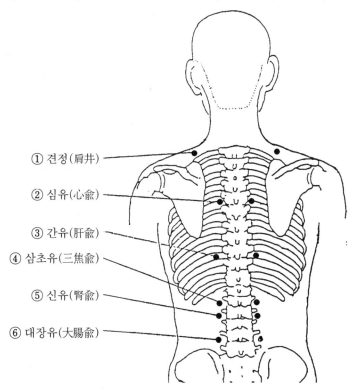

① 견정(肩井)
② 심유(心兪)
③ 간유(肝兪)
④ 삼초유(三焦兪)
⑤ 신유(腎兪)
⑥ 대장유(大腸兪)

　단전호흡수련을 꾸준히 해주면 내분비계가 강화되고 자연치유력이 증진되며 하복부를 비롯해서 전신이 따듯해지는 등의 체질개선이 되어진다.　놀라운 것은 이렇게 체질이 개선되고 나면 의외로 쉽게 임신이 되는 경우가 많다는 사실이다.　그동안 지도를 해오면서 그러한 실례를 수없이 접할수 있었다.

　단전호흡수련은 불임증의 특효약이라고 말할수 있을 정도로 효과적이다.　경락 순서에 따라 시술한다.

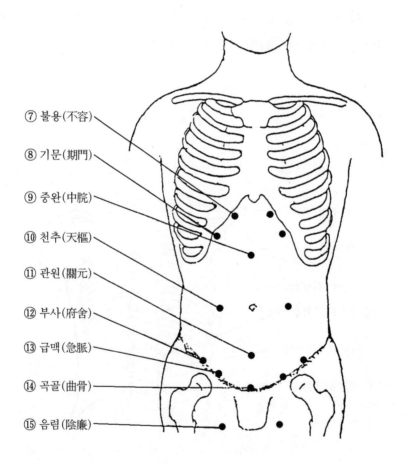

⑦ 불용(不容)

⑧ 기문(期門)

⑨ 중완(中脘)

⑩ 천추(天樞)

⑪ 관원(關元)

⑫ 부사(府舍)

⑬ 급맥(急脈)

⑭ 곡골(曲骨)

⑮ 음렴(陰廉)

(7) 소아질환

1) 말을 더듬을 때

말을 더듬는 것은 성격이 조화되지 못해서 오는 경우가 많은 데, 이런 것은 어렸을 때 성격교정을 하면 좋다. 대개 말을 더듬 는 사람은 말을 좀더 잘하려는 의욕이 앞서서 그 중압감에 더 더듬게 되는 경우가 많은데, 말더듬을 교정하려면 본인이 천천 히 말하면 된다는 부자유스럽지 않은 안정된 생각을 갖고 노력 하면서 전문 교정사의 꾸준한 교정을 받는 것이 바람직하다.

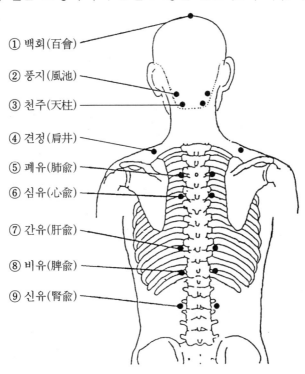

① 백회(百會)
② 풍지(風池)
③ 천주(天柱)
④ 견정(肩井)
⑤ 폐유(肺兪)
⑥ 심유(心兪)
⑦ 간유(肝兪)
⑧ 비유(脾兪)
⑨ 신유(腎兪)

기공시술을 하는 중에도 환자가 말을 하려할 때 긴장을 진
정시켜 주어 대화의 장애를 제거해주는 것이 중요하다.

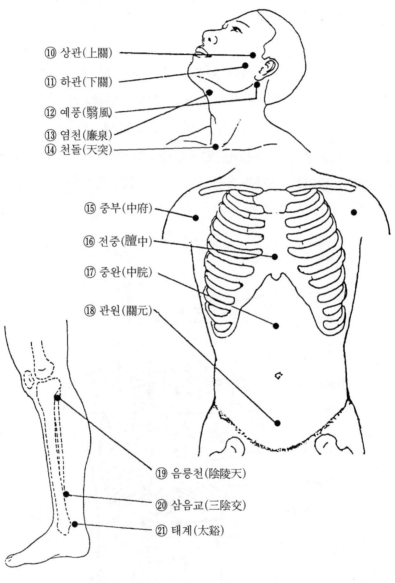

⑩ 상관(上關)

⑪ 하관(下關)

⑫ 예풍(翳風)

⑬ 염천(廉泉)

⑭ 천돌(天突)

⑮ 중부(中府)

⑯ 전중(膻中)

⑰ 중완(中脘)

⑱ 관원(關元)

⑲ 음릉천(陰陵泉)

⑳ 삼음교(三陰交)

㉑ 태계(太谿)

2) 야뇨증(夜尿症)

야뇨증은 일명 오줌싸개라고 하는데 대개 4~5세 어린아이
들에게서 자주 볼수 있다. 대체로 불규칙한 생활습관에서 오
기도 하고, 체질적으로 방광의 괄약근이나 배뇨근(排尿筋)을
지배하는 신경에 이상이 있거나 또는 기관지 천식을 앓고 있
는 경우가 대부분이며 대체로 야뇨증을 갖은 아이들은 하반신
이 냉한데 야뇨증은 일종의 냉허증(冷虛症)이라 할 수 있다.

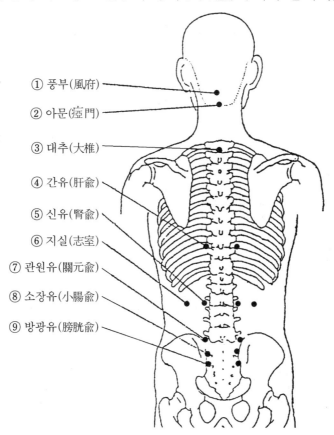

① 풍부(風府)
② 아문(瘂門)
③ 대추(大椎)
④ 간유(肝兪)
⑤ 신유(腎兪)
⑥ 지실(志室)
⑦ 관원유(關元兪)
⑧ 소장유(小腸兪)
⑨ 방광유(膀胱兪)

또 꿈을 꾸면서 배뇨하는 경우도 있는데 이런 경우는 심리
적으로 오는 경우이다. 경락순서에 따라 치료하면 아주 효과
적이다.

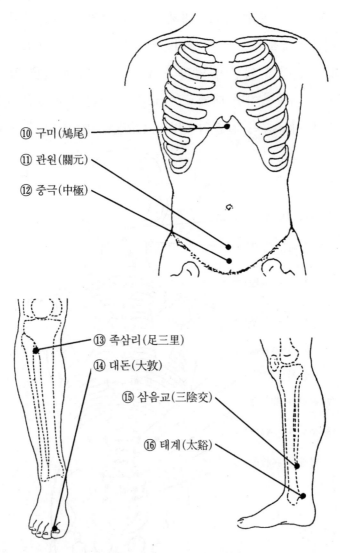

⑩ 구미(鳩尾)

⑪ 관원(關元)

⑫ 중극(中極)

⑬ 족삼리(足三里)

⑭ 대돈(大敦)

⑮ 삼음교(三陰交)

⑯ 태계(太谿)

3) 야제증(夜啼症 : 밤에 우는 아이)

야제증은 유아의 신경과민에서 오는 일종의 노이로제이다. 선천적으로 신경이 과민해서 오는 경우도 있으나 대부분은 환경적 영향을 받는 경우가 대부분이다. T.V나 라디오, 자동차소음 등으로 잠이 깨면 유아는 신경과민이 되고 울게 된다. 정도가 심하면 깜짝 깜짝 놀라기도 한다.

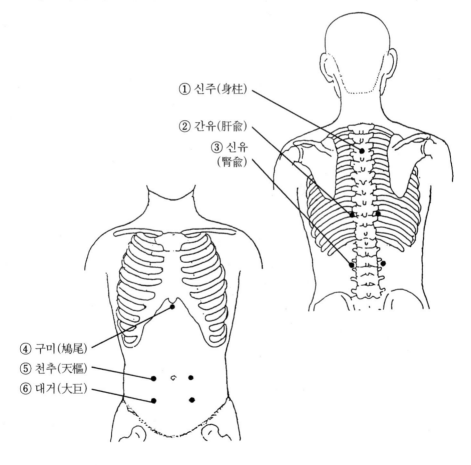

① 신주(身柱)
② 간유(肝兪)
③ 신유(腎兪)
④ 구미(鳩尾)
⑤ 천추(天樞)
⑥ 대거(大巨)

(8) 미용요법

1) 기미, 주근깨

눈이나 입술주변을 비롯한 얼굴에 생긴 갈색의 반점을 주근깨도 포함하여 기미라고 한다.

기미, 주근깨가 생기는 원인은 대체로 과로, 간기능의 장애, 부신기능의 이상, 임신, 부인병, 직사광선에 의한 자극 등이다. 기공시술은 순번대로 하고 간유, 신유, 불용, 대거, 족삼리를 집중 시술한다.

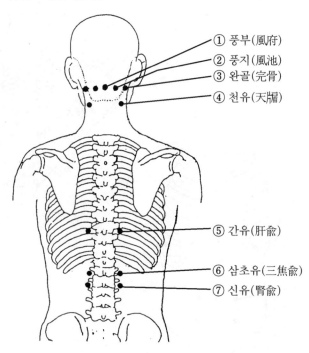

① 풍부(風府)
② 풍지(風池)
③ 완골(完骨)
④ 천유(天牖)

⑤ 간유(肝兪)

⑥ 삼초유(三焦兪)
⑦ 신유(腎兪)

기미, 주근깨의 당사자가 양손을 뜨거울 정도로 잘 비벼서 얼굴을 골고루 잘 문지르게 한다(5분).

※ 손바닥을 잘 비벼 더운 손으로 얼굴을 마찰하는 것을 '기(氣)의 세면법(洗面法)'이라 한다. 효과는 특별하지만 차가운 손바닥으로 시행하면 효과는 미약하다. '기(氣)의 세면법(洗面法)'를 하는 동안에 손바닥이 식으면 다시 손바닥을 비벼서 덥게 한 후에 얼굴을 비벼준다.

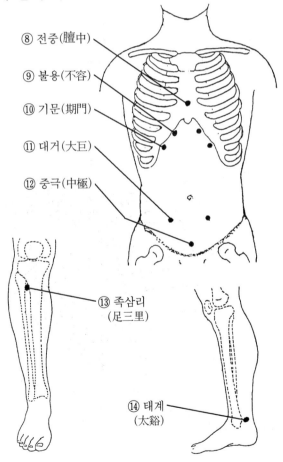

⑧ 전중(膻中)
⑨ 불용(不容)
⑩ 기문(期門)
⑪ 대거(大巨)
⑫ 중극(中極)
⑬ 족삼리 (足三里)
⑭ 태계 (太谿)

2) 여드름과 부스럼(얼굴의 피부질환)

여드름의 원인은 매우 복잡하다. 홀몬의 과다분비나 결핍에서 오기도하고 소화기관의 조정불량, 자율신경의 이상이나 세균감염에 의한 것도 있다.

여드름은 얼굴과 팔 등에 좁쌀 크기의 몽우리가 돋아나며 그속에 농(膿)이 고이게 된다. 심한 경우 백농이 되어 나온 후 검붉은 기미가 되기도 하고 혹은 부스럼이 되기도 하지만 사춘기가 지나면 없어지기 때문에 일명 사춘기의 꽃이라고

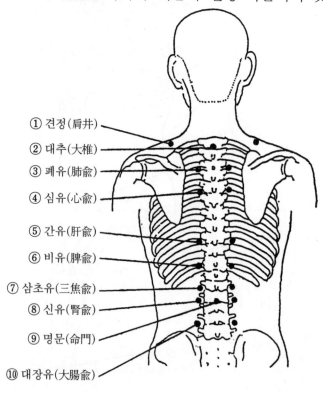

① 견정(肩井)
② 대추(大椎)
③ 폐유(肺兪)
④ 심유(心兪)
⑤ 간유(肝兪)
⑥ 비유(脾兪)
⑦ 삼초유(三焦兪)
⑧ 신유(腎兪)
⑨ 명문(命門)
⑩ 대장유(大腸兪)

한다. 치료시 가장 중요한 혈은 요추 2번 근처에 있는 신유혈
(腎兪穴)과 명문혈(命門穴)이다. 그리고 폐유(肺兪), 간유
(肝兪), 비유(脾兪) 등의 혈은 피부를 곱게 해주는 혈자리들
이다.

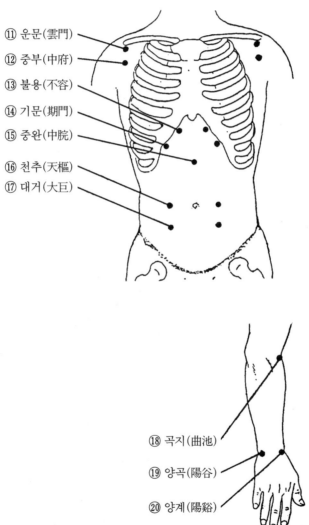

⑪ 운문(雲門)
⑫ 중부(中府)
⑬ 불용(不容)
⑭ 기문(期門)
⑮ 중완(中脘)
⑯ 천추(天樞)
⑰ 대거(大巨)

⑱ 곡지(曲池)
⑲ 양곡(陽谷)
⑳ 양계(陽谿)

3) 빈약한 유방(유방을 풍만하게)

풍만한 젖가슴은 여성의 매력을 한층더 높여준다. 작은 젖
가슴은 여성에 있어서 고민의 한가지가 되지만 빈약한 가슴
이라도 희망을 갖고 노력하면 불가능한 일은 아니다. 끈기를
갖고 지속적으로 노력하면 좋은 효과를 거둘 수 있다.

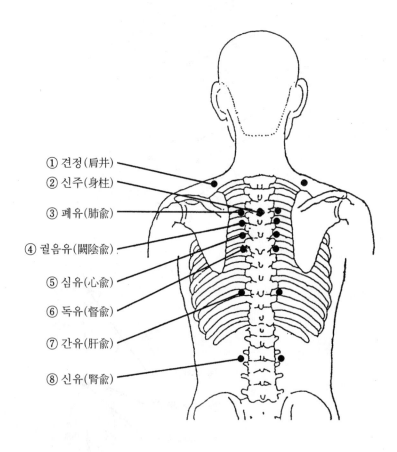

① 견정(肩井)
② 신주(身柱)
③ 폐유(肺兪)
④ 궐음유(闕陰兪)
⑤ 심유(心兪)
⑥ 독유(督兪)
⑦ 간유(肝兪)
⑧ 신유(腎兪)

특히 등이 굽은 듯한 여성은 우선 등을 바로 주는 것이 선
결문제로 유방과 전신의 곡선이 균형을 이루도록 해주어야
한다. 체내다른 부위의 잉여지방을 제거하는 기공시술법을
활용하면 전신과 조화를 이루는 균형잡힌 유방의 풍만함을
기대할 수 있다.

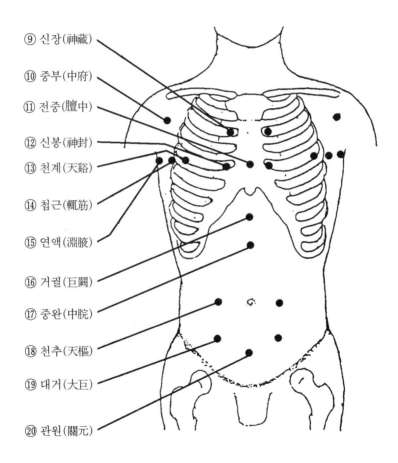

⑨ 신장(神藏)
⑩ 중부(中府)
⑪ 전중(膻中)
⑫ 신봉(神封)
⑬ 천계(天谿)
⑭ 첩근(輒筋)
⑮ 연액(淵腋)
⑯ 거궐(巨闕)
⑰ 중완(中脘)
⑱ 천추(天樞)
⑲ 대거(大巨)
⑳ 관원(關元)

4) 허리곡선의 유연성과 엉덩이 탄력성 강화

　여성들은 날씬한 몸매를 갖기 위해 갖은 노력들을 하고 있다. 근간에는 여러가지 운동기구나 조절음식들이 범람하고 있으나 그 효과는 의심스럽다.　무리한 다이어트나 갑작스럽게 무리한 운동을 과욕적으로 시도하다 오히려 병을 얻기 쉽다.

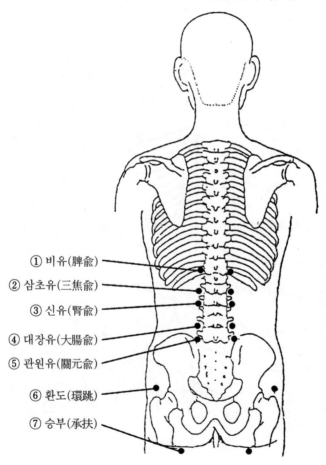

① 비유(脾兪)
② 삼초유(三焦兪)
③ 신유(腎兪)
④ 대장유(大腸兪)
⑤ 관원유(關元兪)
⑥ 환도(環跳)
⑦ 승부(承扶)

몸전체의 균형을 잡기 위해서는 알맞는 식이요법을 써서 당분이나 지방질의 섭취를 피하고 매일 가벼운 운동을 하여 근육의 탄력성을 유지시키는 규칙적인 생활습관을 갖는 것이 중요하다. 이것이 둔부와 허리의 군살을 빼는 첫째 조건인 것이다. 기공시술을 통해 기혈순환을 원활하게 함과 동시에 신진대사를 촉진시켜주면 바람직하며 단전호흡수련을 매일 꾸준히 해주면 더 말할나위 없이 좋다. 또 장의 노폐물을 제거하기 위해서는 기공시술법중 복진이 효과적이다.

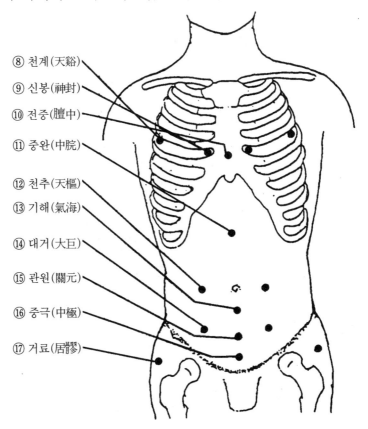

⑧ 천계(天谿)
⑨ 신봉(神封)
⑩ 전중(膻中)
⑪ 중완(中脘)
⑫ 천추(天樞)
⑬ 기해(氣海)
⑭ 대거(大巨)
⑮ 관원(關元)
⑯ 중극(中極)
⑰ 거료(居髎)

5) 비만(肥滿)

비만이란 자기체격에 비해 필요치 않은 지방이 즉 과다한 살이 붙어 있는 것을 말한다. 비만의 정도 체크는 대략 자기 키에서 100을 뺀 수치를 보통 개인의 표준체중으로 보는데 예를들면 키가 160cm인 사람은 100을 빼고 남은 60이 자기의 표준체중으로 본다. 비만증은 합병증을 일으키기 쉬운데 당뇨나 고혈압, 신체의 굴신불편, 숨이 차거나 장기에 무리를 주는 수가 있다. 비만은 인체중에서 허리, 허벅지, 종아리, 턱 등에 지방이 쌓이기 쉽고 이를 방지하기 위해서는 철저하게 과식을 경계하여야 하며, 상기 열거한 지방질이 모이기 쉬운

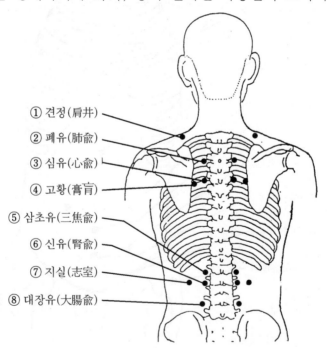

① 견정(肩井)
② 폐유(肺兪)
③ 심유(心兪)
④ 고황(膏肓)
⑤ 삼초유(三焦兪)
⑥ 신유(腎兪)
⑦ 지실(志室)
⑧ 대장유(大腸兪)

곳에 모이지 않도록 적당한 운동이 절대 필요하다.

　순번대로 시술하되 복진을 집중시술한다. 단전호흡수련을 함으로써 체중조절이 가능하다.

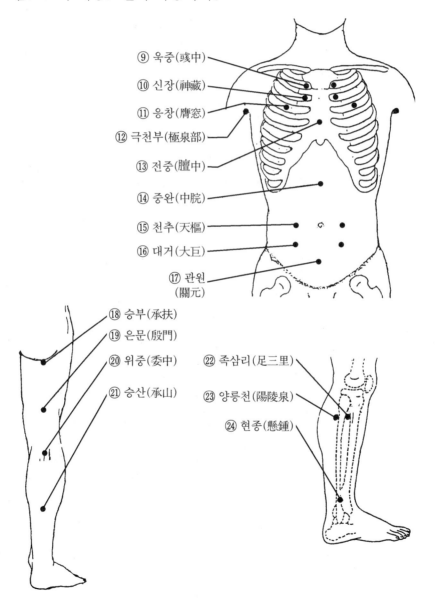

⑨ 욱중(彧中)

⑩ 신장(神藏)

⑪ 응창(膺窓)

⑫ 극천부(極泉部)

⑬ 전중(膻中)

⑭ 중완(中脘)

⑮ 천추(天樞)

⑯ 대거(大巨)

⑰ 관원
　(關元)

⑱ 승부(承扶)

⑲ 은문(殷門)

⑳ 위중(委中)

㉑ 승산(承山)

㉒ 족삼리(足三里)

㉓ 양릉천(陽陵泉)

㉔ 현종(懸鍾)

6) 피부를 아름답고 매끄럽게

여성들의 욕망중 하나가 고운 피부를 갖기를 원하는 것이
라는 사실은 누구도 부인할 수 없을 것이다. 현대에 와서는
희고 깨끗한 피부를 위한 많은 화장품이 범람하고 있다. 건
강미를 과시하기 위해 썬탠을 하여 피부색의 변화를 주기도
하지만 피부가 윤기를 잃으면 화장을 해도 아름다움이 결핍
되어 보인다.

근본적으로 곱고 아름다운 피부는 내분비선을 관장하는 부
신의 작용으로 피지(皮脂)와 땀의 양이 적당히 배출되는 데

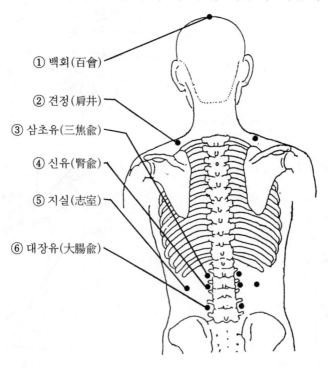

① 백회(百會)
② 견정(肩井)
③ 삼초유(三焦兪)
④ 신유(腎兪)
⑤ 지실(志室)
⑥ 대장유(大腸兪)

에서 매끄러움과 윤기를 유지해 주기 때문에 신경과 흉부, 복
부를 지나는 신경에 경혈자극을 줌으로써 아름다움을 유지할
수 있다.

순번대로 시술하되 지실, 대장유, 불용, 천추, 대거는 집중
시술한다. 복진을 많이 해주면 효과적이다. 단전호흡을 하면
체질이 개선되므로 더욱 효과적이다.

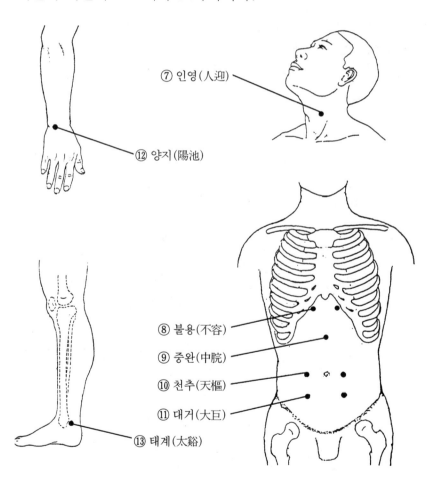

⑦ 인영(人迎)

⑫ 양지(陽池)

⑧ 불용(不容)

⑨ 중완(中脘)

⑩ 천추(天樞)

⑪ 대거(大巨)

⑬ 태계(太谿)

(9) 기타 증상

1) 머리와 정신을 맑게

피로가 누적되어 쌓이게 되면 자율신경에 장애를 일으키게 되는데 단순한 일이나 흥미없는 따분한 일 등을 계속하다 보면 졸거나, 하품이 나오는 것도 바로 이 때문이다. 이럴때 자율신경을 활발하게 해주면 머리와 정신을 맑게해서 업무의 능률을 높이거나 수험생들의 학습능률도 높일 수가 있다.

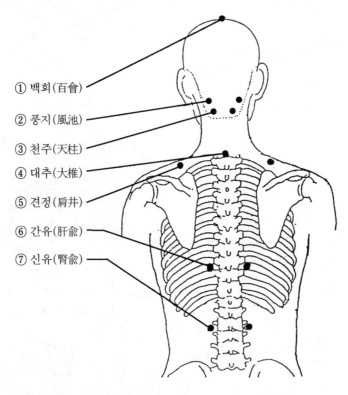

① 백회(百會)
② 풍지(風池)
③ 천주(天柱)
④ 대추(大椎)
⑤ 견정(肩井)
⑥ 간유(肝兪)
⑦ 신유(腎兪)

순번대로 집중시술하고 주요혈인 백회, 풍지, 천주를 집중
시술한다.

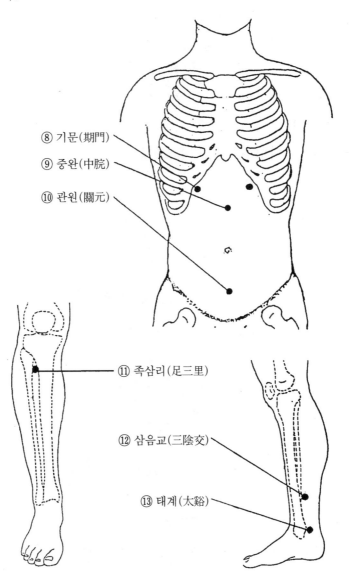

2) 집중력 향상

기억력의 감퇴는 축농증, 고혈압, 당뇨 등의 질환을 앓을
때나 또는 정신적 육체적으로 피로가 과도하기 때문에 일어
난다. 원인이 병에 의한 질환 때문이라는 명백한 것이라면 그
질환을 치료하므로써 회복이 가능하고, 병인이 없는 경우라
면 피로가 누적된 것으로 판명되므로 순번대로 시술하되 아
픈 통증이 나타나는 경락을 집중 시술한다. 단전호흡수련을
하면 더욱 효과적이다.

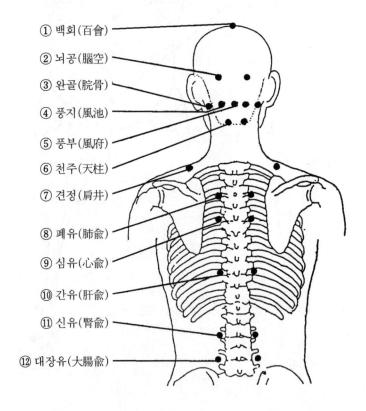

① 백회(百會)
② 뇌공(腦空)
③ 완골(脘骨)
④ 풍지(風池)
⑤ 풍부(風府)
⑥ 천주(天柱)
⑦ 견정(肩井)
⑧ 폐유(肺兪)
⑨ 심유(心兪)
⑩ 간유(肝兪)
⑪ 신유(腎兪)
⑫ 대장유(大腸兪)

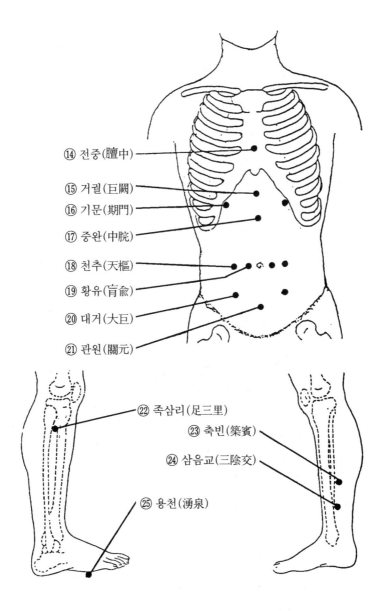

⑭ 전중(膻中)
⑮ 거궐(巨闕)
⑯ 기문(期門)
⑰ 중완(中脘)
⑱ 천추(天樞)
⑲ 황유(肓兪)
⑳ 대거(大巨)
㉑ 관원(關元)

㉒ 족삼리(足三里)
㉓ 축빈(築賓)
㉔ 삼음교(三陰交)
㉕ 용천(湧泉)

3) 눈의 피로 및 눈병

바쁜 일상 생활속에서 쫓기다보면 휴식을 취하지 못하여 쉽게 피로를 느끼고 눈이 뻑뻑해지거나 시리거나 통증이 오며 머리가 무겁고 개운치 않으며 목이 쑤시는 증상들은 느끼는 사람들이 많다.

간기(肝氣)는 눈에 통해 있어 간이 화평한즉 눈은 능히 오색을 판별한다(肝氣通於目 肝和則 目能辯五色).

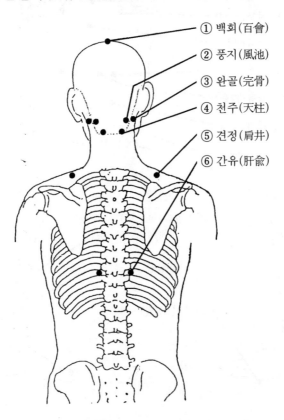

① 백회(百會)
② 풍지(風池)
③ 완골(完骨)
④ 천주(天柱)
⑤ 견정(肩井)
⑥ 간유(肝兪)

눈병은 간경락에서 찾아야 한다. 주요혈인 정명, 승읍, 동자료는 집중시술한다.

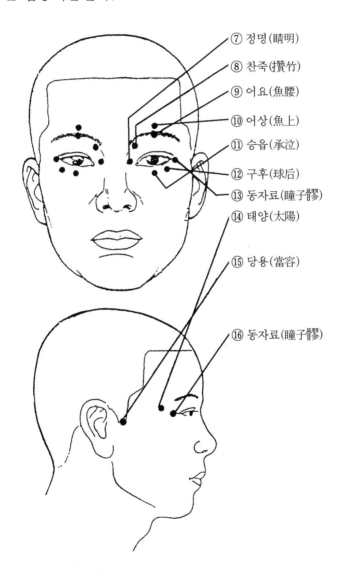

⑦ 정명(睛明)
⑧ 찬죽(攢竹)
⑨ 어요(魚腰)
⑩ 어상(魚上)
⑪ 승읍(承泣)
⑫ 구후(球后)
⑬ 동자료(瞳子髎)
⑭ 태양(太陽)
⑮ 당용(當容)
⑯ 동자료(瞳子髎)

4) 코피가 날때

피가 폐를 거쳐 코로 나오는 것을 코피 즉, 육혈이라고 한다.
코는 머릿골을 통하는데 피가 위로 뇌에 넘치면 코피가 나오게
되고, 양명의 열이 울체되면 피가 입과 코로 나오게 된다.

일반적으로 코에 상처를 입어 비강내 점막이 손상을 입었
을 때, 또는 고혈압이나 동맥경화증에서도 흘리기도 한다. 이
런 경우는 원인을 찾아 근본적인 치료를 해야 하며, 아래의
경락순으로 시술하면 아주 효과적이다.

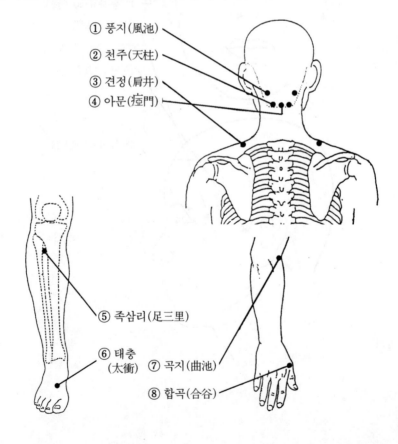

① 풍지(風池)
② 천주(天柱)
③ 견정(肩井)
④ 아문(瘂門)
⑤ 족삼리(足三里)
⑥ 태충(太衝)
⑦ 곡지(曲池)
⑧ 합곡(合谷)

5) 상초열(上焦熱)제거(상기증〔上氣症〕)

사회생활로부터 오는 긴장과 스트레스로 인해 현대인의
80%가 심인성질환을 앓게 되었으며 산업 폐기물과 매연으로
대기는 오염되고 우리의 몸은 과거에 이름도 없던 각종 질병
에 시달리고 있다. 상초열 또한 심인성 질환의 일종이며 상초
열이 발작하면 얼굴과 귓볼이 붉어지고 어지러웁고, 이명, 피
가 솟구치는 듯한 등의 증상이 나타나며 고혈압과 갱년기 장
애 증상의 하나이다.

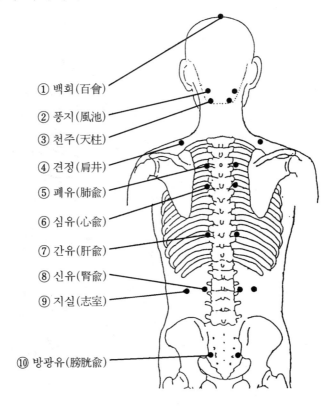

① 백회(百會)
② 풍지(風池)
③ 천주(天柱)
④ 견정(肩井)
⑤ 폐유(肺兪)
⑥ 심유(心兪)
⑦ 간유(肝兪)
⑧ 신유(腎兪)
⑨ 지실(志室)
⑩ 방광유(膀胱兪)

　격렬한 운동은 피하고 안정을 취하며 마음을 편히 갖는 자
세가 중요하다. 기공 시술은 순번대로 하면 아주 효과적이다.

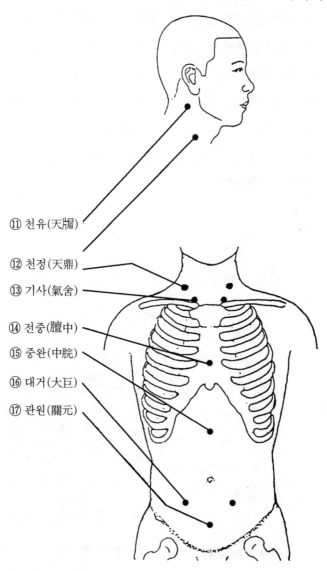

⑪ 천유(天牖)

⑫ 천정(天鼎)

⑬ 기사(氣舍)

⑭ 전중(膻中)

⑮ 중완(中脘)

⑯ 대거(大巨)

⑰ 관원(關元)

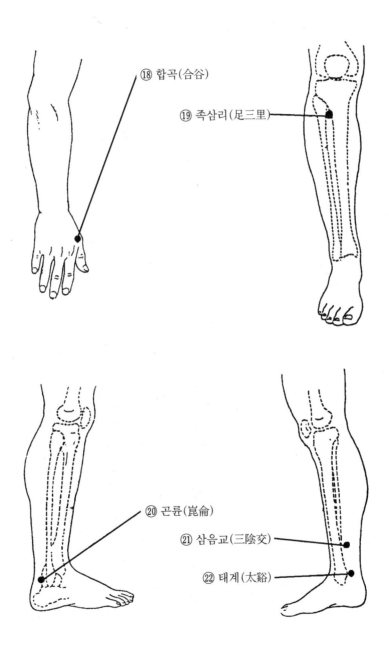

⑱ 합곡(合谷)

⑲ 족삼리(足三里)

⑳ 곤륜(崑崙)

㉑ 삼음교(三陰交)

㉒ 태계(太谿)

6) 두드러기(심마진증〔蕁麻疹症〕)

두드러기는 민감성이나 자극성 요인에서 오는 변태반응성
질환이다. 음식물(특히 생선종류나 옻 등), 약물, 꽃가루 등
식물류, 물리적 · 화학적 · 생물학적 요인 등으로 발병한다.
대개는 히스타민(histamine)이 피부로 들어가 혈관을 확장
시키고 혈관벽의 투과성을 증가시켜 홍반(紅斑) 등의 증세로
나타난다. 한의학적으론 급성기에는 소풍청열 · 한(疏風請熱
寒), 청리습열(淸利濕熱)로 다스리고 만성기에는 양혈거풍법
(養血祛風)으로 다스린다.

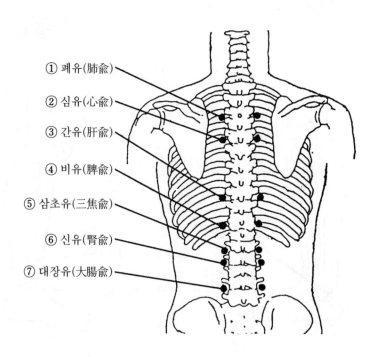

① 폐유(肺兪)
② 심유(心兪)
③ 간유(肝兪)
④ 비유(脾兪)
⑤ 삼초유(三焦兪)
⑥ 신유(腎兪)
⑦ 대장유(大腸兪)

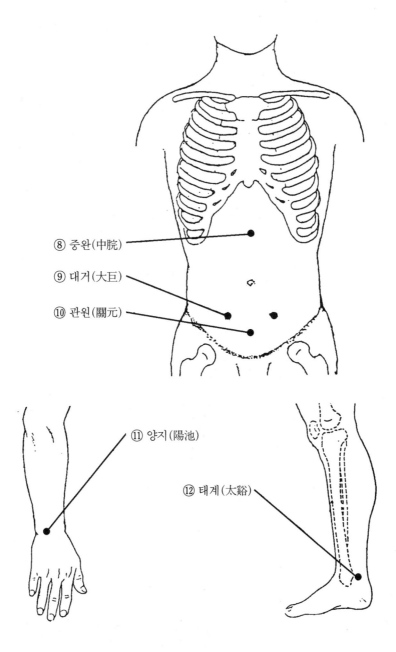

⑧ 중완(中脘)

⑨ 대거(大巨)

⑩ 관원(關元)

⑪ 양지(陽池)

⑫ 태계(太谿)

7) 실어증(失語症 : 갑자기 말하지 못하는 증세)

실어증이란 급격한 어떤 충격이나 병적 질환으로 언어장애를 일으키는 것을 말한다. 중풍증세에서는 풍비(風痺)라고 칭하는 바 그 증상이 신체는 불통(不痛)하고 형세가 만성이면 사지를 마음대로 들지 못하고, 급성이면 전신이 다 제켜진 것이고 혹은 좌탄(左癱), 우탄(右瘓)이 되기도 하고 혹은 어

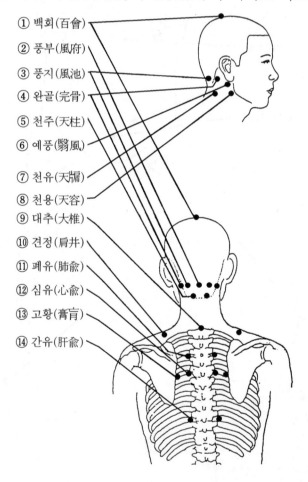

① 백회(百會)
② 풍부(風府)
③ 풍지(風池)
④ 완골(完骨)
⑤ 천주(天柱)
⑥ 예풍(翳風)
⑦ 천유(天牖)
⑧ 천용(天容)
⑨ 대추(大椎)
⑩ 견정(肩井)
⑪ 폐유(肺兪)
⑫ 심유(心兪)
⑬ 고황(膏肓)
⑭ 간유(肝兪)

깨만이 불수가 되거나 두어깨가 다 불수가 되는 수도 있다.
비실(脾實)에서 오는 경우가 많다. 또한 소심한 성격의 사람
이 심한 충격적인 일을 당하면 실어증에 걸리는 경우도 있다.
이외에도 여러가지 원인이 있으나 실어증이란 뇌작용에서 오
는 만큼 뇌에 관계되는 경선(經線)을 다스려야 한다. 대개
1~3개월 치료하여 효과를 보기도 한다. 중풍으로온 증상은
중풍을 먼저 치료한 뒤 실어증 요법을 곁들이고 충격으로온
실어증은 목뒤를 따뜻한 수건으로 찜질을 1~2분 가량하고
나서 치료한다. 혀운동을 계속하는 것이 좋다.

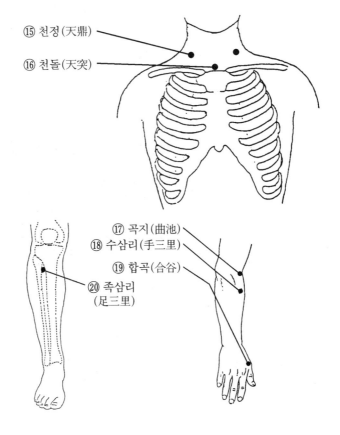

⑮ 천정(天鼎)
⑯ 천돌(天突)

⑰ 곡지(曲池)
⑱ 수삼리(手三里)
⑲ 합곡(合谷)
⑳ 족삼리
  (足三里)

8) 대인공포증 및 기피증

대인공포증은 신경이 예민한 사람이 사람을 정면으로 접촉하기를 두려워하는 증상을 말한다. 어떤 재해에 대해 두려워 밀폐된 공간을 두려워한다거나 낯선 사람과는 말도 못하고 얼굴이 붉어진다거나, 어떤 강박관념속에 확신안된 물건을 소독해서 쓰는 결벽증을 나타내기도 한다. 주로 긴장하기 때문에 입이 마르는 경우가 많다.

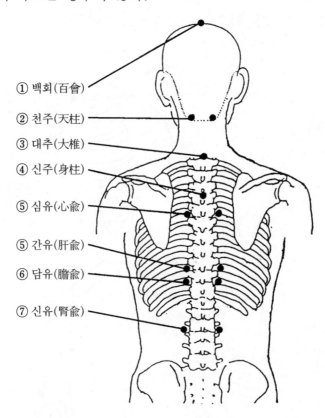

① 백회(百會)
② 천주(天柱)
③ 대추(大椎)
④ 신주(身柱)
⑤ 심유(心兪)
⑤ 간유(肝兪)
⑥ 담유(膽兪)
⑦ 신유(腎兪)

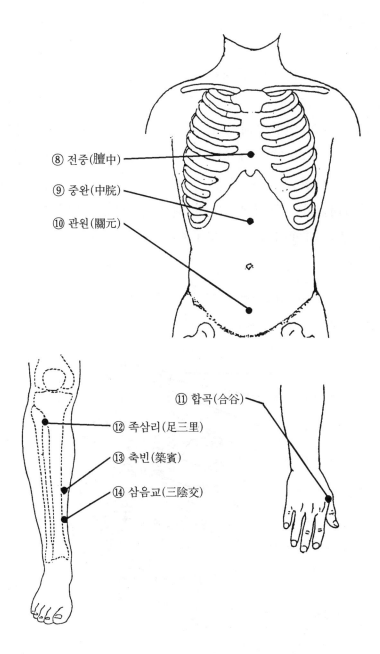

⑧ 전중(膻中)
⑨ 중완(中脘)
⑩ 관원(關元)
⑪ 합곡(合谷)
⑫ 족삼리(足三里)
⑬ 축빈(築賓)
⑭ 삼음교(三陰交)

9) 빈혈

갑자기 일어날 때 현기증이 나거나, 귀에서 금속 두드리는 소리같은 것이 들리는 등의 증상이다. 대부분 수면 부족에서 오는 피로의 연장상태이며, 체내의 몸의 균형을 유지시키는 조직에 장애가 있을 때 나타난다. 그밖에 뇌빈혈, 뇌충혈, 위장장애, 신경증, 갱년기장애, 배멀미 등에서도 이런 증상이 나타난다. 이런 증상은 40, 50대 여성에게서 흔히 볼수 있으며 대부분은 갱년기 장애에서 오는 습관성 증상이다.

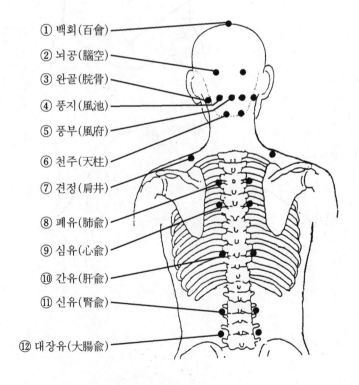

① 백회(百會)
② 뇌공(腦空)
③ 완골(腕骨)
④ 풍지(風池)
⑤ 풍부(風府)
⑥ 천주(天柱)
⑦ 견정(肩井)
⑧ 폐유(肺兪)
⑨ 심유(心兪)
⑩ 간유(肝兪)
⑪ 신유(腎兪)
⑫ 대장유(大腸兪)

기공시술은 순번대로 하되, 백회, 뇌공, 완골, 풍지, 풍부, 천주, 견정을 집중시술한다.

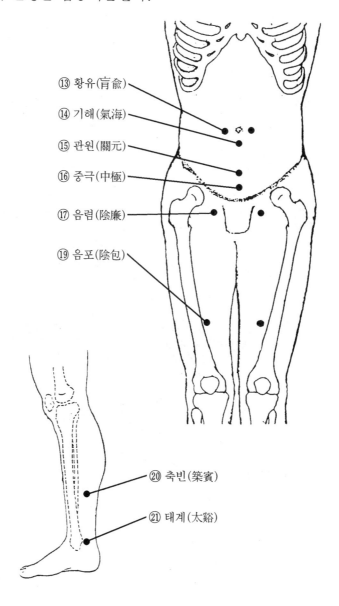

⑬ 황유(肓兪)
⑭ 기해(氣海)
⑮ 관원(關元)
⑯ 중극(中極)
⑰ 음렴(陰廉)
⑲ 음포(陰包)
⑳ 축빈(築賓)
㉑ 태계(太谿)

10) 차멀미, 배멀미

차멀미나 배멀미는 대개 위장이나 간장이 약한 사람, 신경
과민인 사람들에게서 흔히 일어난다. 또 수면부족이나 공복
상태에서도 일어날 수 있다. 원인은 체내의 평형감각에 이상
이 생긴데서 기인하는 바 신경이 날카로운 사람일수록 멀미
가 쉽게 온다. 또 멀미를 경험해본 사람이 선입견을 갖게 되

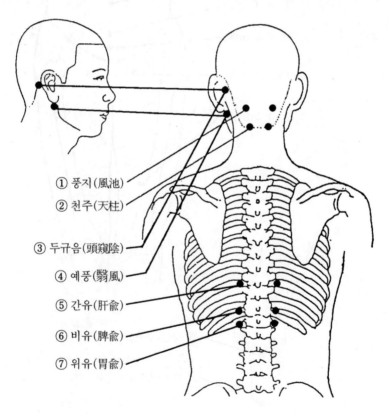

① 풍지(風池)
② 천주(天柱)

③ 두규음(頭竅陰)
④ 예풍(翳風)
⑤ 간유(肝兪)
⑥ 비유(脾兪)
⑦ 위유(胃兪)

면 다시 멀미를 하게 되는데 이는 자시 암시에 의한 것임으로
기존관념을 버려야 한다. 귀먹은 사람이나 가는귀 먹은 사람
은 멀미를 하지 않는다 한다. 이 증상은 우려할만한 증상이
아니므로 심호흡을 하며 안전을 취하는 것이 좋은 것이다. 기
공시술은 두규음, 예풍을 집중시술한다.

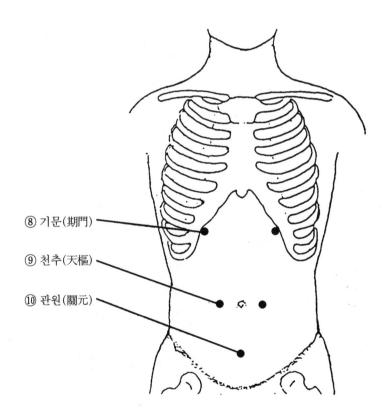

⑧ 기문(期門)

⑨ 천추(天樞)

⑩ 관원(關元)

11) 숙취(宿醉)

숙취현상은 술을 무리하게 마신데서 오는 증상으로 사지가 나른하며 머리가 상쾌하지 못하며, 구역질 내지 속쓰림 또는 안면이 충혈되어 몸이 개운치 못한 증상 등을 나타낸다. 숙취는 시간이 경과되면 서서히 회복되고 인삼차나 칡즙 등으로

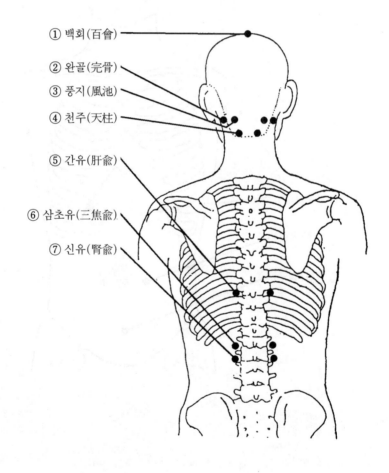

① 백회(百會)
② 완골(完骨)
③ 풍지(風池)
④ 천주(天柱)
⑤ 간유(肝兪)
⑥ 삼초유(三焦兪)
⑦ 신유(腎兪)

간단하게 약물을 부용하는 민간요법도 많이 있다. 또한 간단
한 경혈요법으로도 숙취는 다스릴 수 있다.

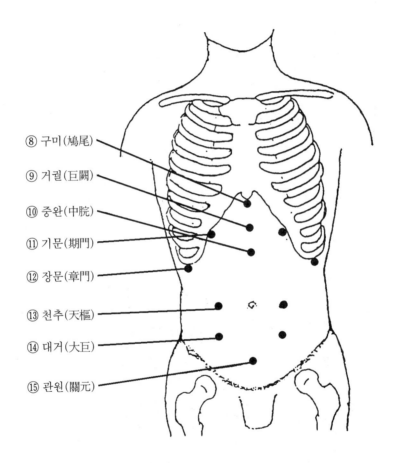

⑧ 구미(鳩尾)

⑨ 거궐(巨闕)

⑩ 중완(中脘)

⑪ 기문(期門)

⑫ 장문(章門)

⑬ 천추(天樞)

⑭ 대거(大巨)

⑮ 관원(關元)

12) 치질(痔疾)

  항문주위에는 흐르는 정맥에 피의 순환장애를 일으켜 나타
나는 증상이다. 종류는 항문근처 점막이 부어 종처(腫處)가
생긴 것을 치핵(痔核)이라하고 치핵이 터져 옹공을 이룬 것
을 치루(痔褸)라하고 항문출구가 변비나 어떤 자극으로 파열
되는 증상을 열항(裂肛)이라 한다.

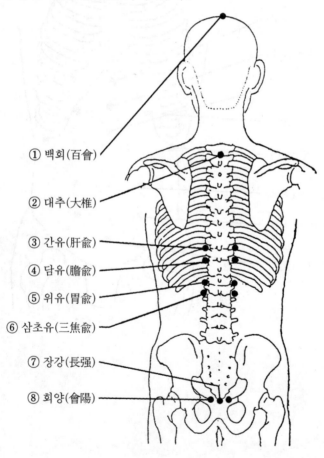

① 백회(百會)

② 대추(大椎)

③ 간유(肝兪)

④ 담유(膽兪)

⑤ 위유(胃兪)

⑥ 삼초유(三焦兪)

⑦ 장강(長强)

⑧ 회양(會陽)

치질의 치료는 당처에 있지 않고 반대편인 백회혈에 있다
는 것이 흥미로운 사실이며 꼬리뼈 끝 장강혈(長强穴)도 치
료에 있어서 효과적인 혈도이다.

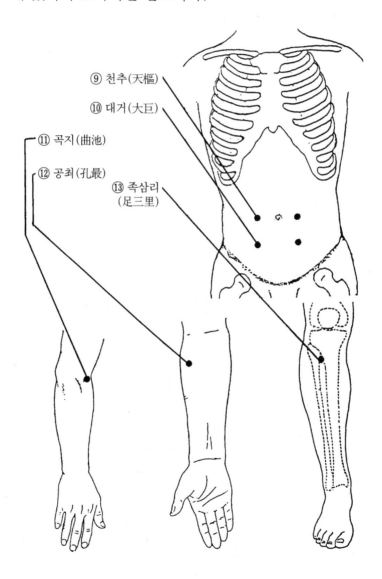

⑨ 천추(天樞)

⑩ 대거(大巨)

⑪ 곡지(曲池)

⑫ 공최(孔最)

⑬ 족삼리
(足三里)

13) 습진치료법(濕疹治療法)

습진은 체질적인 이상에서 오는 것이 많다. 피부표면의 치료만으로 치료가 어렵고 근본적으로 체질을 개선에 노력하여야 한다.

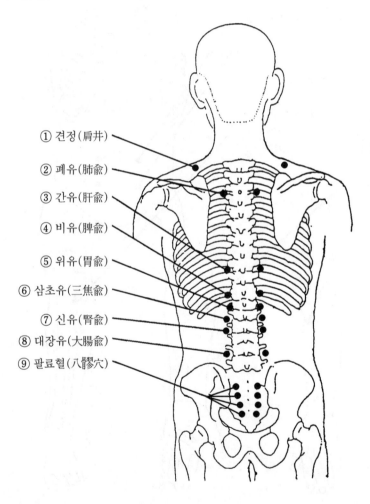

① 견정(肩井)
② 폐유(肺兪)
③ 간유(肝兪)
④ 비유(脾兪)
⑤ 위유(胃兪)
⑥ 삼초유(三焦兪)
⑦ 신유(腎兪)
⑧ 대장유(大腸兪)
⑨ 팔료혈(八髎穴)

   습진은 피부가 건조하고 진물이 나오는 수도 있으며 온몸
이 가려워 잠을 설치기도 하는데 식욕부진, 변비증을 나타내
기도 한다. 치료는 원인을 일으키는 대상물의 접촉과 음식을
피하며 체질개선을 하면서 기공시술을 하게되면 더욱 좋다.
단전호흡수련을 꾸준히 하면 체질개선을 이룰 수 있다.

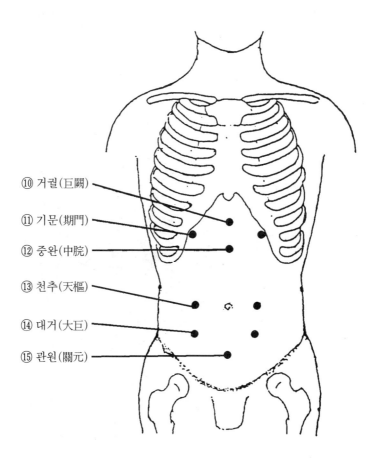

⑩ 거궐(巨闕)

⑪ 기문(期門)

⑫ 중완(中脘)

⑬ 천추(天樞)

⑭ 대거(大巨)

⑮ 관원(關元)

14) 딸꾹질

딸꾹질은 가슴밑에 위치한 횡격막(橫隔膜)의 부조화를 이
룬 변형된 상태에서 호흡이 정상적으로 이루어지지 않을시
하게 된다. 흔한 원인은 자극이 강한 음식을 섭취하다 발생되
는 급성소화불량이나 갑자기 신체를 차게 했을 때나 창자내
가스가 차있을때 등이다.

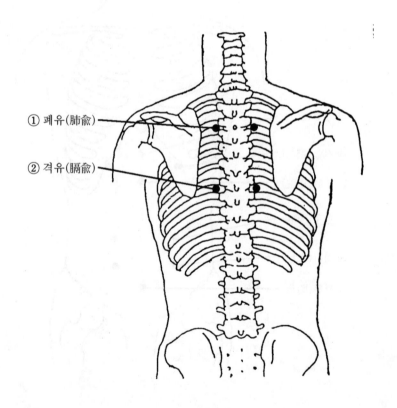

① 폐유(肺兪)

② 격유(膈兪)

　민간요법으로 흔히는 코를 막고 호흡을 장시간 정지시키거
나, 물을 들어 마시거나 등쪽을 순간적으로 깜짝 놀라게 쳐서
변화된 호흡을 바로 잡아주는 치료 등의 방법과 감꼭지를 달
여 마시는 방법 등을 사용한다.

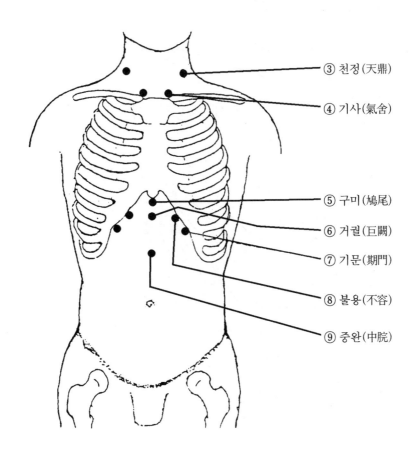

③ 천정(天鼎)

④ 기사(氣舍)

⑤ 구미(鳩尾)

⑥ 거궐(巨闕)

⑦ 기문(期門)

⑧ 불용(不容)

⑨ 중완(中脘)

15) 조루증(早漏症)과 지루증(遲漏症)

조루증이란 교합시 쾌감을 얻기도 전에 자신도 모르게 불과 1~2분 사이에 사정(射精)하는 성무력증을 말하고 지루증

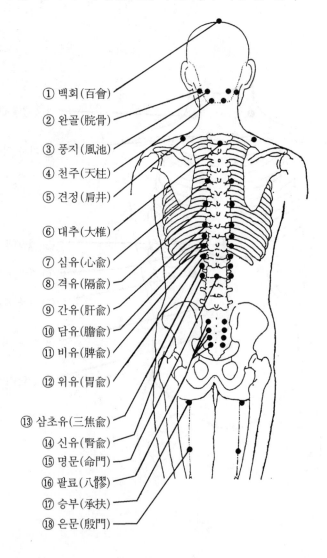

① 백회(百會)
② 완골(腕骨)
③ 풍지(風池)
④ 천주(天柱)
⑤ 견정(肩井)
⑥ 대추(大椎)
⑦ 심유(心兪)
⑧ 격유(隔兪)
⑨ 간유(肝兪)
⑩ 담유(膽兪)
⑪ 비유(脾兪)
⑫ 위유(胃兪)
⑬ 삼초유(三焦兪)
⑭ 신유(腎兪)
⑮ 명문(命門)
⑯ 팔료(八髎)
⑰ 승부(承扶)
⑱ 은문(殷門)

이란 이와 반대로 30분 이상이 지나도 사정이 되지 않는 상
태를 말한다. 이 경우 정력이 왕성해서 충실한 교합행위가 이
루어지는 것을 지칭한 것이 아니라 병적인 상태를 말하는 것
이다. 순번에 따라 기공시술하여 치료한다.

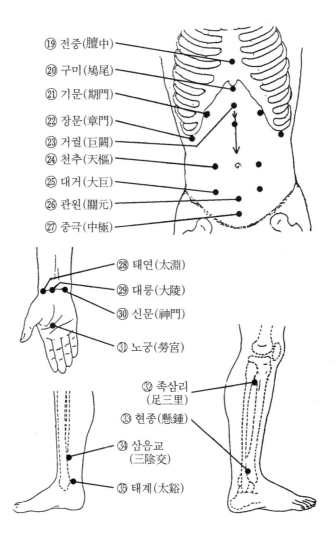

⑲ 전중(膻中)
⑳ 구미(鳩尾)
㉑ 기문(期門)
㉒ 장문(章門)
㉓ 거궐(巨闕)
㉔ 천추(天樞)
㉕ 대거(大巨)
㉖ 관원(關元)
㉗ 중극(中極)

㉘ 태연(太淵)
㉙ 대릉(大陵)
㉚ 신문(神門)
㉛ 노궁(勞宮)

㉜ 족삼리
   (足三里)
㉝ 현종(懸鍾)
㉞ 삼음교
   (三陰交)
㉟ 태계(太谿)

256

5. 맺음말

지금까지 선도(仙道)의 맥(脈)을 타고 전해져 내려오는 '기공시술법'에 대해 살펴 보았다.

그런데, 이 기공시술법의 근본원리는 기(氣)에 있고, 기공시술의 매개체 역시 기(氣)이므로 우리는 기(氣)에 대해서 살펴보지 않을 수 없다.

기(氣)의 변화에 의해 대우주와 대자연은 춘(春), 하(夏), 추(秋), 동(冬), 생(生), 장(長), 염(斂), 장(蔣)의 순환이 일어나고, 소우주(小宇宙)인 인간에게는 생(生), 노(老), 병(病), 사(死)의 순환으로 나타난다.

이러한 기(氣)의 변화와 그 법칙성을 체계화함으로써 음양오행, 역학, 풍수지리, 동양의학 등의 학문이 형성되었으며, 때문에 기(氣)를 알고 이해하는 것이 동양의 거의 모든 학문과 사상에 있어서 가장 중요한 관건이 된다고 말할 수 있겠다.

다음의 '제2장 기(氣)'에서는 선도의 기공시술법에 대한 바른 이해를 도모하고자 기(氣)와 연관되는 동양의 학문들과 동양의학을 살펴보기로 하자.

제 2 장

기(氣)

1. 기(氣)란 무엇인가?

　기(氣)를 단적으로 '이것이다!'라고 결론짓는다는 것은 매우 난해한 일이 아닐 수 없다.

　기(氣)란 우주 삼라만상(森羅萬象)에 내재(內在)되어 있다. 모든 유·무형(有·無形)의 물질들이 각기 그 속에 내재(內在)되어 있는 어떤 독특한 성질들을 갖고 있어서 현재로써는 완벽하게 설명될 수 없는 오묘한 작용과 활동을 하는데, 현재의 과학이나 지식으로는 명확히 설명될 수 없는 상태이다. 다만, 그 정체(正體)는 개념적으로 또는 부분적으로 현대 문명에 의한 과학적 근거 및 학설에 의존하거나 옛 선지자들에 의해 밝혀진 학설에 의존하여 부분적으로 인식할 수 있을 뿐이다.

　자전(字典)에서 기(氣)란 글자를 찾아보면, '气' 자와 '米' 자로 이루어져 있는데 이는 쌀 즉, '미(米)' 자와 쌀로 밥을 할 때 생성되는 김 즉, '기(气)' 자의 모양을 합하여 상형화한 글자라고 풀이하고 있다.

　이와 같이 상형으로 본 '기(氣)'란 쌀(米)이라는 유형(有形)의 형태와 김(气)이라는 무형(無形)의 형태가 함께 내포되어 있는 글자임을 알 수 있다.

또, 자전의 해설에서 보면 기(氣)는 생명의 으뜸인 정(精)
이며, 천지만물의 형상을 나타내는 음, 양, 풍, 우, 어둠, 밝
음의 여섯이라고 설명하고 있다.(生之元精 天地萬物之間現象
陰陽風雨晦明六)

다른 설명을 보면 기(氣)자는 기(炁)와 같은 글자인데 기
(炁)자는 气자와 火자가 결합된 자(字)로서, 자전(字典)에서
는 기(气)자는 구름 운(雲)자와 같다고 설명하고 있다. 이로
미루어 보아 雲+火란 즉, 뇌(雷)자로 연관지어 볼 수 있는
데, 뇌(雷)란 번쩍이는 빛과 소리로서 이것은 생명의 생성원
리와 활동을 이루는 기초적 근간을 이루는 것이다.

자전에는 뇌(雷)에 대해서 조화신금(造化神黔)이라고 설명
하고 있다. 여기에서의 조화신(造化神)이란 모든 만물의 창
조 즉, 인공으로는 어쩔 수 없는 신통한 사물을 창조하고 소
멸시키는 조물주(造物主)를 뜻한다.

소련의 생화학자 오파린(Oparin)은 다음과 같은 학설을
발표했다. 모든 생명작용은 효소작용에 의하는데 이 효소의
핵산(Nuclic Acid)의 구성물질은 단백질(Protein)로 되어있
다. 이 단백질(Protein)은 아미노산(Amino Acid)의 합성에
의해 이루어지기 때문에 결국 생명체의 발생과정에서 아미노
산이 생명의 기원이 된다는 것이다.

이 학설은 후에 미국의 과학자 스테인리 밀러(Stainley L.
Miller)의 실험으로 실증되었다. 그의 실험에 의하면 태초 지
구가 탄생하여 점차 냉각되어가던 원시지구의 대기를 이루던

메탄가스, 암모니아가스, 수소가스등을 시험관 속에 물과 함께 넣고 물을 끓이면서 '전기방전(電氣放電)'을 일으켜본 결과 물 속에서 글리신(Glycine), 알라닌(Alanin) 등의 7종의 아미노산과 20여종의 유기물질이 합성된 것을 검출해 낸 것이다.

여기에서 전기방전(電氣放電)이란 '뇌(雷)'를 의미하며 결국 생명체의 생성에는 '뇌(雷)'가 작용했음을 과학적으로 실증해낸 것이다.

기(氣)를 과학적으로는 '에너지(Energy)' 또는 '에너지(Energy)의 흐름'이라고 규정하는데, 이 에너지는 고체, 액체, 기체의 유형(有形)의 형태와 눈에 보이지 않는 무형(無形)의 형태로 바꾸어가며 순환된다.

기(氣)는 전기(電氣, Electric energy), 자기(磁氣, Magnetic energy), 열기(熱氣, Thermal energy) 등으로 분류하기도 하는데, 알 수 없는 무수한 에너지는 유형, 무형으로 이 우주공간에 무수히 산재(散在)되어 있는 것이다. 그래서, 이 에너지가 뭉쳐지면 보고 만져볼 수 있는 유형의 물질이 되고, 흩어지게 되면 만져지지 않고, 볼 수도 없는 무형의 에너지가 된다.

이러한 원리는 기(氣)가 모든 만물의 형상을 나타낸다는 자전(字典)의 설명과도 부합되는 것이다.(生之元精 天地萬物之間現象 陰陽風雨 明六)

아인슈타인(Einstein)의 상대성 이론의 원리를 보면

$E=mc^2$ (E=에너지, m=질량, c=빛의 속도)라고 표현하고 있다. 고체, 액체, 기체를 망라해서 질량을 가진 모든 물질들은 에너지로 표현될 수 있다는 것이다. 앞에서도 언급했듯이 에너지는 바로 기(氣)이다.

이와 같이 기(氣)란 유형(有形), 무형(無形)의 우주 만물(萬物)에 내재되어 있는 힘(力), 즉 에너지(Energy)라는 것을 지금까지 개략적으로나마 살펴보았다.

2. 기(氣)와 동양사상(東洋思想)

(1) 기(氣)와 음양오행(陰陽五行)

전장에서 언급했듯이 기(氣)는 우주 삼라만상에 존재하는 수많은 유형, 무형의 물질이 가지고 있는 에너지이며, 이 에너지는 끊임없는 활동을 지속하고 있다.

모든 생명체는 태어나서 나름대로 자신을 보호하고 살아가려는 노력을 끊임없이 추구한다. 때문에 기후변화와 같은 주변환경의 변화를 인식하고 또, 민감하게 반응하게 된다. 이와 같은 경험을 통해 모든 생명체는 생존을 영위하기 위한 본능을 철저하게 진화시켜왔다.

인간의 경우 다만 본능이 아닌 지혜를 발달시켜왔다는 것이 다를 뿐 마찬가지라고 할 수 있다. 인간은 삶을 영위하는 시간과 공간 속에서 사물들을 인식하고, 관찰한 결과 모든 사물들은 일정한 주기를 갖고 생장소멸을 반복하는 원칙이 있음을 알게 되었다.

예컨대 봄이 가면 여름이 오고, 여름이 가면, 가을이 온다는 사실 등을 인지하고, 이를 정리 분류하여 법칙을 세웠고, 이러한 법칙을 토대로 미래에 대한 예측(豫測)과 가정(假定)

을 할 수 있는 이론을 만들어 냈으며, 그것을 헤아리는 부호
를 작성했는데 이것이 바로 음양오행(陰陽五行)인 것이다.

(2) 음양(陰陽)

인류는 사물을 관찰하면서 감각적이고 유형(有形)적인 것
은 쉽게 알아냈지만, 감각기관으로 알아 낼 수 없는 무형(無
形)의 사물 등은 이론을 통해 분류함으로써 음양오행(陰陽五
行)이란 법칙을 만들어 내게 되었다.

음양(陰陽)이란 우주 삼라만상에 산재(散在)되어 있는 유
형(有形), 무형(無形)의 수많은 '기(氣)' 즉, '에너지'는 서
로 상반되는 성질을 갖고 상대적으로 존재되고 있음을 나타
낸 것이다.

대표적으로 어둡고, 탁하고, 무겁고, 찬 성질의 기(氣)를
'음(陰)'이라 규정하고, 밝고, 가볍고, 더운 성질의 기(氣)를
'양(陽)'이라고 규정한 것이다. 모든 변화는 음(陰)과 양(陽)
의 대립에서 생겨나고 대립이 없는 곳에는 변화가 있을 수 없
는 것이다.

도표 1 **음양의 대비**

양(陽)	日	東	男	精神	左	從	明	善	大	動	富……
음(陰)	月,星	西	女	物質	右	橫	暗	惡	小	靜	貧……

위의 도표를 간단히 설명한다면 서로 상반되는 성질의 기(氣)가 상대적으로 존재함을 알 수 있다.

예컨대 해가 있으면 달과 별이 있고, 남자가 있으면 상대적으로 여자가 존재한다. 동양에서 국기에 해를 상징하는 원을 사용하고 서양은 주로 달과 별을 표시한다. 동양에서는 '남존사상'이 서양에서는 '레이디 퍼스트(Lady First)'라는 여성우월주의 사상이 싹텄고, 동양은 정신문명이 서양은 물질문명이 발달하게 됐다. 또한 남자는 정신적 지주의 역할을 하고, 여자는 물질을 추구하기 때문에 살림을 하고 물질을 축적하며, 남자는 활동적인 반면, 여자는 정적인 성질을 가지고 있다.

또, 부귀한 자가 있으면 빈천한 자가 있게 마련이다. 이는 상대적인 만큼 내가 아니면 너라고 가정할 때, 어쩌면 빈곤한 사람들은 나 대신에 그 자리에 서있는 것인지도 모른다. 이것이 바로 불쌍하고 없는 이들을 도우며 함께 해야 하는 것이며, 그 행위 자체가 자랑스러움이 아닌 당연성을 부과하는지도 모른다.

위에서 보듯이 모든 만물은 절대성 위에 존재하는 것이 아니라 어디까지나 상대적으로 존재하고 있음을 알 수 있다. 이것이 바로 '음양이론(陰陽理論)'이다.

(3) 오행(五行)

음양(陰陽)의 기(氣)는 그 성질에 따라 다시 5가지의 기 (氣)로 나뉘어지는데, 이는 계절, 방향, 색, 맛 등의 모든 류 (類)의 성질에 따라 목기(木氣), 화기(火氣), 토기(土氣), 금 기(金氣), 수기(水氣)의 '오기(五氣)'로 분류된다. 이 '오기 (五氣)의 운행(運行)'이 곧, '오행(五行)'이다.

이러한 오행(五行)의 원리에 의하면 오기(五氣)는 서로가 상생(相生)하고 상극(相剋)하는 작용을 일으킨다. 상생(相 生)의 원리에 의해 우주만물을 자양시키는 근원적인 에너지 가 되어 생성케도 하고, 반대로 상극(相剋)의 원리에 의해 소 멸시키기도 하는 것이다.

동양의 모든 사상적 기반이 이 음양오행(陰陽五行)에 근거 하고 있기 때문에, 이 음양오행(陰陽五行)을 이해함은 곧 동 양사상의 전반에 걸쳐 그 뿌리를 이해함과 같다고 할 정도로 매우 중요하게 인식되고 있다.

(4) 기(氣)와 역(易)

'역(易)'이란 끊임없는 기(氣)의 변화 즉, 음양(陰陽)의 변 화에 의하여 우주 천지자연계에 작용되며 영향을 미치고, 인 간만사도 일정 불변한 상태를 지속하는 것이 아니라 항상 쉬

오행 배속표

배속＼오행	木		火		土		金		水	
천간(天干)	甲	乙	丙	丁	戊	己	庚	辛	壬	癸
지지(地支)	寅	卯	巳	午	辰 戌	丑 未	申	酉	亥	子
수(數)	3, 8		2, 7		5, 10		4, 9		1, 6	
계절(季節)	봄(春)		여름(夏)		늦여름(長夏)		가을(秋)		겨울(冬)	
방위(方位)	동(東)		남(南)		중앙(中央)		서(西)		북(北)	
오색(五色)	청(靑)		적(赤)		황(黃)		백(白)		흑(黑)	
오상(五象)	인(仁)		예(禮)		신(信)		의(義)		지(智)	
오미(五味)	신맛(酸)		쓴맛(苦)		단맛(甘)		매운맛(辛)		짠맛(鹹)	
육기(六氣)	바람(風)		상화(相火) 군화(君火)		습(濕)		건조(燥)		냉(寒)	
육장(六臟)	간(肝)		심장(心臟) 심포(心包)		비장(脾臟)		폐(肺)		신장(腎臟)	
육부(六腑)	담(膽)		소장(小腸) 삼초(三焦)		위장(胃腸)		대장(大腸)		방광(膀胱)	
오체(五體)	근육(筋)		혈관(血)		살(肉)		피부(皮)		뼈(骨)	
오관(五官)	눈(目)		혀(舌)		입(口)		코(鼻)		귀(耳)	
오음(五音)	각(角)		치(徵)		궁(宮)		상(商)		우(羽)	
오행음 (五行音)	아음(牙音) ㄱ, ㅋ		설음(舌音) ㄴ,ㄷ,ㄹ,ㅌ		후음(喉音) ㅇ, ㅎ		치음(齒音) ㅅ, ㅌ, ㅊ		순음(脣音) ㅁ, ㅂ, ㅍ	
오성(五星)	혼(魂)		신(神)		령(靈)		백(魄)		정(精)	
오일(五日)	조(朝)		주(晝)		일중(日中)		석(夕)		야(野)	
시기(時期)	발생(發生)		양생(養生)		완성(完成)		성숙(成熟)		시생(始生)	

상생상극도(相生相剋圖)

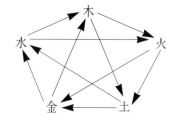

상생(相生)

木生火

火生土

土生金

金生水

水生木

상극(相剋)

木剋土

火剋金

土剋水

金剋木

水剋火

임없이 변화하고 있다는 사상을 기초로 하고 있다.

역(易)이란 '쉽다', '변한다', '변하지 않는다(不易)'라는 뜻을 내포하고 있는데, 이는 만고불변의 진리를 제외하고는 이 우주와 대자연 그리고 인간사회는 끊임없는 변화를 계속하고 있다는 것이다. 다시 말해서 역(易)이란 끊임없이 계속되는 기(氣)의 변화를 살펴서 그 기(氣)의 흐름에 대한 주기와 원칙을 찾아내서 체계화한 법칙이다. 이는 인간생활에 유용하게 활용되어온 학문이라고 말할 수 있다.

역(易)에서는 음기(陰氣)를 '--'로, 양기(陽氣)를 '―'라는 부호로 표현하는데 이를 효(爻)라 한다. 이 두 가지의 효(爻)에 음양을 한번씩 대입시켜 결합하면 2효(爻)를 갖고 있는 네 개의 상(象)을 얻게 된다. 이를 사상(四象)이라고 한다. 다음의 표를 보자.

사상(四象)의 분류

태양(太陽)	소음(少陰)	소양(少陽)	태음(太陰)
⚌	⚍	⚎	⚏

이 사상(四象)에 다시 음양을 대입하여 결합시키면 3효로 이루어진 8개의 괘상(卦象)이 이루어지는데 이를 '팔괘(八卦)'라고 하고 '소성(小成)의 괘(卦)'라 한다.

여기에서 나타나는 3효(三爻)를 '삼재관(三才觀)'이라 하는데, 이는 우주를 구성하는 것을 천(天)·지(地)·인(人)의 3요소(三要素)로 보기 때문이다.

팔괘(八卦)는 비로소 처음으로 괘(卦)의 의미를 갖게 되는

데, 다시 이 팔괘(八卦)를 팔괘(八卦)에 대입시켜 조합하면 육
효(六爻)로 결합되면서 역(易)의 총괘(總卦)인 64개의 괘상
(卦象)을 얻을 수 있다. 이를 '대성(大成)의 괘(卦)'라 한다.

또한 역(易)에서 음(--)과 양(—)의 효(爻)를 3번 대입 결
합하는 것은 천지인(天地人)의 삼재(三才)사상에 의한 것이
며, 또한 괘(卦)를 육효(六爻)로 나타냄은 天1, 地2, 人3의 수
의 합이 6인 까닭이며, 이 수는 우주만물의 절대수인 것이다.

음양의 결합으로 얻어진 팔괘는 인간에게 있어 가장 눈에
띄는 기(氣)의 자연적 변화현상인 하늘(天), 연못(澤), 불
(火), 번개(雷), 바람(風), 물(水), 산(山), 땅(地)을 팔괘의
부호(符號)에 상(象)으로 대응시킨 것이다.

역(易)에서는 이 상(象)을 건(乾), 태(兌), 리(離), 진(震),
손(巽), 감(坎), 간(艮), 곤(坤)이라고 이름한다. 이 밖에도
수많은 종류의 상(象)을 각 팔괘에 대응시켜 설명할 수 있다.
간단히 설명하자면 다음과 같다.

건(乾)은 하늘을 의미하며, 성질은 강건하고 방향은 북서
를 뜻하며 사람에게 있어서는 할아버지를 의미한다.

태(兌)는 못을 의미하고 성질은 기쁨을, 방향은 서쪽, 사람
에게 있어서는 소녀를 뜻한다.

리(離)는 불을 상징하고 성질은 곱고 예쁜 것을 뜻하며 방
향은 남쪽, 사람은 중녀에 해당된다.

진(震)은 번개를 상징하며 성질은 움직임을 나타내고 방향
은 동쪽, 사람은 장남에 배속된다.

팔괘생성(八卦生成)과 배속표(配屬表)

태극(太極)

음양(陰陽)	양(陽) ——				음(陰) − −			
사상(四象)	태양(太陽) ⚌		소음(少陰) ⚏		소양(少陽) ⚍		태음(太陰) ⚎	
팔괘(八卦)	일(一)	이(二)	삼(三)	사(四)	오(五)	육(六)	칠(七)	팔(八)
	건(乾) ☰	태(兌) ☱	리(離) ☲	진(震) ☳	손(巽) ☴	감(坎) ☵	간(艮) ☶	곤(坤) ☷
	하늘(天)	연못(澤)	불(火)	번개(雷)	바람(風)	물(水)	산(山)	땅(地)
	강건(健)	기쁨(悅)	곱다(麗)	움직임(動)	들어감(入)	빠짐(陷)	멈춤(止)	순함(順)
	금(金)	금(金)	화(火)	목(木)	목(木)	수(水)	토(土)	토(土)
	조부(祖父)	소녀(少女)	중녀(中女)	장남(長男)	장녀(長女)	중남(中男)	소남(少男)	조모(祖母)
	북서(北西)	서(西)	남(南)	동(東)	남동(南東)	북(北)	동북(東北)	남서(南西)
	말(馬)	양(羊)	꿩(雉)	용(龍)	닭(鷄)	돼지(猪)	개(狗)	소(牛)
	목(項)	입(口)	눈(目)	발(足)	넓적다리	귀(耳)	손(手)	배(腹)
	독맥(督脈)	태음(太陰)	소음(少陰)	소양(少陽)	궐음(厥陰)	태양(太陽)	양명(陽明)	임맥(任脈)
		습(濕)	군화(君火(暑))	상화(相火(火))	바람(風)	냉(寒)	건조(燥)	
		단맛(甘)	쓴맛(苦)	쓴맛(苦)	신맛(酸)	짠맛(鹹)	매운맛(辛)	

손(巽)은 바람을 의미하고 들어가는 성질이며 방향은 동남쪽, 사람은 장녀에 해당된다.

감(坎)은 물을 뜻하고 빠져드는 성질이며 방향은 북쪽, 사람은 중남에 해당된다.

간(艮)은 산을 의미하고 그침을 나타내며 방향은 북동쪽, 사람은 소남에 해당된다.

곤(坤)은 땅을 의미하고 순박한 성질이며 방향은 남서쪽, 사람에게 있어서는 할머니에 해당된다.

이와 같이 역(易)이란 기(氣)의 변화현상을 살펴 팔괘로써 부호화 하여 기(氣)의 변화법칙을 설명한 것임을 알 수 있다.

"사람은 우주의 근본원리를 터득함으로써 천지와 같이 나란히 설 수 있는 지위를 얻는다"〈계사상전〉

그 지위를 얻은 사람은 그 법칙을 자기의 것으로 해서 그 변화 속에서 살아가면서도 스스로 운명을 개척해 가는 것이다.

3. 인체의 생리와 기(氣)

(1) 진기(眞氣)와 정기(精氣)

인체는 기(氣)의 결정체이며 기(氣)의 운행과 변화에 따라 인간의 생명이 변화하게 된다. 즉, 기(氣)가 통하고 모이면 건강한 생명을 유지하며, 기(氣)가 정체되거나 흩어지면 갖가지 질병과 죽음에 직면하게 된다. 이렇듯, 인간의 건강한 생명을 유지시켜 주는 기(氣)를 진기(眞氣) 또는 정기(精氣)라 한다.

진기(眞氣)는 원기(原氣)라 부르기도 하며, 정기는 인체의 육장육부 모든 기관을 통솔하는 기(氣)의 총칭으로서 사용되기도 한다.

진기(眞氣)는 우주 만물속에 가득차 우주만물을 생(生)하게 하는 기를 말함이고, 정기는 폐(肺)를 통하여 들어온 공지중의 진기가 신장(腎)에서 화(化)하여 만들어진 기를 말함이다.

인체는 끊임없이 호흡을 통하여 공기중의 진기(眞氣)를 체내로 유입한다. 호흡을 통해 폐로 들어온 진기는 비장, 소장, 대장에서 흡수된 음식물의 영양분인 곡기(穀氣)와 결합하여 인체의 각 기관에 보내져 혈액과 진액을 생성케 한다. 한편, 신장경으로 들어온 진기(眞氣)는 정기(精氣)로 화하여 골수를 생성시키고, 인체 육장육부 각 기관의 운동과 변화를 일정하게 조절하여 진액의 분비를 촉진시키고 혈액의 흐름이 막힘이 없도록 조절한다. 인간의 생명은 이와 같이 진기(眞氣)와 정기(精氣)의 작용에 의해 유지되고 있는 것이라고 말할 수 있다.

인체의 질병은 진기(眞氣)와 정기(精氣)가 정체되고 흩어짐으로 해서 발생한다. 이러한 진기(眞氣)와 정기(精氣)의 이상은 인체 내적인 기(氣)의 변화와 외적인 기(氣)의 변화에 있다.

질병을 일으키는 내적원인은 인간의 칠정(七情)인 희(喜), 노(怒), 우(憂), 사(思), 비(悲), 공(恐), 경(驚)의 극심한 심리적 기(氣)의 변화 때문이며, 외적 원인은 육음(六淫)이라 불리는 풍(風), 한(寒), 서(暑), 습(濕), 조(燥), 화(火)의 급격한 기(氣)의 변화가 인체내의 진기(眞氣)와 정기(精氣)에 이상을 미침으로 말미암아 생기는 것이다. 이러한 칠정(七情)과 육음(六淫)으로 인한 급격한 인체내의 기(氣)의 변화로부터 발생하는 병을 미연에 방지하기 위해서는 인체내의 진기(眞氣)와 정기(精氣)가 이 칠정(七情)과 육음(六淫)으로 인해 생기는 사기(邪氣)에 의해 손상을 입더라도 즉시 각 장부의 기관이 필요로 하는 양의 진기와 정기를 공급해줄 수 있게끔 인체내에 항상 여유분의 진기와 정기를 축적시켜 놓는 것이다. 이렇게 진기와 정기를 인체내에 축적시키는 방법이 단전호흡(석문호흡)이다. 단전은 바로 진기와 정기의 밭이며 창고인 것이다.

단전호흡이 선도(仙道)의 가장 기초가 되는 것은 바로 이 때문이다(자세한 호흡법은 필자의 저작인 '선도기공 단전호흡'을 참조할 것).

(2) 육장육부(六臟六腑)의 작용과 기(氣)의 이상으로 발생하는 병증(病症)

킬리안 촬영기로 찍은 우리 인체에서는 끊임없이 에너지(氣)가 방출되고 있음을 알 수 있다. 그런데, 이 오오라로 불리는 에너지(氣)는 신체의 모든 부위에 걸쳐 동일한 것이 아니라 각 기관에 따라 다르게 방출된다. 이렇게 인체의 각 기관마다에서 방출되는 에너지의 종류가 다름을 동양의학에서는 크게 음기(陰氣)와 양기(陽氣)로 구분한다.

음기(陰氣)가 주된 작용을 하는 기관을 장(臟)이라 하고, 양기(陽氣)가 주된 작용을 하는 기관을 부(腑)라 부른다. 그리고 각 장부를 기의 특성에 따라 오기(五氣 : 木, 火, 土, 金, 水)로 나눈다. 각 장부(臟腑)에서의 이 오기(五氣)의 작용함을 인체내의 오행(五行)이라 부른다.

이렇게 오행(五行)으로 인체의 장부를 나누어 설명하는 것이 동양의학의 오장육부론(五臟六腑論)이며, 이에 심장(心)의 기능과 유사한 심포락(心包絡)을 추가하여 육장육부(六臟六腑)라 부른다.

〈육장 육부의 5행 배속표〉

오행	육 장	육 부
木	간(肝)	담(膽)
火	심장(心)	소장(小腸)
土	비장(脾)	위(胃)
金	폐(肺)	대장(大腸)
水	신장(腎)	방광(膀胱)
相火	심포(心包)	삼초(三焦)

심포(心包)를 상화(相火)라 부르는 것은 심장(心)이 군주(君主)의 역할이라면 심포(心包)의 역할은 군주를 보필하는 재상의 역할에 해당하기 때문이다. 일반적으로 인체에서 정신적인 활동과 기(氣), 혈(血), 정(精) 등 생명유지에 특히 중요한 물질은 육장(六臟)이 분담하여 관장하고, 음식물의 소화, 영양분인 곡기(穀氣)의 흡수, 수송, 음식물 찌꺼기의 배출 등은 육부(六腑)가 분담하여 관장한다. 그러면, 육장육부의 인체내에서의 작용과 장부에서 오기(五氣)의 이상으로 발생하는 병증에 대해 알아보자.

1) 심장(心)과 소장(小腸)

① 심장(心)

심장(心)은 장부 중에서 가장 중요한 기관의 하나이다. 중요한 생리기능은 신명(神明)을 간직하고 혈맥(血脈)을 주관하며 정신활동, 혈액순환 등을 주관한다. 이러한 기능을 지닌 심장의 화기(火氣)가 과(過)하거나 부족(不足)하면 심장을 상하게 된다. 그러면, 마음이 초조해지고 가슴이 뛰며, 불면증, 다몽(多夢) 등의 정신적 불안 증상이 나타나게 된다.

② 소장(小腸)

소장의 주기능은 비(脾)와 위(胃)에서 소화된 음식물의 영양 분인 곡기(穀氣)를 흡수하고 찌꺼기는 내려 보내는 기능이다.

흡수된 곡기를 각 장에 보내어 인체를 자양하고, 찌꺼기는 대 장(大腸)으로 보내 배설시키게 하는 중요한 기능을 한다. 이 소 장의 화기(火氣)가 이상이 생기면 대소변의 불리(不利)와 설사 를 하게 된다. 또한, 소장은 심장과 같은 경락으로 연결되어 있 으므로 심장에서 발생하는 열에 의해 병(病)을 일으키기도 한다.

2) 폐(肺)와 대장(大腸)

① 폐(肺)

폐(肺)는 전신의 기를 주관하면, 전신의 활동 및 폐 자신의 기능을 유지하고, 또한 심장(心)을 보조하여 혈액의 운행을 관리하며, 호흡과 수도(水道) 조절을 통하여 노폐물을 체외 로 배출시키는 작용을 한다.

폐의 금기(金氣)에 이상이 생기면 호흡곤란, 전신에 기 (氣)를 공급하지 못하게 되어 발생하는 전신 무력감과 권태 그리고 수도(水道) 조절을 하지 못하게 됨으로써 신장(腎)에 이상을 일으켜 수종(몸이 붓는 병)과 배뇨장애를 일으킨다.

② 대장(大腸)

대장(大腸)의 경락은 폐(肺)와 이어져 있으며, 소장에서 흡수 후 내려온 찌꺼기에서 수분을 흡수한 후 항문을 통해 외부로 배출시키는 기능을 담당하고 있다.

대장(大腸)의 금기(金氣)에 이상이 생기면, 변비, 복통, 설사 등의 증상이 생긴다.

3) 비장(脾)과 위(胃)

① 비장(脾)

비장은 음식물을 소화시키며 영양분인 곡기를 흡수하여 체내의 각 기관에 보내어 기혈(氣血)을 생(生)하게 한다. 비장의 토기(土氣)가 부조화를 이루면 소화기 질환, 부종, 출혈성 질환, 영양실조 등의 증상이 나타난다.

② 위(胃)

위는 음식물을 숙성시켜 소화하는 기능을 담당한다. 위기(胃氣)에 이상이 생기면, 위통, 식욕부진, 위복부 팽만, 트림, 소화불량, 설사 등의 병이 발생한다.

4) 간(肝)과 담(膽)

① 간(肝)

간의 주요 작용은 인체내의 혈액을 저장하고 혈류량(血流量)을 조절하며 사지(四肢)의 관절이나 근육의 운동, 신경증상(神經症狀) 등을 관장한다.

간의 목기(木氣)에 이상이 생기면 간의 경락과 이어져 있는 생식기, 양옆구리, 젖가슴, 눈, 귀, 머리 등에 병증을 유발하며 몸의 경련, 사지에 쥐가 나거나 저리고, 출혈, 월경불순 등의 증상이 나타나게 된다.

② 담(膽, 쓸개)

담은 간에 붙어 간의 경락과 연결되어 있다. 담의 주 기능은 담즙(膽汁)을 간직·저장하고 그것을 장(腸)에 분비하여 소화를 돕는다. 또한 간과 더불어 인체의 혈류량(血流量)을 조절시키는 작용을 한다. 담기(膽氣)에 이상이 생기면 입이 쓰고, 쓴물을 토하며 갈비 옆구리의 통증을 동반하는 병증을 일으킨다.

5) 신장(腎)과 방광(膀胱)

① 신장(腎)

신장은 정(精)을 간직하고, 수액과 뼈를 주관하며, 골수를 생성하고 성기능의 성숙, 생식기, 비뇨기, 골격의 발육, 정신활동, 생장(生長)과 노쇠(老衰) 등을 주관한다.

신장의 수기(水氣)에 이상이 생기면 신체의 생장발육에 이상을 초래하고, 생식기, 비뇨기 질환 및 호흡, 청각 등의 장애를 일으킨다.

② 방광(膀胱)

방광은 소변을 저장했다가 배설시키는 작용을 한다. 방광은 신장과 같은 경락으로 연결되어 있다.

신기(腎氣) 즉, 수기(水氣)의 과부족으로 방광에 이상이 생기면 빈뇨(오줌소태), 뇨량과다(尿量過多), 배뇨통, 혈뇨(血尿) 등의 병증을 일으킨다.

6) 심포(心包)와 삼초(三焦)

① 심포(心包)

심포는 심장을 둘러싸고 있는 바깥막으로서 심장과 폐를 거느리고 있다. 외부의 사기(邪氣)가 심장을 침범했을 때 우선적으로 심포가 심장을 대신해 사기(邪氣)와 싸우는 작용을 한다.

② 삼초(三焦)

삼초는 독립적인 기관이 아니라 인체를 부위별로 구분하여 각 부위에 해당하는 장부기능을 총괄하여 일컫는 말이다.

흉부(胸部)를 상초(上焦), 상복부(上腹部)를 중초(中焦), 하복부(下腹部)를 하초(下焦)라 부른다.

상초는 혀(舌)의 아래부터 위(胃)의 입구까지이고, 심장(心)과 폐(肺)를 포함한다. 상초는 천지(天地)의 기를 수렴하여 호흡을 통해 전신에 순환시키는 역할을 담당한다. 중초는

위(胃)의 입구에서 출구까지이며, 비장(脾)과 위(胃)를 포함
한다. 중초는 음식물을 소화흡수시키는 기능을 담당한다. 하
초는 장(腸)에서 항문(肛門), 요도(尿道)까지이며 간(肝), 신
(腎), 대장(大腸), 소장(小腸), 방광(膀胱)을 포함한다.

하초는 소화된 음식물에서 곡기와 찌꺼기를 분리하여 배설
시키는 작용을 하며, 위기(胃氣)를 생성하여 전신을 방어하
는 작용을 한다.

이상으로 장부가 인체내에서 행하는 주요기능과 오기(五氣)
의 이상으로 발생하는 각종 질병의 병증에 대해 알아보았다.
이러한 인체에 대한 이해를 토대로 선도기공 시술법을 시행한
다면 더욱 바람직하다고 하겠다.

4. 동의(東醫)와 기(氣)

(1) 인체내의 오기(五氣)를 조화시킴이 동의 (東醫)의 핵심이다.

우리 인체는 외부의 오기(五氣)를 호흡, 음식물 등을 통해 끊임없이 내부로 유입시켜 내부의 오기(五氣)와 상생·상극 작용을 일으켜 일정량의 오기(五氣)를 균등하게 각 장부에 공급하므로서 건강한 신체를 유지한다.

우리 인체에 병(病)이 발생함은 이 내부와 외부의 기가 과함과 부족함에서 기인한다. 인체에 갑자기 과도한 수기(水氣)가 증가하면 그로 인해 화기(火氣)가 제압당해 심장(心)에 이상을 일으키게 된다.

그 예로서, 유타대학에서 세계 최초로 인공 심장이식 수술을 받은 클라크씨는 인공심장 자체에 이상이 있어서 죽은 것이 아니라, 갑자기 신장(腎)에 이상이 생겨 죽고 말았는데, 이것은 신장의 수기(水氣)로 인해 심장의 화기(火氣)가 제압당해 일어난 죽음인 것이다. 이것이 바로 인체내에서의 '수극화(水克火)'라고 하는 오기(五氣)의 상극작용의 일면을 보여주는 사례이다.

또한, 인체내의 목기(木氣)의 이상으로 간(肝)에 이상이
생기면 목기(木氣)를 보(補)하여 줄 뿐 아니라, 수기(水氣)를
함께 보(補)하여, 수생목(水生木)하는 상생작용을 이용해 간
의 병을 치료할 수 있다. 이것은 이미, 수천년을 내려온 동양
의학의 치료법이며, 최근의 한방 임상실험에서도 그 효과가
입증되었다. 이렇듯 우리 인체의 장부는 오기(五氣)의 상
생·상극 작용을 통하여 상호 유기적인 긴밀한 관계를 유지
하고 있는 것이다.

동의(東醫)는 바로 이러한 인체내에서의 오기(五氣)의 부
조화로 생기는 병증을 침(鍼), 뜸(灸), 약(藥), 기공(氣功)을
이용해 치료하는 것으로서 기(氣)가 부족하면 보(補)하고 기
(氣)가 과도하면 사(瀉)하여 오기(五氣)를 조화시켜 신체의
건강을 되찾게 하는 의학인 것이다.

즉, 동의(東醫)의 핵심은 인체내의 오기(五氣)의 부조화를
조화시킴에 있는 것이다.

(2) 기(氣)와 경락(經絡)

동의(東醫)에서는 인체내의 육장육부(六臟六腑)를 자양하
는 기혈(氣血)이 순환하는 통로가 있는데, 이를 경락(經絡)
이라 부른다.

경(經)이란, 세로로 흐르는 통로를 뜻하며, 락(絡)이란, 가

로로 흐르는 통로를 말한다. 인체내의 모든 기(氣)의 흐름이란 이 경락이라 불리는 통로로 통해 인체의 각 장부에 공급되어 인체를 자양시키게 되는 것이다.

동의학(東醫學)은 바로 이 경락(經絡)을 위주로 하는 의학(醫學)이다.

서양의학의 해부학에서는 혈(血)의 통로인 혈관(血管)과 뇌(惱)의 명령을 전달하는 신경(神經)의 조직이 뚜렷이 존재함을 발견해 내었다. 그러나 동의학에서 말하는 경락이라는 신체조직은 서양의 해부학적 측면에서 볼 때 전혀 인체내에서 발견할 수 없는 기관이기에 대부분의 의학자들과 과학자들은 그 존재를 부정해 오기도 했다. 그러나 이상한 일은 현대의학에서는 발견할수 없는 경락을 위주로 하는 동의학의 침구(鍼灸)요법, 약물(藥物)요법, 기공(氣功)요법이 그 치료효과를 인정받으며 나날이 번창해 나가고 있다는 점이다. 이것은 경락이 눈에 보이거나 해부학적으로 판명될 수 있는 인체내의 양적인 기관이 아니라, 눈에 보이지 않고, 해부학적으로도 나타나지 않는 인체내의 음적 기관임을 말해주고 있는 것이다.

일반적으로 경락은 각 경락이 관장하는 장부의 이름과 소재 부위에 따라 12정경(十二正經)으로 나누며, 12정경에 이상이 발생하였을 때 완충역할을 하며 12정경을 총괄하면서 통제하는 조정기능을 지닌 기경팔맥(奇經八脈)으로 나눈다(경락(經絡)을 경맥(經脈)이라 부르기도 한다).

〈12정경(十二正經)〉

- 수태음 폐경(手太陰 肺經)
- 수양명 대장경(手陽明 大腸經)
- 족양명 위경(足陽明 胃經)
- 족태음 비경(足太陰 脾經)
- 수소음 심경(手小陰 心經)
- 수태양 소장경(手太陽 小腸經)
- 족태양 방광경(足太陽 膀胱經)
- 족소음 신경(足小陰 腎經)

- 수궐음 심포경(手厥陰 心包經)
- 수소양 삼초경(手小陽 三焦經)
- 족소양 담경(足小陽 膽經)
- 족궐음 간경(足厥陰 肝經)

〈기경팔맥(奇經八脈)〉

- 독맥(督脈)
- 임맥(任脈)
- 대맥(帶脈)
- 충맥(衝脈)
- 음유맥(陰維脈)
- 양유맥(陽維脈)
- 음교맥(陰蹻脈)
- 양교맥(陽蹻脈)

(3) 기(氣)와 경혈(經穴)

경혈(經穴)이란 12정경과 기경팔맥에 위치한 일종의 기혈(氣血)이 지나가는 문(門)이다.

인체내에는 이러한 기혈의 문인 경혈이 〈십사경 발휘〉에 의하면 모두 657개라 한다. 인체의 좌우 양쪽에 있는 경혈이 303개씩해서 606개이고 정중선인 독맥과 임맥에 있는 경혈이 51개이다. 또한 〈황제 내경〉에 의하면 체내의 경혈은 모두 365개라 한다. 이것은 12정경과 임맥, 독맥을 합한 14경락을 쓰고 있기 때문이다.

14경락에는 모두 365개의 경혈이 있는데, 폐경 11혈, 대장경 23혈, 방광경 67혈, 신경 27혈, 심포경 9혈, 삼초경 23혈, 담경 43혈, 간경 13혈로서 12정경에는 모두 311혈이 있고, 독맥 28혈, 임맥 24혈을 더하여 14경락 365혈이 된다.

백회(百會), 전중(膻中), 중완(中脘), 석문(石門), 회음(會陰) 등의 명칭이 바로 경혈을 일컫는 말들이다. 육장육부(六臟六腑)에 이상이 생기는 원인은 바로 이 기혈의 문인 경혈에 기혈이 정체되어 경혈의 경직을 가져옴으로 해서 기혈이 각 해당 장부로 운반되지 못하기 때문이다. 동의(東醫)에서는 바로 이 경직된 경혈에 침구, 약물, 기공으로 자극을 가하여 경직된 경혈을 이완시켜 기혈이 통하게 하여 장부의 병증을 치료한다.

실제로, 담석증(膽石症)에 시달리던 사람이 담(膽)의 해당 경락인 족소양 담경의 우견정(右肩井) 경혈과 족태양 방광경의 간유혈(肝兪穴)에 자극을 가했더니 증세가 상당히 호전되었다. 이때, 우견정혈(右肩井穴)과 간유혈(肝兪穴)에 자극을 가하면 담(膽)의 기능이 증진됨이 X-Ray 촬영으로 확인되었다. 또한 주사를 놓을 때도 해당 경혈에 놓으면 약효가 더욱 효과적이다. 이런 주사요법을 처음 시도한 사람은 국내의 남상천(南相千)씨이다.

남상천씨는 1967년 그의 저서 〈경락〉을 통해 처음 이 주사요법이 임상실험결과 치료효과가 탁월함을 발표하였다. 그러나 그 당시엔 남상천씨가 한의사도 아닌, 한의사 면허도 없는 단순한 한약업자였기에 냉대를 받고, 허무맹랑한 이론으로 받아들여졌다. 그러나 오늘날에 와서는 그 치료효과가 뛰어남이 인정되어 이 치료방법을 연구하는 한의사간의 학회가 설립되어 일반화 되어 가고 있다. 이 주사요법은 병증(病症)이 일어난 장부를 치료하는 것이 아니고 침구요법과 마찬가지로 해당경혈을 찾아 그 경직된 경혈에 정제된 약물을 투입하여 경직된 경혈을 이완시켜 기혈이 소통되도록 하는 치료법이다.

우리가 일반적으로 사용하고 있는 약물(藥物)에 의한 치료법 역시 장부의 직접적 치료뿐만 아니라 해당 경혈의 경직성을 이완시키는 기능 또한 지니고 있다. 이상에서 보듯, 경혈은 기혈의 문인 동시에 만가지 병(病)이 일어나는 장소이며, 또한 만가지 병이 치유되는 장소인 것이다.

(4) 경락의 인체내 역할과 경혈의 이상으로 인한 병증(病症)

1) 십이정경(十二正經)

① 수태음 폐경(手太陰 肺經)

폐는 오장육부와 연관되어 청탁(淸濁)의 기운을 관장하여 오장에 고루 분배하는 기관으로 폐경은 폐를 중심으로 가슴에서 팔뚝으로해서 엄지손가락 손톱끝의 소상혈(小商穴)까지의 11개의 혈을 갖은 경맥을 말한다(그림 참조).

폐경은 양쪽 젖 위쪽의 제1늑골과 제2늑골 사이에 중부혈(中府穴)이 있는데 이곳이 폐의 모혈(募穴)자리이다.

폐가 허하면 얼굴이 창백해지고, 기력이 떨어지며, 호흡이 약하고, 피로가 쉽게 일어나며, 목구멍이 마르고, 가슴이 답답해진다.

폐가 실하게되면 가슴이 답답하고 항상 그득하며, 숨을 몰아 쉬며, 기침하고, 상기되며, 손바닥이 뜨거워지고, 갈증 등의 증상이 나타난다.

이와 같이 폐의 기능이 허나실의 관계로 둔화되어 발병했을 시 폐경의 혈들을 눌러보면 예민하게 압통이 나타나게 되는데, 이런 혈들을 자극하여 줌으로서 혈의 흐름을 촉진시켜 순조롭게 해준다.

수태음폐경(手太陰肺經)

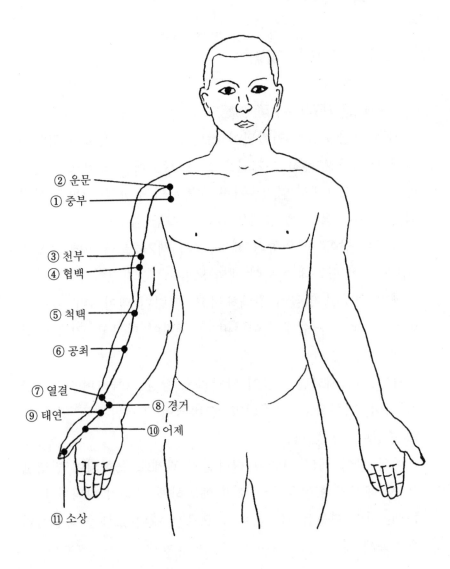

② 운문
① 중부
③ 천부
④ 협백
⑤ 척택
⑥ 공최
⑦ 열결
⑨ 태연
⑧ 경거
⑩ 어제
⑪ 소상

수태음폐경(手太陰肺經)과 해당 경혈(該當 經穴)

번호	경혈의 명칭	경혈의 위치	경혈과 관계되는 치료 범위
1	중 부 (中府)	제1갈비뼈 사이로 운문혈 아래 약 1치 되는 곳.	기관지염(氣管支炎) · 천식(喘息) · 폐창만(肺脹滿) · 견배통(肩背痛)
2	운 문 (雲門)	쇄골 바깥의 끝나는 부분 움푹 들어간 곳으로 중앙선인 임맥으로부터 6치 떨어진 곳.	흉통(胸痛) · 흉민(胸悶) · 기관지염(氣管支炎) · 천식(喘息)
3	천 부 (天府)	척택혈로부터 6치 되는 곳으로서 이두근육이 흰 곳.	비출혈(鼻出血) · 천식(喘息) · 견비통(肩臂痛) · 상완내측통(上腕內側痛)
4	협 백 (俠白)	척택혈 위 5치의 이두근이 흰 곳.	기관지염(氣管支炎) · 천식(喘息) · 각혈(咯血) · 상완내측통(上腕內側痛)
5	척 택 (尺澤)	팔꿈치 무늬 가운데 부분으로 이두근의 힘줄이 꺽이며 움푹 파인 곳.	기관지염(氣管支炎) · 천식(喘息) · 각혈(咯血) · 인후종통(咽喉腫痛) · 주관절내측동통(肘關節內側疼痛)
6	공 최 (孔最)	척택과 태연혈이 연결되는 팔목 주름 위 7치 되는 곳.	기관지염(氣管支炎) · 두통(頭痛) · 흉통(胸痛) · 경항강통(頸項强痛) · 주비통(肘臂痛)
7	열 결 (列缺)	팔목 튀어나온 뼈 위이며, 태연으로부터 1.5치 되는 곳.	두항강통(頭項强痛) · 기관지염(氣管支炎) · 비색(鼻塞) · 안면신경마비(顔面神經麻痺)
8	경 거 (經渠)	팔목의 튀어나온 뼈 위쪽으로 태연의 1치 위 되는 곳.	흉통(胸痛) · 구토(嘔吐) · 기관지염(氣管支炎) · 인후종통(咽喉腫痛) · 발열한불출(發熱汗不出)
9	태 연 (太淵)	팔목 주름 위, 팔목뼈의 안쪽 아래 움푹 파인 곳.	무맥증(無脈症) · 천식(喘息) · 흉통(胸痛) · 견배통(肩背痛) · 완관절주위연조직질병(腕關節周圍軟組織疾病)

번호	경혈의 명칭	경혈의 위치	경혈과 관계되는 치료 범위
10	어 제 (魚際)	엄지뼈 손바닥 부분의 볼록한 살부분.	감적(疳積)·발열(發熱)·인후종통(咽喉腫痛)·천식(喘息)·수완부건초염(水腕部腱鞘炎)
11	소 상 (少商)	엄지 손가락 옆 손톱 뿌리의 뒤쪽 약 1푼 되는 곳.	감모(感冒)·중풍(中風)·혼미(昏迷)·발열(發熱)·인후종통(咽喉腫痛)·급체(急滯)

② 수양명 대장경(手陽明 大腸經)

대장이란 큰 창자를 말한다. 대장은 소장에서 내려오는 찌꺼기를 받아 진액을 흡수하여 간으로 보내고 나머지는 항문으로 내보내기 때문에 소화된 후의 모든 찌꺼기를 몸 밖으로 내보지 못하게 되면 변비 증상이 오게 된다. 폐와는 상호간 밀접한 관계를 갖는다.

대장경은 20개의 혈로 이루어져 있고 식지 말단 상양혈(商陽穴)에서 시작되어 제1~2중수골 사이의 합곡혈(合谷穴)과 팔꿈치 바깥쪽을 지나 독맥의 대추혈(大椎穴)에서 만난 후 위경의 결분혈(缺盆穴)로 와서 하향하여 폐로 내려가 횡경막을 통과하여 대장으로 들어간다(그림 참조).

대장이 허하면 목과 입술이 마르고, 장명이 나며, 가슴이 답답하고, 대변당설이나 혹은 황색 점액물 또는 대장경락상의 통증, 수족저림 등의 증상이 나타난다.

수양명대장경(手陽明大腸經)

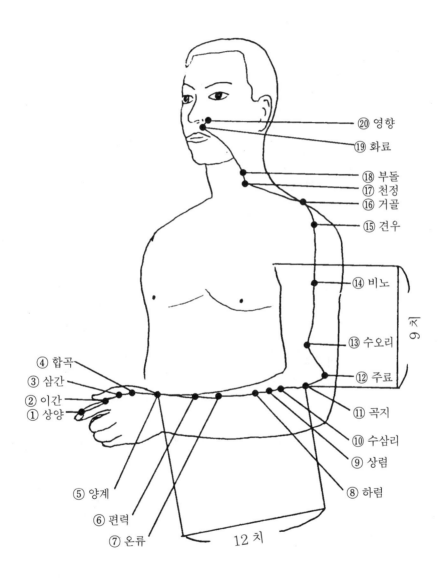

⑳ 영향
⑲ 화료
⑱ 부돌
⑰ 천정
⑯ 거골
⑮ 견우
⑭ 비노
⑬ 수오리
⑫ 주료
⑪ 곡지
⑩ 수삼리
⑨ 상렴
⑧ 하렴

④ 합곡
③ 삼간
② 이간
① 상양

⑤ 양계
⑥ 편력
⑦ 온류

9 치

12 치

수양명대장경(手陽明大腸經)과 해당 경혈(該當 經穴)

번호	경혈의 명칭	경혈의 위치	경혈과 관계되는 치료 범위
1	상 양 (商陽)	둘째 손가락 옆 손톱 후방 1푼 되는 곳.	발열(發熱) · 인후종통(咽喉腫痛) · 혼미(昏迷) · 시선염(腮腺炎)
2	이 간 (二間)	둘째 손가락(인지)과 손바닥이 만나는 관절의 앞쪽 셋째 마디의 측면 파인 곳.	인후종통(咽喉腫痛) · 치통(齒痛) · 비출혈(鼻出血) · 두혼(頭昏)
3	삼 간 (三間)	위의(이간혈) 관절 후방 파인 곳.	안통(眼痛) · 하치통(下齒痛) · 삼차신경통(三叉神經痛) · 인후종통(咽喉腫痛) · 복창(腹脹)
4	합 곡 (合谷)	엄지와 인지 뼈가 연결되는 손 등 지점.	두면오관부병증(頭面五官部病症) · 발열(發熱) · 두통(頭痛) · 인후통(咽喉痛) · 치통(齒痛) · 감모(感冒) · 안면신경마비(顔面神經麻痺)
5	양 계 (陽谿)	엄지를 벌렸을 때 팔목 주름과 연결되는 손등의 움푹 파이는 곳.	두통(頭痛) · 목적(目赤) · 이농(耳聾) · 이명(耳鳴) · 수완통(手腕痛) · 소아소화불량(小兒消化不良)
6	편 력 (偏歷)	양계 위쪽 3치로 곡지혈과 양계 연결선의 아래쪽 4분의 1 되는 곳.	편도선염(扁桃腺染) · 안면신경마비(顔面神經麻痺) · 비출혈(鼻出血) · 소변불리(小便不利)
7	온 류 (溫溜)	양계 위쪽 5치 되는 곳.	두통(頭痛) · 인후종통(咽喉腫痛) · 장명복통(腸鳴腹痛) · 견배통(肩背痛)
8	하 렴 (下廉)	곡지 아래 4치 되는 곳.	두통현운(頭痛眩暈) · 주비통(肘臂痛) · 복통(腹痛) · 설사(泄瀉)
9	상 렴 (上廉)	곡지 아래 3치 되는 곳.	편탄(偏癱) · 수족마목(手足麻木) · 장명복통(腸鳴腹痛) · 두통(頭痛)

번호	경혈의 명칭	경혈의 위치	경혈과 관계되는 치료 범위
10	수삼리 (手三里)	곡지 아래 2치 되는 곳.	중풍편탄(中風偏癱)·시선염(腮腺炎)·주비풍습신경통(肘臂風濕神經痛)·면탄(面癱)·설사복통(泄瀉腹痛)
11	곡 지 (曲池)	팔을 굽혔을 때 팔꿈치 안의 주름이 끝나는 지점.	상지통(上肢痛)·상지탄탄(上肢癱瘓)·고혈압(高血壓)·발열(發熱)·피부병(皮膚病)
12	주 료 (肘髎)	곡지의 위쪽 1치 되는 어깨뼈 부분.	주비통(肘臂痛)·마목(麻木)
13	수오리 (手五里)	곡지 위쪽 3치 되는 어깨뼈가 휘는 부분.	각혈(咯血)·경임파선결핵(頸淋巴腺結核)·폐렴(肺炎)·늑막염(肋膜炎)·주비통(肘臂痛)
14	비 노 (臂臑)	견우와 곡지의 연결선상으로 팔의 위쪽 바깥 삼각근 뾰족한 끝부분	견비산통(肩臂酸痛)·상지탄탄(上肢癱瘓)·피부소양(皮膚瘙癢)·안병(眼病)
15	견 우 (肩髃)	팔을 들었을 때 어깨 봉우리 밑에 나타나는 파인 곳.	견비통(肩臂痛)·상지관절통(上肢關節痛)·편탄(偏癱)·상지마비(上肢麻痺)·고혈압·다한증
16	거 골 (巨骨)	쇄골 연장선으로 어깨 봉우리 뒤쪽에 파인 곳.	견관절(肩關節) 및 연조직질병(軟組織疾病)·토혈(吐血)·경임파선결핵(頸淋巴腺結核)
17	천 정 (天鼎)	어깨 봉우리 위쪽 쇄골 유돌근의 뒤로 연결되는 돌출부의 아래 1치 되는 곳.	인후종통(咽喉腫痛)·음아(喑啞)·호흡불창(呼吸不暢)·편도선염(扁桃腺炎)·경임파선결핵(頸淋巴腺結核)
18	부 돌 (扶突)	흉쇄 유돌근이 뒤로 연결되는 중앙 부분으로 목구멍이 맺어지는 곳과 서로 평행을 이루는 곳.	해천(咳喘)·담다(痰多)·인후종통(咽喉腫痛)
19	화 료 (禾髎)	인중옆의 5푼 떨어진 곳으로 콧날의 바깥쪽 아래 부분.	비질환(鼻疾患)·면신경마비(面神經痲痺)·구금불개(口禁不開)

번호	경혈의 명칭	경혈의 위치	경혈과 관계되는 치료 범위
20	영 향 (迎香)	콧날 바깥에서 5푼 떨어진 곳.	비질환(鼻疾患)·안면신경마비(顔面神經麻痺)·안면근경련(顔面筋痙攣)·삼차신경통(三叉神經痛)·담도회충증(膽道蛔蟲症)

③ 족양명 위경(足陽明 胃經)

위는 간장 바로 밑에 위치하며 제12 흉추 밑에서 양쪽으로 1.5치 부위에 위유혈(胃兪穴)이 있는 곳이 위장의 위치이고 중완혈(中脘穴)이 위의 모혈이다.

경맥은 코의 양쪽에서 눈밑을 거쳐 입술을 돌아 위로 올라가 귀밑머리가를 따라 앞이마에 이르고 또 한줄기는 대영혈(大迎穴)에서 하향하여 횡경막을 통과하여 상완과 중완의 심부(深部)에서 만나고 또 다른 한줄기는 유부(乳部) 안쪽을 따라 밑으로 사타구니의 기충혈(氣衝穴)에서부터 넓적다리 안쪽으로 내려와서 둘째 발가락 끝 여태혈(勵兌穴)에 이르는 45개의 혈을 갖고 있다(그림 참조).

위가 허하면 식도경련, 위복통, 위냉, 수족냉, 위경련, 안면신경통 등의 증상을 나타내고 위가 실하면 식욕부진, 구토, 소화불량, 복만증 또는 위의 답답한 증, 트림, 급·만성 위염, 위하수, 위산과다, 위궤양 등의 증상이 나타난다.

족양명위경(足陽明胃經)

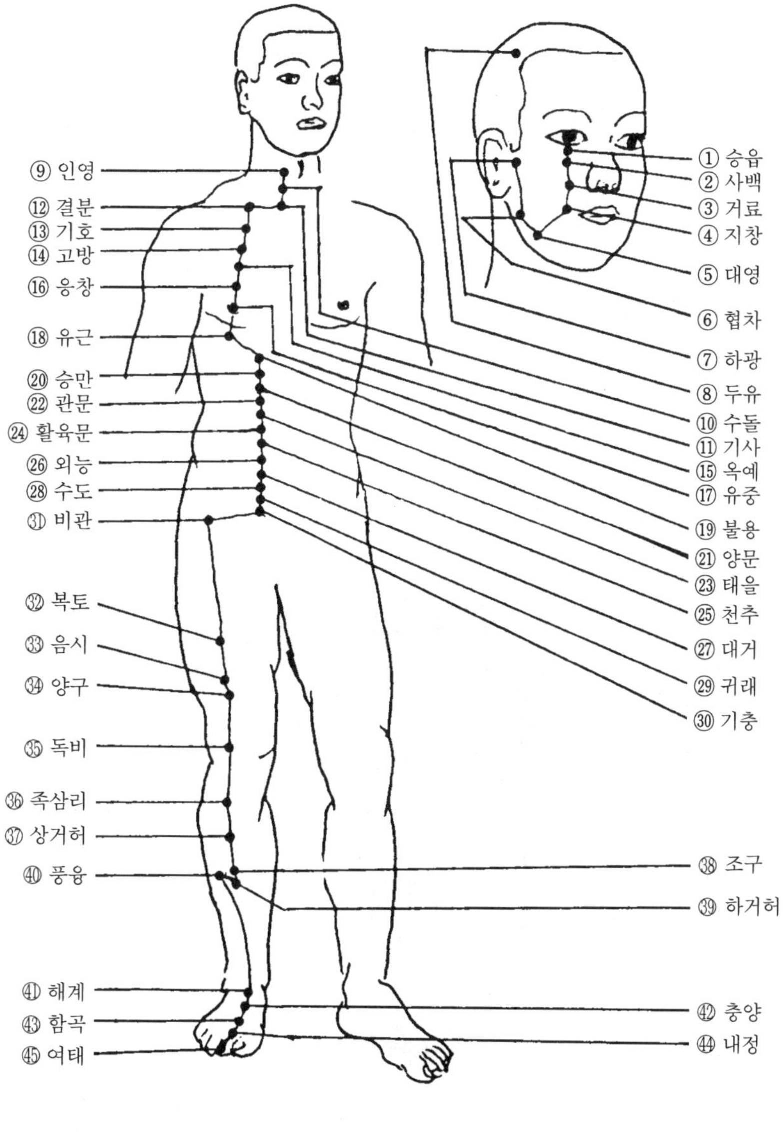

⑨ 인영
⑫ 결분
⑬ 기호
⑭ 고방
⑯ 응창
⑱ 유근
⑳ 승만
㉒ 관문
㉔ 활육문
㉖ 외능
㉘ 수도
㉛ 비관
㉜ 복토
㉝ 음시
㉞ 양구
㉟ 독비
㊱ 족삼리
㊲ 상거허
㊵ 풍융
㊶ 해계
㊸ 함곡
㊺ 여태
① 승읍
② 사백
③ 거료
④ 지창
⑤ 대영
⑥ 협차
⑦ 하광
⑧ 두유
⑩ 수돌
⑪ 기사
⑮ 옥예
⑰ 유중
⑲ 불용
㉑ 양문
㉓ 태을
㉕ 천추
㉗ 대거
㉙ 귀래
㉚ 기충
㊳ 조구
㊴ 하거허
㊷ 충양
㊹ 내정

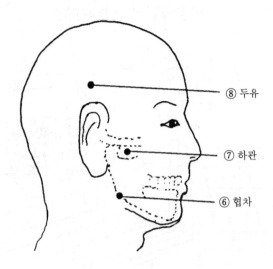

⑧ 두유

⑦ 하관

⑥ 협차

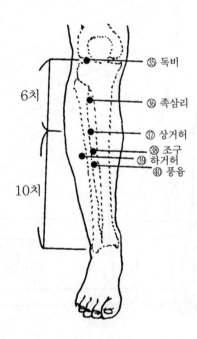

⑧ 독비

6치

⑧ 족삼리

⑧ 상거허

⑧ 조구
⑨ 하거허
⑩ 풍융

10치

족양명위경(足陽明胃經)과 해당 경혈(該當 經穴)

번호	경혈의 명칭	경혈의 위치	경혈과 관계되는 치료 범위
1	승 읍 (承泣)	눈을 뜨고 정면을 볼 때 눈동자의 아랫부분으로 눈자위 아래 연결점.	근시(近視)·목적종통(目赤腫痛)·야맹(夜盲)·안검경련(眼瞼痙攣)·시신경위축(視神經萎縮)
2	사 백 (四白)	눈동자 아래 1치 되는 지점으로 눈자위 아래 뼈와 만나는 부분.	제안질환(諸眼疾患)·면기경련(面肌痙攣)·면탄(面癱)·삼차신경통(三叉神經痛)
3	거 료 (巨髎)	눈동자 아래 방향과 양콧날 끝의 수평선이 교차하는 지점.	면탄(面癱)·면기경련(面肌痙攣)·삼차신경통(三叉神經痛)·비색(鼻塞)·비출혈(鼻出血)
4	지 창 (地倉)	입술 끝으로부터 4푼 되는 곳.	면탄(面癱)·유연(流涎)·삼차신경통(三叉神經痛)·면기경련(面肌痙攣)
5	대 영 (大迎)	위 아래 턱을 벌렸다 마주칠 때 아랫턱에 나타나는 파인 곳.	시선염(腮腺炎)·치통(齒痛)·안면신경마비(顔面神經痲痺)·아관긴폐(牙關緊閉)
6	협 차 (頰車)	이를 꼭 다물었을 때 아랫턱 각진 뼈로부터 앞쪽의 위(1횡지)에 톡 튀어나온 근육 부분.	삼차신경통(三叉神經痛)·치통(齒痛)·시선염(腮腺炎)·면탄(面癱)·아관긴폐(牙關緊閉)·경항강통(頸項强痛)
7	하 관 (下關)	광대뼈 밑쪽의 귀앞에 파인 부분.	삼차신경통(三叉神經痛)·이농(耳聾)·치통(齒痛)·하악관절염(下顎關節炎)
8	두 유 (頭維)	이마의 모발이 각진 부분.	편두통(偏頭痛)·현운(眩暈)·면기경련(面肌痙攣)
9	인 영 (人迎)	목동맥이 뛰는 곳으로 울대의 연골로부터 좌우로 1.5치 되는 곳.	고혈압(高血壓)·효천(哮喘)·인후종통(咽喉腫痛)·각혈(咯血)·갑상선종대(甲狀腺腫大)
10	수 돌 (水突)	울대 근육 앞에 연결되며, 인영과 기사혈 사이.	인후종통(咽喉腫痛)·음아(喑啞)·기천(氣喘)·해수(咳嗽)

번호	경혈의 명칭	경혈의 위치	경혈과 관계되는 치료 범위
11	기 사 (氣舍)	흉골과 쇄골 사이로 목의 정중선에서 2치 되는 쇄골 안쪽.	갑상선종대(甲狀腺腫大) · 경임파선결핵(頸淋巴腺結核) · 효천(哮喘) · 인후종통(咽喉腫痛)
12	결 분 (缺盆)	쇄골 위 패인 가운데 지점으로 천돌에서 4치 되는 곳.	상지마목(上肢痲木)급 동통(疼痛) · 탄탄(癱瘓) · 애역(呃逆)
13	기 호 (氣戶)	결분의 아래로 튀어나온 쇄골의 아래에 위치.	해수(咳嗽) · 기천(氣喘) · 흉협창통(胸脇脹痛)
14	고 방 (庫房)	젖꼭지 위 제1~2 갈비뼈 사이.	해수(咳嗽) · 흉통(胸痛) · 늑간신경통(肋間神經痛)
15	옥 예 (屋翳)	젖꼭지 직선상으로 제2~3 갈비뼈 사이.	해수(咳嗽) · 기천(氣喘) · 흉협창통(胸脇脹痛) · 유선염(乳腺炎)
16	응 창 (膺窓)	젖꼭지 직선상의 제3~4 갈비뼈 사이.	해수(咳嗽) · 기천(氣喘) · 유선염(乳腺炎) · 흉협창통(胸脇脹痛)
17	유 중 (乳中)	4번 갈비뼈로 젖꼭지 가운데.	금침(禁針) · 금구(禁灸) · 흉복부취혈(胸腹部取穴)의 기준이 됨
18	유 근 (乳根)	젖꼭지 직선 아래 제5 갈비뼈 지점.	유즙과소(乳汁過少) · 유선염(乳腺炎) · 애역(呃逆) · 흉통(胸痛)
19	불 용 (不容)	임맥의 거궐에서 좌우 2치 되며, 배꼽 중앙에서 위로 6치 되는 곳.	위통(胃痛) · 구토(嘔吐) · 복창(腹脹) · 식욕부진(食慾不振)
20	승 만 (承滿)	임맥의 상완 좌우 2치 되며, 배꼽 위 5치 되는 곳.	위통(胃痛) · 구토(嘔吐) · 복창(腹脹) · 식욕부진(食慾不振)
21	양 문 (梁門)	임맥의 중완에서 좌우 2치 배꼽 위 4치 되는 곳.	위통(胃痛) · 구토(嘔吐) · 식욕부진(食慾不振) · 대변당설
22	관 문 (關門)	임맥의 거리에서 좌우 2치 배꼽 위 3치 되는 곳.	복통(腹痛) · 복창(腹脹) · 식욕부진 · 장명설사 · 수종(水腫)
23	태 을 (太乙)	임맥 하완에서 좌우 2치 배꼽 위 2치 되는 곳.	정신병(精神病) · 심번(心煩) · 소화불량(消化不良)
24	활육문 (滑肉門)	임맥의 수분에서 좌우 2치 배꼽 위로 1치 되는 곳.	위통(胃痛) · 구토(嘔吐) · 정신병(精神病)

번호	경혈의 명칭	경혈의 위치	경혈과 관계되는 치료 범위
25	천 추 (天樞)	배꼽 중앙에서 좌우 2치 되는 복근(腹筋).	설사(泄瀉) · 세균성이질(細菌性痢疾) · 복통(腹痛) · 복창(腹脹) · 변비 등 제장질환(諸腸疾患)
26	외 능 (外陵)	임맥의 음교 좌우로 2치 되는 곳.	복통(腹痛) · 산기(疝氣) · 월경통(月經痛)
27	대 거 (大巨)	임맥 석문의 좌우 2치 되는 곳.	소복창만(小腹脹滿) · 소변불리(小便不利) · 산기(疝氣) · 유정(遺精) · 조설(早泄)
28	수 도 (水道)	임맥 관원의 좌우 2치 되는 곳.	소복창만(小腹脹滿) · 산기(疝氣) · 소변불통(小便不通) · 통경(痛經) · 자궁질환(子宮疾患)
29	귀 래 (歸來)	임맥 중극의 좌우 2치 되는 곳.	월경부조(月經不調) · 통경(痛經) · 자궁내막염(子宮內幕炎) 등 제부인과질환(諸婦人科疾患)
30	기 충 (氣衝)	임맥의 곡골 좌우로 2치 되는 곳. 아랫배와 넓적다리가 맺어지는 동맥의 안쪽.	제남녀생식기질환(諸男女生殖器疾患)급 산기(疝氣)
31	비 관 (髀關)	아랫배 골반뼈와 무릎 덮개뼈의 연장선과 화음혈의 수평선상에 교차하는 지점.	하지마비급탄탄(下肢麻痺及癱瘓) · 복고구임파선염(腹股溝淋巴腺炎) · 슬관절염(膝關節炎) · 요통(腰痛)
32	복 토 (伏兎)	위 31 무릎 덮개뼈 밖의 연장선에서 취혈(取穴)하며, 무릎뼈로부터 6치 되는 곳.	하지탄탄(下肢癱瘓) · 하지마비(下肢麻痺) · 슬관절염(膝關節炎) · 담마진(蕁麻疹)
33	음 시 (陰市)	무릎뼈 밖 연결선상 3치 되는 곳.	슬통(膝痛) · 하지굴신불리(下肢屈伸不利)
34	양 구 (梁丘)	무릎 덮개뼈 연결선상 2치 되는 곳.	슬통(膝痛) · 위통(胃痛) · 유선염(乳腺炎) · 위염설사(胃炎泄瀉)
35	독 비 (犢鼻)	무릎을 굽힐 때 무릎 덮개뼈 바깥에 생기는 파인 곳.	슬관절통(膝關節痛) 및 슬관절 주위연조직질병(膝關節周圍軟組織疾病)

번호	경혈의 명칭	경혈의 위치	경혈과 관계되는 치료 범위
36	족삼리 (足三里)	바깥 무릎 3치 아래 지점으로 정강이뼈 앞쪽에서 바깥 1치 지점.	위염(胃炎)·위궤양(胃潰瘍)·장염(腸炎)·급성췌선염(急性膵腺炎)·소아소화불량(小兒消化不良)·설사(泄瀉)·이질(痢疾)·실면(失眠)·고혈압(高血壓)·피부소양(皮膚瘙痒)
37	상거허 (上巨虛)	족삼리 아래 3치 되는 곳.	충수염(蟲垂炎)·이질급제장질환(痢疾及諸腸疾患)·하지부병증(下肢部病症)
38	조 구 (條口)	바깥 무릎 아래 8치 지점으로 소퇴(小腿 : 다리)의 가운데.	위통(胃痛)·견통불거(肩痛不擧)·슬통(膝痛)
39	하거허 (下巨虛)	조구혈 아래 1치 지점.	장염(腸炎)·하지탄탄(下肢癱瘓)·늑간신경통(肋間神經痛)·하복통(下腹痛)·설사(泄瀉)
40	풍 융 (豊隆)	무릎 바깥과 복숭아뼈 튀어 나온 부분을 연결한 선으로서 조구혈 외측 1치 지점.	해수(咳嗽)·담다(痰多)·편탄(偏癱)·인후종통(咽喉腫痛)·변비(便秘)·현운(眩暈)·복통(腹痛)·흉통(胸痛)
41	해 계 (解谿)	복숭아뼈의 안과 밖을 연결한 발등 주름살 부위의 파인 곳.	두통(頭痛)·흉통(胸痛)·족지마목(足趾痲木)·과관절통(踝關節痛)
42	충 양 (衝陽)	발등 제인 높은 곳으로 해계의 밑 1.5치 지점.	치통(齒痛)·안면신경마비(顔面神經麻痺)·복창(腹脹)·정신병(精神病)
43	함 곡 (陷谷)	발가락 관절 디 패인 곳으로서 발가락 뼈 2~3 사이의 발등.	안면부종(顔面浮腫)·수종(水腫)·장명(腸鳴)·복통(腹痛)·족배통(足背痛)
44	내 정 (內庭)	발가락 뼈 2~3 사이 연결 지점.	치통(齒痛)·삼차신경통(三叉神經痛)·안면신경마비(顔面神經麻痺)·편도선염(扁桃腺炎)·전액통(前額痛)

번호	경혈의 명칭	경혈의 위치	경혈과 관계되는 치료 범위
45	여 태 (勵兌)	둘째 발가락 발톱 측면의 뒤쪽 1푼 지점.	빈혈(貧血)·신경쇠약(神經衰弱)·편도선염(扁桃腺炎)·소화불량(消化不良)·액통(額痛)·복창(腹脹)

④ 족태음 비경(足太陰 脾經)

비장은 췌장을 말한다. 이 비장은 위의 바로 뒤에 가로로 놓여진 황색의 장기로서 일신의 중앙에 있기 때문에 황정(黃庭)이라고도 한다. 이 췌장에서 생산되는 인슐린은 당분을 소화시키고 영양을 관장하여 전신 조직에 보급한다.

비장은 제1흉추 및 양쪽 1.5치 부위에 비유혈(脾兪穴)이 있는데 이곳이 비장의 위치이고 제12늑골 끝 양쪽 장문혈(章門穴)이 비장의 모혈이다.

경맥은 엄지발가락 내측 말단의 은백혈(隱白穴)에서 시작하여 발등과 발바닥의 경계선을 따라 복사뼈 안쪽 위로 올라 음릉천, 혈해, 기문혈을 따라 복부 위로 올라가서 횡경막을 통과하여 식도 양 옆으로 올라가 중부혈을 통과하고 인후 양방향을 따라 설근부에 도달하여 혀 밑으로 들어간다(그림 참조).

비장이 허하면 복만, 구역질, 식욕부진, 불면, 소화불량, 장명, 수족권태, 입술의 이상 등의 증상이 나타나고 비장이 실하면 위가 아프고, 배가 붓고, 게트림하며, 몸전체가 무겁고, 명치 끝이 몹시 아프고 황달, 수족 무력감, 복냉 등의 증상이 나타난다. 비장에 열이 있으면 얼굴색이 누렇고 근육의 경련 등을 일으킨다.

족태음비경(足太陰脾經)

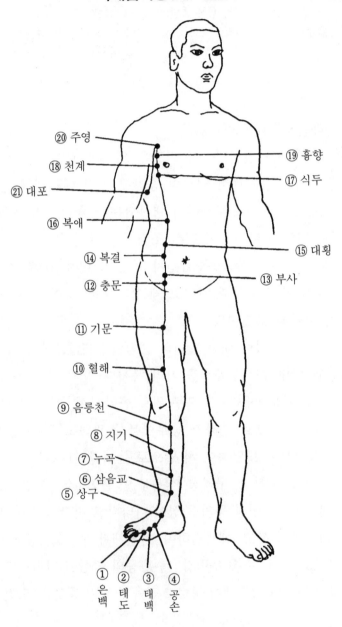

⑳ 주영   ⑲ 흥향

⑱ 천계   ⑰ 식두

㉑ 대포

⑯ 복애

⑭ 복결   ⑮ 대횡

⑫ 충문   ⑬ 부사

⑪ 기문

⑩ 혈해

⑨ 음릉천

⑧ 지기

⑦ 누곡

⑥ 삼음교

⑤ 상구

① 은백
② 태도
③ 태백
④ 공손

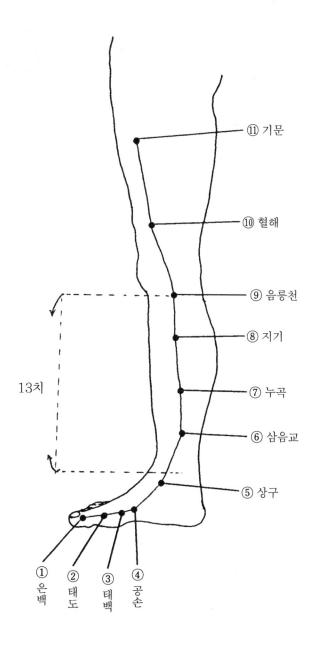

⑪ 기문

⑩ 혈해

⑨ 음릉천

⑧ 지기

13치

⑦ 누곡

⑥ 삼음교

⑤ 상구

① 은백

② 태도

③ 태백

④ 공손

족태음비경(足太陰脾經)과 해당 경혈(該當 經穴)

번호	경혈의 명칭	경혈의 위치	경혈과 관계되는 치료 범위
1	은 백 (隱白)	엄지 발가락의 안쪽이며 옆으로 발톱 뿌리 뒤 1푼 지점.	복창(腹脹)·붕루(崩漏)·다몽(多夢)·소아경풍(小兒驚風)·정신병(精神病)
2	태 도 (太都)	엄지 발가락 옆쪽으로 안쪽에 제1 발바닥 뼈 관절의 앞쪽 아래 파인 지점.	위통(胃痛)·복창(腹脹)·소화불량(消化不良)·구역설사(嘔逆泄瀉)·열병무한(熱病無汗)
3	태 백 (太白)	엄지 발가락 뼈 머리 뒤 아래 약간 파인 지점.	위통(胃痛)·복창(腹脹)·권태(倦怠)·이질(痢疾)
4	공 손 (公孫)	발의 안쪽이자 옆으로 엄지 발가락 뼈가 시작되는 부분으로 붉고 흰 빛을 띤 피부의 파인 지점.	위통(胃痛)·구토(嘔吐)·소화불량(消化不良)·설사(泄瀉)·통경(痛經)
5	상 구 (商丘)	안쪽 복사뼈 앞에 파인 지점.	장명(腸鳴)·복창(腹脹)·변비(便秘)·설사(泄瀉)·황달(黃疸)·소화불량(消化不良)·족과부동통(足踝部疼痛)
6	삼음교 (三陰交)	안쪽 복사뼈 제일 튀어나온 곳에서 위로 3치, 정강이뼈 뒤쪽 교차지점.	월경부조(月經不調)·통경(痛經)·유정(遺精)·양위(陽萎)·유뇨(遺尿)·복통(腹痛)·설사(泄瀉)·신경쇠약(神經衰弱)·불면(不眠)·인공유산(人工流産)·피부소양증(皮膚瘙痒症)
7	누 곡 (漏谷)	복사뼈에서 위로 6치, 삼음교 위 3치로 정강이뼈 뒤쪽 지점.	복창(腹脹)·설사(泄瀉)·퇴슬과통(腿膝踝痛)
8	지 기 (地機)	음릉천 아래 3치로 정강이뼈 뒤쪽 지점.	월경부조(月經不調)·통경(痛經)·이질(痢疾)·복창(腹脹)
9	음릉천 (陰陵泉)	무릎을 구부렸을 때 복사뼈와 정강이뼈 안쪽이자 옆면과 연결하는 선상의 무릎 밑에 파인 곳.	복통(腹痛)·수종(水腫)·소변불리(小便不利)·유뇨(遺尿)·유정(遺精)·월경부조(月經不調)·이질(痢疾)

번호	경혈의 명칭	경혈의 위치	경혈과 관계되는 치료 범위
10	혈 해 (血海)	무릎을 구부렸을 때 종지뼈 (무릎 덮개뼈)의 안쪽에서 위로 2치 지점.	복창(腹脹) · 통경(痛經) · 폐경 (閉經) · 피부소양(皮膚瘙痒) · 월경부조(月經不調) · 자궁출혈 (子宮出血)
11	기 문 (箕門)	혈해에서 위로 6치 지점.	요도염(尿道炎) · 요실금(尿失 禁) · 복고구임파선염(腹股溝淋 巴腺炎)
12	충 문 (衝門)	넓적다리 동맥의 외측이며 임맥의 곡골에서 좌우 수평 으로 3, 5치 지점.	복통(腹痛) · 산기(疝氣) · 치통 (痔痛) · 소변불리(小便不利) · 복수(腹水)
13	부 사 (府舍)	충문의 바로 위 7푼 지점.	복통(腹痛) · 산기(疝氣) · 비괴 (痞塊)
14	복 결 (腹結)	부사 바로 위 3치, 대횡 바로 밑 1치3푼 지점.	제주통(臍周痛) · 산기(疝氣) · 설사(泄瀉) · 변비(便秘) · 맹장 염(盲腸炎)
15	대 횡 (大橫)	배꼽 가운데서 좌우로 각각 3치5푼 되는 지점.	복창(腹脹) · 설사(泄瀉) · 변비 (便秘) · 장마비(腸麻痺) · 장기 생충병(腸寄生蟲病)
16	복 애 (腹哀)	임맥의 건리혈에서 좌우로 각각 3치5푼 되며 대횡 위 3치 지점.	복통(腹痛) · 소화불량(消化不 良) · 변비(便秘) · 이질(痢疾)
17	식 두 (食竇)	임맥선에서 좌우로 각각 6치 되며 제5번 갈비뼈 사이.	흉협창통(胸脇脹痛) · 요폐(尿 閉)
18	천 계 (天谿)	임맥선에서 좌우로 각 6치 되며 제4번 갈비뼈 사이.	흉부동통(胸部疼痛) · 해수(咳 嗽) · 유통(*乳痛) · 유즙과소 (乳汁過少)
19	흉 향 (胸鄕)	임맥선에서 좌우로 각 6치 되며 제3번 갈비뼈 사이	흉협창통(胸脇脹痛)
20	주 영 (周榮)	임맥선에서 좌우로 각 6치 되며 제2번 갈비뼈 사이.	흉협창만(胸脇脹滿) · 해수(咳 嗽) · 기역(氣逆) · 협통(脇痛)
21	대 포 (大包)	겨드랑이 가운데 샘선으로 제6번 갈비뼈 사이, 임맥에 서 6치	사지무력(四肢無力) · 전신동통 (全身疼痛) · 기천(氣喘) · 흉협 통(胸脇痛)

⑤ 수소음 심경(手小陰 心經)

심장은 제5 흉추 밑 양쪽으로 1.5치 위치에 있는데 이곳이 심유혈(心兪穴)이며 거궐혈(巨闕穴)이 심장의 모혈자리이다.

이 심경락은 9혈이 있으며 경맥은 심중에서 시작하여 아래로 내려와 횡경막을 통과하고 밑으로는 소장과 연결된다. 한 줄기는 심장에서 폐쪽으로 올라간 다음 아래로 향하여 겨드랑이 밑으로 비스듬히 내려와 팔꿈치의 안쪽후방으로 내려와서 손바닥의 내측을 따라 손톱말단의 소충혈(小衝穴)에서 끝이 난다(그림 참조).

심장에 병이 들면 얼굴색이 붉어지고, 입술이 마르며 잘 웃는다.

심장이 허하면 자주 놀라고, 다몽(多夢)하며, 불안 초조하고, 심장이 두근거리며, 빈뇨하며, 수족이 차고, 두통, 경련, 이명, 하지무력, 마비 등의 증세가 나타난다.

심장이 실하면 변비, 복만, 사지피로, 체열이 많고, 웃기 잘하고, 압안이 쓰고, 치아가 붓고, 심장 부위에 통증을 느끼며, 눈이 노랗고 옆구리 통증, 호흡곤란, 상기증, 동맥경화, 고혈압 등의 증상이 나타난다.

수소음심경(手小陰心經)

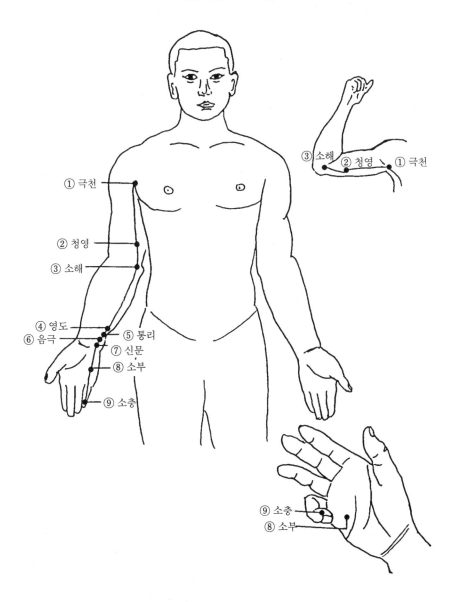

수소음심경(手小陰心經)과 해당 경혈(該當 經穴)

번호	경혈의 명칭	경혈의 위치	경혈과 관계되는 치료 범위
1	극 천 (極泉)	겨드랑이 동맥의 내측(內側)으로 팔을 들었을 때 겨드랑이 중간 지점.	견관절주위염(肩關節周圍炎)·견관절염(肩關節炎)·심교통(心絞痛)·협륵동통(脇肋疼痛)
2	청 영 (青靈)	소해혈의 위 3치 되는 지점으로 팔을 굽힐 때 안쪽 주름 위 3치.	견비통(肩臂痛)·두통(頭痛)·황달(黃疸)·협륵통(脇肋痛)
3	소 해 (少海)	팔을 굽힐 때 주름살 안쪽의 끝부분.	실면(失眠)·심계(心悸)·신경쇠약(神經衰弱)·정신분열증(精神分裂症)·늑간신경통(肋間神經痛)
4	영 도 (靈道)	안쪽 손목 위의 측면으로 신문혈 위로 1치5푼 지점.	억병(癎病)·심통(心痛)·오심(惡心)·실어(失語)·전비통(前臂痛)
5	통 리 (通里)	팔을 굽혔을 때 피부 힘줄이 휜곳의 옆지점으로서 신문혈 위쪽 1치 되는 곳.	심계(心悸)·심교통(心絞痛)·억병성실어(癎病性失語)·완비통(腕臂痛)·신경쇠약(神經衰弱)·설강(舌强)
6	음 극 (陰隙)	신문혈 위로 5푼 지점.	심교통(心絞痛)·심율부제(心律不齊)·도한(盜汗)·토혈(吐血)
7	신 문 (神門)	팔목 주름살 끝부분의 파인 부분.	건망(健忘)·실면(失眠)·다몽(多夢)·심계(心悸)·심교통(心絞痛)·억병(癎病)
8	소 부 (少府)	주먹을 쥐었을 때 새끼 손가락이 닿는 손바닥 뼈 제4~5번 사이되는 지점.	심계(心悸)·흉통(胸痛)·유뇨(遺尿)·소변불리(小便不利)·심율부제(心律不齊)·아통(牙痛)
9	소 충 (少衝)	새끼 손가락 손톱의 뒤쪽 1푼 지점으로 4째 손가락과 닿는 부분.	혼미(昏迷)·심계(心悸)·심통(心痛)·인후종통(咽喉腫痛)·정신병(精神病)

⑥ 수태양 소장경(手太陽 小腸經)

소장은 약 5~6m 정도의 소화기관으로 위(胃)에서 소화시킨 곡식과 물을 받아들여 소장의 하구(下口) 즉, 난문(蘭門)이라 하고 이것을 수분혈(水分穴)이라 하는데 이곳에서 청탁을 가려서 수액은 방광으로 보내고 찌꺼기는 대장으로 보내게 된다. 하복부의 관원혈(關元穴)이 소장의 모혈이고 제1천추 및 1.5치 부위가 소장유혈(小腸兪穴)로 작은 장자의 위치이다.

소장경락은 손등 새끼손가락 끝 소택혈(小澤穴)에서 시작하여 손바닥과 손등의 경계선을 따라 척골 경상돌기 중간을 빠져나와 위로 올라가 대추혈(大椎穴)에서 독맥과 만나고 결분혈(缺盆穴)에서 식도를 따라 위(胃)에 도달해서 상완, 중완에서 임맥과 교차하여 소자에 들어간다. 또다른 가지는 경부(頸部)를 따라 올라 안면에 이르러 담경의 동자료(瞳子髎)와 만나면서 귓속 청궁으로 가고 다른 가지는 청명혈(睛明穴)에 이르는 19개의 혈을 갖고 있다(그림 참조).

소장이 실하면 아랫배에 적이 차게 되고, 장명, 하복부 통증, 허리와 척추의 통증, 고환이 당기고 아프며, 뒷목이 뻣뻣하며 아프고, 여자는 월경불순, 심장쇠약 등이 일어나고, 귓병, 축농증, 우측 견갑통 등이 일어난다.

소장이 허하면 목덜미, 귀뒤, 얼굴, 광대뼈에 많이 나타나고 광대뼈가 붉으면 소장실이며 배꼽밑에 적이 있다.

수태양소장경(手太陽小腸經)

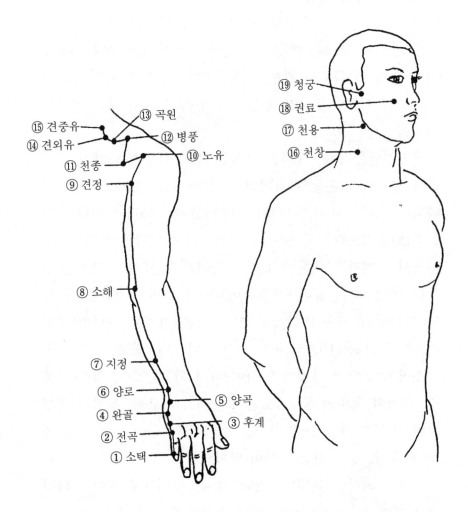

⑮ 견중유
⑭ 견외유
⑬ 곡원
⑫ 병풍
⑪ 천종
⑩ 노유
⑨ 견정
⑧ 소해
⑦ 지정
⑥ 양로
⑤ 양곡
④ 완골
③ 후계
② 전곡
① 소택

⑲ 청궁
⑱ 권료
⑰ 천용
⑯ 천창

수태양소장경(手太陽小腸經)과 해당 경혈(該當 經穴)

번호	경혈의 명칭	경혈의 위치	경혈과 관계되는 치료 범위
1	소 택 (少澤)	새끼 손가락 손톱 뿌리 위 1푼 지점으로 옆쪽.	유선염(乳腺炎)·산후유소(産后乳少)·두통(頭痛)·이명(耳鳴)
2	전 곡 (前谷)	새끼 손가락과 손바닥이 만나는 관절 바로 앞으로 측면 지점.	비통(臂痛)·학질(瘧疾)·이명(耳鳴)·시선염(腮腺炎)·인후통(咽喉痛)·산후유소(産后乳少)·목예(目翳)
3	후 계 (後谿)	주먹을 쥐었을 때 새끼 손가락 관절위의 주름살 끝부분의 파인 부분.	두항강통(頭項强痛)·후두통(后頭痛)·요통(腰痛)·도한(盜汗)·이명(耳鳴)·늑간신경통(肋間神經痛)
4	완 골 (腕骨)	손등 측면의 새끼 손가락과 팔목뼈 사이 패인 지점(손등 갈고리 뼈).	두항통(頭項痛)·황달(黃疸)·구토(嘔吐)·요퇴통(腰腿痛)·이명(耳鳴)·담낭염(膽囊炎)
5	양 곡 (陽谷)	팔목의 등쪽 주름살 끝부분의 패인 지점(삼각뼈 앞).	완통(腕痛)·시선염(腮腺炎)·정신병(精神病)·이명(耳鳴)·이농(耳聾)
6	양 로 (養老)	손목뼈 돌출 부분 바로 위쪽으로 척골(尺骨) 옆 틈이 있는 곳.	상지관절통(上肢關節痛)·견배통(肩背痛)·편탄(偏癱)·요통(腰痛)·낙침(落枕)·시력감퇴(視力減退)
7	지 정 (支正)	양곡혈과 소해혈의 연장선에 위치하며 양곡 위로 5치 지점.	항강(項强)·정신병(精神病)·두통(頭痛)·목현(目眩)·주비수지통(肘臂手指痛)
8	소 해 (少海)	팔꿈치 내측 패인 곳으로 도랑처럼[溝] 생긴 곳.	수비마목(手臂痲木)·경항통(頸項痛)·견배통(肩背痛)·상지척측통(上肢尺側痛)
9	견 정 (肩貞)	팔을 내렸을 때 겨드랑이 주름살 뒤쪽 끝에서 위로 1치 지점.	견관절급주위연조직질병(肩關節及周圍軟組織疾病)·산지탄탄(上肢癱瘓)·액다한증(腋多汗症)

번호	경혈의 명칭	경혈의 위치	경혈과 관계되는 치료 범위
10	노 유 (臑兪)	견정의 바로 위쪽으로 어깨뼈 아래로 연결되는 지점.	중풍편탄(中風偏癱)·고혈압(高血壓)·견관절통(肩關節痛)·비외전무력(臂外展無力)
11	천 종 (天宗)	어깨뼈(가시뼈) 아래 굴처럼 패인 듯한 곳의 한가운데.	견갑통(肩胛痛)·주비후외측통(肘臂后外側痛)·효천(哮喘)·유즙과소(乳汁過少)·유선염(乳腺炎)·상지불거(上肢不擧)
12	병 풍 (秉風)	어깨뼈 위쪽에 굴처럼 패인 듯인 중앙처.	견갑통(肩胛痛)·상지불거(上肢不擧)·상지산마(上肢酸麻)
13	곡 원 (曲垣)	어깨뼈 위 굴처럼 만져지는 곳의 내측 끝부분으로 제3번 흉추와 평행 선상에 위치	견배통(肩背痛)·견갑부병증(肩胛部病症)
14	견외유 (肩外兪)	독맥의 도도혈(제1~2 흉추 사이)로부터 좌우 각각 3치 되는 지점.	견배통(肩背痛)·견항강통(肩項强痛)
15	견중유 (肩中兪)	독맥의 대추혈의 좌우로 각 각 2치 지점.	견배부병증(肩背部病症)·해수(咳嗽)·기천(氣喘)
16	천 창 (天窓)	목의 울대에서 뒤쪽으로 연결 되는 근육으로 목구멍이 맺어 지는 끝에서 3치5푼 되는 곳.	인후종통(咽喉腫痛)·갑상선종대(甲狀腺腫大)·이명(耳鳴)·이농(耳聾)·경항강통(經項强痛)
17	천 용 (天容)	아래턱뼈 뒤쪽의 파인 곳.	편도선염(扁桃腺炎)·인후염(咽喉炎)·경항종통(頸項腫痛)·효천(哮喘)·아통(牙痛)
18	권 료 (顴髎)	눈 바깥쪽 각진 뼈의 바로 아래 방향으로 광대뼈 아래 연결된 가운데로서 영양혈과 평행되는 곳.	아통(牙痛)·삼차신경통(三叉神經痛)·안면신경마비(顔面神經麻痺)·안면근경련(顔面筋痙攣)
19	청 궁 (聽宮)	아래턱 관절 뒤쪽으로 입을 벌렸을 때 푹 파이는 곳이 드러나는 곳.	이명(耳鳴)·이농(耳聾)·중이염(中耳炎)·농아(聾啞)·아통(牙痛)·안면신경마비(顔面神經麻痺)

⑦ 족태양 방광경(足太陽 膀胱經)

수액(水液)이 신장에서 분비되어 즙이 되면 방광속으로 들어가게 되는데 방광속에 포(脬)가 오줌을 만들어 배설하게 된다. 그래서 방광을 오줌통(脬)이라고도 한다. 위치는 제2천추 및 양쪽 바깥 1.5치 부위이고 배꼽아래 4치 부위의 중극혈(中極穴)이 방광의 모혈이다.

방광경은 14경락 중 제일 길고 63혈로 구성되어 있으며 눈 안쪽 청명혈(睛明穴)에서 위로 올라 이마를 지나 독맥의 신정혈(神庭穴)과 만난 후 머리 꼭지에서 백회혈(百會穴)과 만난다.

분지는 귀의 윗쪽으로 흐르고, 가지는 머리 정상에서 뇌로 들어갔다가 되돌아 나와 아래로 향하여 뒷목을 따라 척추양 옆 1.5치 간격을 두고 허리로 직행하여 대퇴 외측 후면을 따라 복사뼈 뒷쪽으로 해서 새끼 발가락 지음혈(至陰穴)에 이르른다(그림 참조).

방광이 허하면 다리 근육이 당기고 쥐가 나며, 허리나 등이 당기며, 굴신이 부자유스럽고, 소변을 자주보며, 후두통, 척추통, 자궁, 생식기 염증 등의 증상이 나타난다.

방광이 실하면 요통이 생기면서 전후 굴신이 부자유스럽고, 두통, 목, 등, 어깨, 허리, 장딴지, 팔다리가 모두 아프고, 새끼발가락을 쓰지 못하며, 견비통, 슬관절통, 소변불리 등이 나타난다.

족태양방광경(足太陽膀胱經)

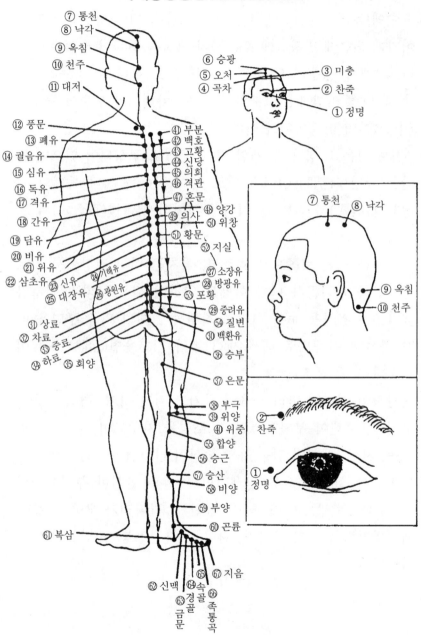

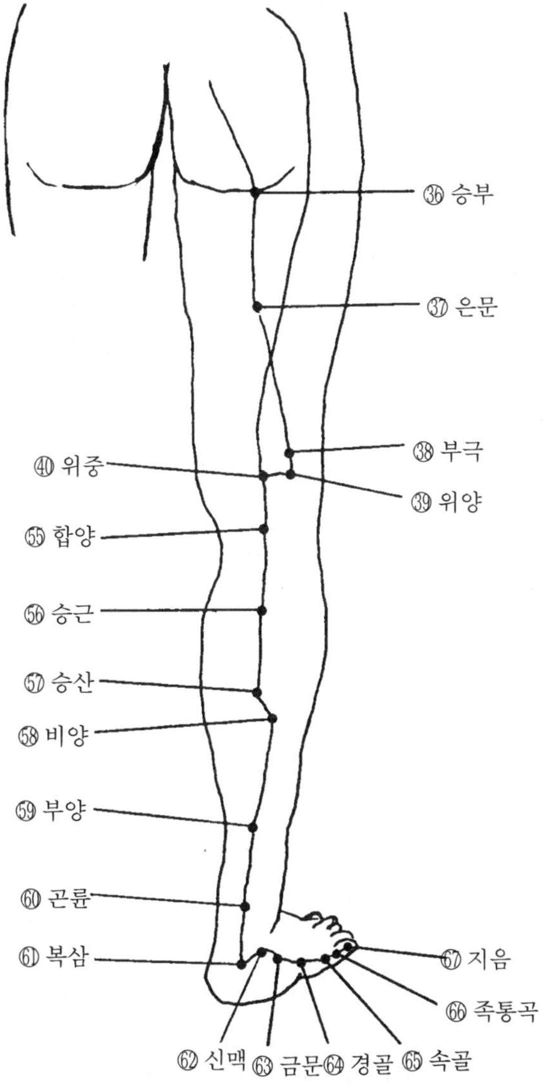
㊱ 승부
㊲ 은문
㊳ 부극
㊴ 위양
㊵ 위중
(55) 합양
(56) 승근
(57) 승산
(58) 비양
(59) 부양
(60) 곤륜
(61) 복삼
(62) 신맥
(63) 금문
(64) 경골
(65) 속골
(66) 족통곡
(67) 지음

족태양방광경(足太陽膀胱經)과 해당 경혈(該當 經穴)

번호	경혈의 명칭	경혈의 위치	경혈과 관계되는 치료 범위
1	정 명 (睛明)	눈 앞쪽 각진 곳의 위로 1푼 되는 곳.	결막염(結膜炎) · 사시(斜視) · 근시(近視) · 시신경염(視神經炎) · 시망막염(視網膜炎) · 시신경위축(視神經萎縮) · 유루(流淚)
2	찬 죽 (攢竹)	윗눈썹의 안쪽 끝부분.	두통(頭痛) · 삼차신경통(三叉神經痛) · 안면신경마비(顔面神經痳痺) · 제안질환(諸眼疾患)
3	미 충 (眉衝)	독맥의 신정과 곡차의 중간으로 모발이 시작되는 곳의 위로 5푼 지점.	두통(頭痛) · 비색(鼻塞) · 비출혈(鼻出血) · 전간(癲癎)
4	곡 차 (曲差)	독맥의 신정과 족양명 위경의 두유 연결선의 3분의 1 지점으로 모발이 시작되는 곳의 위로 5푼 지점.	두통(頭痛) · 비색(鼻塞) · 비출혈(鼻出血) · 안병(眼病)
5	오 처 (五處)	곡차혈 뒤로 5푼 지점.	두통(頭痛) · 비염(鼻炎) · 목현(目眩) · 전간(癲癎)
6	승 광 (承光)	오처 뒤쪽 1치5푼 지점.	두통(頭痛) · 감모(感冒) · 목예(目翳) · 비염(鼻炎) · 현운(眩暈)
7	통 천 (通天)	승광 뒤쪽의 1치5푼 지점.	두통(頭痛) · 현운(眩暈) · 비색(鼻塞) · 비출혈(鼻出血) · 축농증(蓄膿症)
8	낙 각 (絡却)	통천 뒤쪽의 1치5푼 지점.	현운(眩暈) · 면탄(面癱) · 비염(鼻炎) · 갑상선종(甲狀腺腫) · 구토(嘔吐) · 두통(頭痛)
9	옥 침 (玉枕)	독맥의 뇌호혈 좌우로 1치3푼, 베개 받치는 뼈(받침뼈) 위쪽의 옆에 위치.	두통(頭痛) · 현운(眩暈) · 근시(近視) · 비색(鼻塞)
10	천 주 (天柱)	독맥의 아문혈 좌우로 1치3푼.	두통(頭痛) · 항강(項强) · 인후종통(咽喉腫痛) · 비색(鼻塞) · 견배통(肩背痛) · 음아(音啞)

번호	경혈의 명칭	경혈의 위치	경혈과 관계되는 치료 범위
11	대 저 (大楮)	독맥의 도도혈(제1흉추와 2흉추 사이)의 좌우로 1치5푼.	발열(發熱)·해수(咳嗽)·두통(頭痛)·견갑통(肩胛痛)·경항강직(頸項强直)·기천(氣喘)
12	풍 문 (風門)	제2~3 흉추 사이 지점으로부터 좌우 1치5푼 위치.	감모(感冒)·해수(咳嗽)·발열(發熱)·두통(頭痛)·효천(哮喘)·만성비염(慢性鼻炎)·배부질병(背部疾病)
13	폐 유 (肺兪)	제3~4 흉추 사이(신주혈)로부터 좌우로 1치5푼 위치.	감모(感冒)·해수(咳嗽)·기천(氣喘)·골증조열(骨烝潮熱)·도한(盜汗)·배부병증(背部病症)
14	궐음유 (厥陰兪)	제4~5 흉추 사이의 지점으로부터 좌우로 1치5푼.	심교통(心絞痛)·부정맥(不整脈)·심계항진(心悸亢進) 등 제심장병(諸心臟病), 전간(癲癇)·정신병(精神病)·실면(失眠)·흉통(胸痛)
15	심 유 (心兪)	제5~6 흉추 사이(신도혈)로부터 좌우 1치5푼 지점.	심계(心悸)·심번(心煩)·해수(咳嗽)·건망(健忘)·심교통(心絞痛)·부정맥(不整脈) 등 제심질환(諸心疾患)
16	독 유 (督兪)	영대혈(제6~7 흉추 사이) 좌우로 1치5푼.	심내막염(心內膜炎)·복통(腹痛)·장명(腸鳴)·횡격막경련(橫膈膜痙攣)·유선염(乳腺炎)·탈발(脫髮)·피부소양(皮膚瘙痒)
17	격 유 (膈兪)	치양혈(제7~8 흉추 사이) 좌우로 각각 1치5푼.	만성출혈성질환(慢性出血性疾患)·빈혈(貧血)·급성담도감염(急性膽道感染)·애역(呃逆)·식도경련(食道痙攣)·해수(咳嗽)·효천(哮喘)·폐결핵(肺結核)

번호	경혈의 명칭	경혈의 위치	경혈과 관계되는 치료 범위
18	간 유 (肝兪)	근축혈(제9~10 흉추 사이) 좌우로 각각 1치5푼.	간급담낭병증(肝及膽囊病症)· 황달(黃疸)·협통(脇痛)·위병 (胃病)·토혈(吐血)·비출혈 (鼻出血)·목적(目赤)·야맹 (夜盲)·척배통(脊背痛)
19	담 유 (膽兪)	중추혈(제10~11 흉추 사 이) 좌우로 각각 1치5푼.	황달(黃疸)·구고(口苦)·협륵 통(脇肋痛)·폐결핵성조열(肺 結核性潮熱)·제담병(諸膽 病)·요배부병증(腰背部病症)
20	비 유 (脾兪)	척충혈(제11~12 흉추 사 이) 좌우로 각각 1치5푼.	복창(腹脹)·황달(黃疸)·구토 (嘔吐)·설사(泄瀉)·이질(痢 疾)·수종(水腫)·비위허약(脾 胃虛弱)·소화불량(消化不 良)·간염(肝炎)·배통(背痛)
21	위 유 (胃兪)	제12흉추와 제1요추 사이로 부터 좌우로 각각 1치5푼.	협륵통(脇肋痛)·위통(胃痛)· 복창(腹脹)·반위(反胃)·구토 (嘔吐)·장명(腸鳴)·비위허약 (脾胃虛弱)·소화불량(消化不 良)·만성설사(慢性泄瀉)
22	삼초유 (三焦兪)	현추혈(제1~2요추 사이) 좌우로 각각 1치5푼 지점.	복창(腹脹)·장명(腸鳴)·구토 (嘔吐)·설사(泄瀉)·이질(痢 疾)·수종(水腫)·요로감염(尿 路感染)·요배통(腰背痛)
23	신 유 (腎兪)	명문혈(제2~3번 요추 사 이) 좌우로 각각 1치5푼 되 는 지점.	요로감염(尿路感染)·양위(陽 萎)·음위(陰萎)·월경부조(月 經不調)·대하(帶下)·요폐(尿 閉)·신허기천(腎虛氣喘)·이 명(耳鳴)·이농(耳聾)·만성설 사(慢性泄瀉)·요배통(腰背痛)
24	기해유 (氣海兪)	제3~4요추 사이의 위치로 부터 각각 좌우로 1치5푼 되 는 지점.	복통(腹痛)·복창(腹脹)·장명 (腸鳴)·설사(泄瀉)·변비(便 秘)·요통(腰痛)

번호	경혈의 명칭	경혈의 위치	경혈과 관계되는 치료 범위
25	대장유 (大腸兪)	요양관(제4~5요추 사이)의 좌우로 각각 1치5푼 되는 지점.	복통(腹痛)·장명(腸鳴)·복창(腹脹)·설사(泄瀉)·변비(便秘)·요통(腰痛)·좌골신경통(坐骨神經痛)
26	관원유 (關元兪)	제5번 요추의 뼈 아래 지점으로부터 좌우로 각각 1치5푼 되는 곳.	복창(腹脹)·설사(泄瀉)·요통(腰痛)·유뇨(遺尿)·당뇨병(糖尿病)·소변활삭(小便滑數) 급 곤란(困難)
27	소장유 (小腸兪)	제1번 선추~2선추 사이의 위치로부터 좌우로 각각 1치5푼 되는 곳.	좌골신경통(坐骨神經痛)·요통(腰痛)·유정(遺精)·유뇨(遺尿)·장염(腸炎)·변비(便秘)·분강염(盆腔炎)
28	방광유 (膀胱兪)	제2선추골 아래 지점에서 좌우로 각각 1치5푼 되는 곳.	요급(尿急)·요도동통(尿道疼痛)·빈뇨(頻尿)·설사(泄瀉)·변비(便秘)·요저통(腰骶痛)·좌골신경통(坐骨神經痛)
29	중려유 (中膂兪)	제3선추골 아래 지점에서 좌우로 각각 1치5푼 되는 곳.	장염(腸炎)·요저통(腰低痛)·좌골신경통(坐骨神經痛)
30	백환유 (白環兪)	제4선추골 아래 지점에서 좌우로 각각 1치5푼 되는 곳.	요천통(腰薦痛)·유정(遺精)·월경부조(月經不調)·대하(帶下)·만성분강염(慢性盆腔炎)·좌골신경통(坐骨神經痛)
31	상 료 (上髎)	제1선골 바로 옆의 골 파인 곳.	요통(腰痛)·월경부조(月經不調)·소복통(少腹痛)·통경(痛經)·대하(帶下)·소변불리(小便不利)·양위(陽萎)·대하(帶下)·유정(遺精)·탈항(脫肛)
32	차 료 (次髎)	제2선골 바로 옆의 골 파인 곳.	요통(腰痛)·월경부조(月經不調)·소복통(少腹痛)·통경(痛經)·대하(帶下)·소변불리(小便不利)·양위(陽萎)·대하(帶下)·유정(遺精)·탈항(脫肛)

번호	경혈의 명칭	경혈의 위치	경혈과 관계되는 치료 범위
33	중 료 (中膠)	제3선골 바로 옆의 골 파인 곳.	요통(腰痛) · 월경부조(月經不調) · 소복통(少腹痛) · 통경(痛經) · 대하(帶下) · 소변불리(小便不利) · 양위(陽萎) · 대하(帶下) · 유정(遺精) · 탈항(脫肛)
34	하 료 (下膠)	제4선골 바로 옆의 골 파인 곳.	요통(腰痛) · 월경부조(月經不調) · 소복통(少腹痛) · 통경(痛經) · 대하(帶下) · 소변불리(小便不利) · 양위(陽萎) · 대하(帶下) · 유정(遺精) · 탈항(脫肛)
35	회 양 (會陽)	미골 끝의 좌우로 5푼.	장염(腸炎) · 치질(痔疾) · 부녀생식기질환(婦女生殖器疾患) · 양위(陽萎) · 변혈(便血)
36	승 부 (承扶)	엉덩이 아래 주름의 가운데.	요저통(腰骶痛) · 좌골신경통(坐骨神經痛) · 하지탄탄(下肢癱瘓) · 요폐(尿閉) · 변비(便秘)
37	은 문 (殷門)	승부와 위중의 연결선으로 승부 아래로 6치 지점.	요배통(腰背痛) · 좌골신경통(坐骨神經痛) · 하지마비(下肢麻痺) · 하지탄탄(下肢癱瘓)
38	부 극 (浮隙)	위양혈 바로 위 1치 지점.	급성위장염(急性胃腸炎) · 방광염(膀胱炎) · 변비(便秘) · 하지외측마비(下肢外側麻痺)
39	위 양 (委陽)	오금 주름살 위로 위중에서 1치 되는 곳.	신염(腎炎) · 유미뇨(乳糜尿) · 방광염(膀胱炎) · 변비(便秘)
40	위 중 (委中)	오금의 주름살 가운데 되는 곳.	유정(遺精) · 양위(陽萎) · 소변불리(小便不利) · 급성요배통(急性腰背痛) · 좌골신경통(坐骨神經痛) · 하지급슬관절부병증(下肢及膝關節部病症)
41	부 분 (附分)	풍문혈에서 1치5푼, 제2~3 흉추로부터 3치 되는 곳.	견, 항, 배부산통(肩項背部酸痛) · 주비마목(肘臂麻木)

번호	경혈의 명칭	경혈의 위치	경혈과 관계되는 치료 범위
42	백 호 (魄戶)	신주에서 3치, 폐유에서 1치 5푼 지점.	제호흡기질환(諸呼吸器疾患)·흉막염(胸膜炎)·항강(項强)·견배통(肩背痛)
43	고 황 (膏肓)	궐음유에서 1치5푼 지점.	기관지염(氣管支炎)·천식(喘息)·일반허약(一般虛弱)·위통(胃痛)·구토(嘔吐)·복창(腹脹)·변비(便秘)
44	신 당 (神堂)	신도에서 3치 지점.	기관지염(氣管支炎)·효천(哮喘)·늑간신경통(肋間神經痛)·심장병(心臟病)
45	의 희 (譩譆)	영대에서 3치 지점.	심장병(心臟病)·효천(哮喘)·학질(瘧疾)·늑간신경통(肋間神經痛)·애역(呃逆)
46	격 관 (膈關)	지양에서 3치 지점.	늑간신경통(肋間神經痛)·식도경련(食道痙攣)·애기(噯氣)
47	혼 문 (魂門)	근축에서 3치 지점.	신경쇠약(神經衰弱)·간담질환(肝膽疾患)·흉막염(胸膜炎)·위통(胃痛)·협륵통(脇肋痛)
48	양 강 (陽綱)	중추에서 3치 지점.	간염(肝炎)·담낭염(膽囊炎)·위염(胃炎)·장명(腸鳴)·복통(腹痛)·설사(泄瀉)
49	의 사 (意舍)	척중에서 3치 되는 곳.	배통(背痛)·복창(腹脹)·소화불량(消化不良)·소갈(消渴)·황달(黃疸)·설사(泄瀉)·구토(嘔吐)
50	위 창 (胃倉)	위유에서 1.5 치 되는 곳(12 흉추 및 파인 곳에서는 3치).	위통(胃痛)·구토(嘔吐)·복창(腹脹)·소아식적(小兒食積)·척배통(脊背痛)
51	황 문 (肓門)	현추에서 3치 되는 곳.	유선염(乳腺炎)·상복통(上腹痛)·요통(腰痛)·하지탄탄(下肢癱瘓)·산후병증(産后病症)

번호	경혈의 명칭	경혈의 위치	경혈과 관계되는 치료 범위
52	지 실 (志室)	명문에서 3치 되는 곳	유정(遺精)·양위(陽萎)·월경부조(月經不調)·유뇨(遺尿)·만성요통(慢性腰痛)·대소변불리(大小便不利)
53	포 황 (胞肓)	방광유에서 1치5푼 되는 곳.	요폐(尿閉)·설사(泄瀉)·요저부병증(腰骶部病症)
54	질 변 (秩邊)	백환유에서 1치5푼 되는 곳.	요저통(腰骶痛)·하지위비(下肢萎痺)·소변불리(小便不利)·좌골신경통(坐骨神經痛)·분강장기병(盆腔臟器病)
55	합 양 (合陽)	위중에서 밑으로 2치 되는 곳.	요통(腰痛)·하지통(下肢痛)·월경과다(月經過多)·붕루(崩漏)·산통(疝痛)
56	승 근 (承筋)	위중에서 바로 밑으로 5치 되는 곳이며, 합양과 승산의 중간처.	두통(頭痛)·요배강통(腰背强痛)·소퇴통(小腿痛)·하지마비(下肢麻痺)·치창(痔瘡)
57	승 산 (承山)	위중과 곤륜의 연결선상 중간처.	요퇴통(腰腿痛)·좌골신경통(坐骨神經痛)·비장근경련(腓腸筋痙攣)·하지탄탄(下肢癱瘓)·치창(痔瘡)·탈항(脫肛)
58	비 양 (飛陽)	승산의 바깥쪽 아래 지점으로 곤륜의 바로 위쪽 7치 지점.	풍습성관절염(風濕性關節炎)·신염(腎炎)·방광염(膀胱炎)·각기(脚氣)·치창(痔瘡)·탈항(脫肛)
59	부 양 (跗陽)	곤륜의 바로 위쪽 3치 지점.	두항동통(頭項疼痛)·두현(頭眩)·과통(踝痛)·하지탄탄(下肢癱瘓)
60	곤 륜 (崑崙)	복사뼈 튀어나온 꼭대기와 발꿈치 근육 사이의 움푹 파인 곳.	두통(頭痛)·요배통(腰背痛)·좌골신경통(坐骨神經痛)·하지탄탄(下肢癱瘓)·항강통(項强痛)

번호	경혈의 명칭	경혈의 위치	경혈과 관계되는 치료 범위
61	복 삼 (僕參)	곤륜 바로 아래로 발꿈치뼈 아래 파인 곳.	족근통(足跟痛)·하지위약(下肢萎弱)·전간(癲癇)·각기(脚氣)·족과통(足踝痛)
62	신 맥 (申脈)	복사뼈 한가운데의 아랫부분으로 파인 곳.	두항동통(頭項疼痛)·전간(癲癇)·정신병(精神病)·요퇴통(腰腿痛)
63	금 문 (金門)	신맥의 앞쪽 아래로 주사위뼈 바깥 옆의 패인 곳.	전간(癲癇)·소아경풍(小兒驚風)·두통(頭痛)·정신병(精神病)
64	경 골 (京骨)	제5발바닥뼈의 거칠고 두터운 곳의 뒤쪽 아래 피부.	두통(頭痛)·항통(項痛)·심근염(心筋炎)·뇌막염(腦膜炎)·전간(癲癇)·요퇴통(腰腿痛)·비질(鼻疾)
65	속 골 (束骨)	제5발바닥뼈 작은 머리 아래 패인 곳.	두항통(頭項痛)·학질(瘧疾)·목예(目翳)·전간(癲癇)·정신병(精神病)
66	족통곡 (足通谷)	제5발가락뼈 관절 앞쪽 아래 패인 곳.	두통(頭痛)·목현(目眩)·비출혈(鼻出血)·정신병(精神病)
67	지 음 (至陰)	새끼 발가락의 옆쪽으로 발톱 뿌리에서 뒤로 1푼 지점.	두항통(頭項痛)·최산(催産)·태위부정(胎位不正)·난산(難産)·비색(鼻塞)

⑧ 족소음 신경(足小陰 腎經)

콩팥은 척추 좌우에 하나씩 붙어 있으며 왼쪽을 신(腎)이
라 하고 오른쪽을 명문(命門)이라고 한다. 제2요추 밑 양쪽
1.5치 부위에 있는 신유혈이 신장의 위치이고 양쪽 경문혈
(京門穴)이 모혈 자리이다.

경락은 발바닥의 용천혈(湧泉穴)에서 시작하여 복사뼈 안
쪽을 지나 종아리 안쪽으로 해서 넓적다리 안쪽으로 올라 미
추골 선단에 이르러 장강혈(長强穴)을 돌아 임맥 옆으로 계
속 오르며 배꼽옆 황유혈(肓兪穴)을 지나 신장에 들어가고
한 가지는 방광으로 들어간다.

또 한가지는 신장에서 바로 올라가 횡경막을 지나 폐장으
로 들어가고 폐장으로 들어간 경맥은 다시 2개의 분지를 만
들어 하나는 혓바닥 뿌리로 가고 하나는 심장을 돌아 전중혈
(膻中穴)을 거쳐 심포경과 교차한다(그림 참조).

신장이 허하면 하지무력증, 정력감퇴, 가슴답답, 다리가 무
겁고, 발이 붓고, 다리가 가늘어지고, 발이 차며, 신경통, 관
절염 등이 나타난다. 반대로 신장이 실하면 안색이 검어지
고, 기침을 하며, 침에 피가 섞이고, 숨이 가빠지며, 어지럽
고, 배가 고프면서도 식욕이 없고, 방광이 부어 소변이 불리
하고, 척추와 옆구리가 당기고 아프며, 신장염, 부종, 냉대하,
하복통, 고환염 등의 증상이 발생된다. 신실의 증상은 여자에
게 많으며 대개 손발이 차고 추위에 못이기는 경우가 많고 신

허의 증상은 비만인이나 노인들에게서 많이 나타난다.

족소음신경(足小陰腎經)

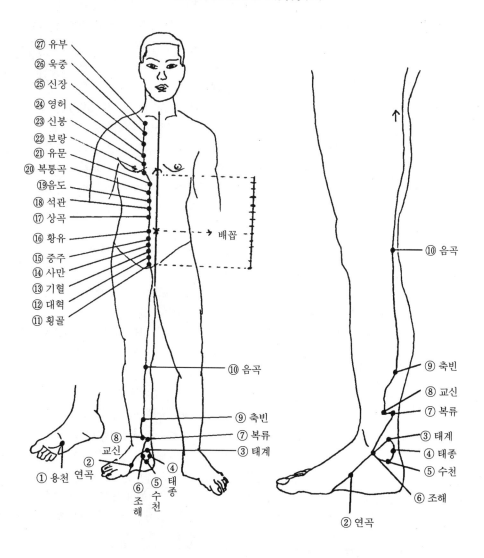

㉗ 유부
㉖ 욱중
㉕ 신장
㉔ 영허
㉓ 신봉
㉒ 보랑
㉑ 유문
⑳ 복통곡
⑲ 음도
⑱ 석관
⑰ 상곡
⑯ 황유
⑮ 중주
⑭ 사만
⑬ 기혈
⑫ 대혁
⑪ 횡골

배꼽

⑩ 음곡
⑨ 축빈
⑦ 복류
③ 태계
① 용천
② 연곡
⑧ 교신
④ 태종
⑤ 수천
⑥ 조해

⑩ 음곡
⑨ 축빈
⑧ 교신
⑦ 복류
③ 태계
④ 태종
⑤ 수천
⑥ 조해
② 연곡

족소음신경(足小陰腎經)과 해당 경혈(該當 經穴)

번호	경혈의 명칭	경혈의 위치	경혈과 관계되는 치료 범위
1	용 천 (湧泉)	발바닥 정중선으로 앞부분(3분의 1지점) 근육의 패인 지점.	휴극(休克)·중서(中署)·고혈압(高血壓)·뇌일혈(腦溢血)·소아경풍(小兒驚風)·억병(癔病)·전간(癲癎)
2	연 곡 (然谷)	안쪽 복사뼈 앞의 아랫배처럼 생긴 두툼한 뼈 아래 패인 곳.	인후종통(咽喉腫痛)·외음부소양증(外陰部瘙痒症)·요로감염(尿路感染)·당뇨병(糖尿病)·소아경풍(小兒驚風)
3	태 계 (太谿)	안쪽 복사뼈 꼭대기와 발꿈치 힘줄의 연결선의 가운데.	요통(腰痛)·유정(遺精)·족저통(足底痛)·치통(齒痛)·이명(耳鳴)·인후통(咽喉痛)·신염(腎炎)·방광염(膀胱炎)·유뇨(遺尿)
4	태 종 (太鍾)	안쪽 복사뼈 뒤쪽의 아래로 발꿈치 힘줄 안쪽 옆이며 태계혈 아래 5푼 뒷지점.	효천(哮喘)·학질(瘧疾)·신경쇠약(神經衰弱)·억병(癔病)·요폐(尿閉)·인통(咽痛)·각근통(脚跟痛)
5	수 천 (水泉)	태계혈 아래 1치 지점.	월경부조(月經不調)·복통(腹痛)·소변불리(小便不利)·자궁탈수(子宮脫垂)·근시(近視)
6	조 해 (照海)	안쪽 복사뼈 첨단(꼭대기) 바로 아래 1치 지점의 패인 곳.	월경부조(月經不調)·신경쇠약(神經衰弱)·전간(癲癎)·변비(便秘)·인후염(咽喉炎)·편도선염(扁桃腺炎)·불면(不眠)
7	복 류 (復溜)	발꿈치 힘줄의 앞쪽이며 태계의 위 2치 되는 곳.	허한(虛汗)·설사(泄瀉)·수종(水腫)·복창(腹脹)·신염(腎炎)·고환염(睾丸炎)·도한(盜汗)·요통(腰痛)

4. 동의(東醫)와 기(氣)   327

번호	경혈의 명칭	경혈의 위치	경혈과 관계되는 치료 범위
8	교 신 (交信)	정강이뼈 뒤쪽이며 복류혈 앞 5푼 되는 곳.	월경부조(月經不調)·붕루(崩漏)·요폐(尿閉)·이질(痢疾)·변비(便秘)·하지내측통(下肢內側痛)
9	축 빈 (築賓)	장딴지 근육 안쪽이며 태계혈의 위로 5치 되는 곳.	하복통(下腹痛)·월경통(月經痛)·신경관능증(神經官能症)·소퇴통(小腿痛)
10	음 곡 (陰谷)	무릎 뒤의 골창(굴처럼 생긴 곳)에서 옆쪽으로 양쪽 근육의 사이.	요로감염(尿路感染)·요저류(尿猪留)·유정(遺精)·양위(陽萎)·월경과다(月經過多)·붕루(崩漏)·슬고내측통(膝股內側痛)
11	횡 골 (橫骨)	임맥의 곡골혈에서 옆으로 5푼 지점.	요저류(尿猪留)·유정(遺精)·음경통(陰莖痛)·유뇨(遺尿)·양위(陽萎)
12	대 혁 (大赫)	임맥의 중극혈에서 옆으로 5푼.	유정(遺精)·음경통(陰莖痛)·백대(白帶)·복통(腹痛)
13	기 혈 (氣穴)	임맥의 관원혈에서 옆으로 5푼.	월경부조(月經不調)·대하(帶下)·요폐(尿閉)·불잉증(不孕症)·요로감염(尿路感染)·설사(泄瀉)
14	사 만 (四滿)	임맥의 석문혈에서 옆으로 5푼.	월경부조(月經不調)·대하(帶下)·요폐(尿閉)·불잉증(不孕症)·요로감염(尿路感染)·설사(泄瀉)
15	중 주 (中注)	임맥의 음교혈에서 옆으로 5푼.	월경부조(月經不調)·요통(腰痛)·복통(腹痛)·변비(便秘)
16	황 유 (肓遺)	임맥의 신궐(배꼽)에서 옆으로 5푼.	위경련(胃痙攣)·산통(疝痛)·장염(腸炎)·습관성변비(習慣性便秘)·애역(呃逆)

번호	경혈의 명칭	경혈의 위치	경혈과 관계되는 치료 범위
17	상 곡 (商曲)	신궐의 2치 위인 하완에서 옆으로 5푼.	복통(腹痛) · 변비(便秘) · 복막염(腹膜炎) · 산통(疝痛)
18	석 관 (石關)	임맥의 건리혈에서 옆으로 5푼.	위통(胃痛) · 애역(呃逆) · 변비(便秘) · 식도경련(食道痙攣)
19	음 도 (陰都)	임맥의 중완혈에서 옆으로 5푼.	구토(嘔吐) · 복창(複脹) · 위통(胃痛) · 폐기종(肺氣腫) · 흉막염(胸膜炎) · 학질(瘧疾)
20	복통곡 (腹通谷)	임맥의 상완혈에서 옆으로 5푼.	항강(項强) · 전간(癲癎) · 심계(心悸) · 늑간신경통(肋間神經痛) · 구토(嘔吐) · 설사(泄瀉)
21	유 문 (幽門)	임맥의 거궐혈에서 옆으로 5푼.	복통(腹痛) · 구토(嘔吐) · 협창(脇脹) · 협통(脇痛) · 위경련(胃痙攣)
22	보 랑 (步廊)	제5번 갈비뼈 사이로 임맥선으로부터 2치 지점.	해수(咳嗽) · 천식(喘息) · 구토(嘔吐) · 흉막염(胸膜炎) · 늑간신경통(肋間神經痛)
23	신 봉 (神封)	제4갈비뼈 사이로(뼈대 자체) 임맥선에서 2치 지점.	천식(喘息) · 유선염(乳腺炎) · 심계(心悸) · 흉막염(胸膜炎) · 늑간신경통(肋間神經痛)
24	영 허 (靈墟)	제3갈비뼈 사이로(뼈의 자체) 임맥선에서 2치 지점.	협륵통(脇肋痛) · 유선염(乳腺炎) · 심계(心悸) · 구토(嘔吐) · 해수(咳嗽)
25	신 장 (神藏)	제2갈비뼈 사이로(뼈의 자체) 임맥선에서 2치 지점.	기관지염(氣管支炎) · 구토(嘔吐) · 늑간신경통(肋間神經痛)
26	욱 중 (彧中)	제1갈비뼈 사이로(뼈의 자체) 임맥선에서 2치 지점.	흉협창만(胸脇脹滿) · 천식(喘息)
27	유 부 (兪府)	쇄골 아래 지점으로 임맥선에서 2치.	다담(多痰) · 구토(嘔吐) · 복창(腹脹) · 흉통(胸痛) · 천식(喘息) · 기관지염(氣管支炎)

⑨ 수궐음 심포경(手厥陰 心包經)

심포란 심장의 기능을 조절해 주는 기관으로 심장을 싸주고 있는 기관인데 오장에는 배당되어 있지 않으나 동양의학에서는 중요한 장기의 하나로 보고 있다.

경락은 흉중에서 시작되고 아래로는 상초, 중초, 하초와 연결되고 흉부를 따라 옆구리 천지혈(天地穴)을 거쳐 약간 위로 올랐다 하향하며 겨드랑이 속으로 들어가서 팔의 안쪽 중앙을 타고 내려가 손바닥속 중앙을 지나 중지 내측을 따라 내려서 중지의 끝인 중충혈(中衝穴)에서 끝이난다. 심포경락은 9개의 혈로 이루어져 있다(그림 참조).

심포가 허하면 심장허증과 비슷하며 심포실증일 경우 거의 심장실증과 비슷하며 대개 얼굴이 붉어지고 가슴, 옆구리의 결림증, 수장에 열이 나고, 팔뚝 또는 팔꿈치 경련이 일어난다.

수궐음심포경(手厥陰心包經)

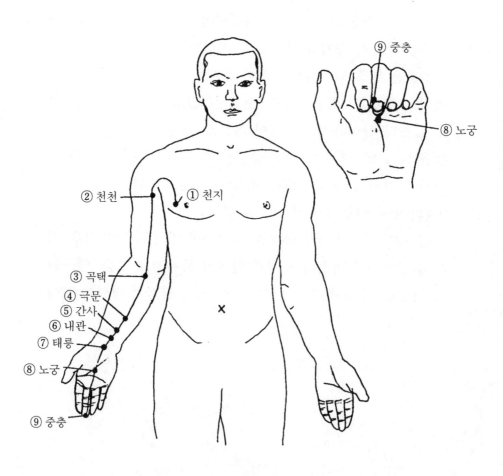

수궐음심포경(手厥陰心包經)과 해당 경혈(該當 經穴)

번호	경혈의 명칭	경혈의 위치	경혈과 관계되는 치료 범위
1	천 지 (天池)	제4갈비뼈로 젖꼭지 밖의 1치 지점.	흉민(胸悶) · 흉협통(胸脇痛) · 액하종통(腋下腫痛)
2	천 천 (天泉)	윗팔의 이두박근 이두근 사이로 겨드랑이 앞 주름살 끝에서 밑으로 2치 되는 곳.	흉통(胸痛) · 견비통(肩臂痛)
3	곡 택 (曲澤)	팔꿈지 주름살 가운데	심계(心悸) · 심교통(心絞通) · 주비통(肘臂痛) · 수전(手顫) · 급성위장염시구토설사(急性胃腸炎時嘔吐泄瀉) · 중서(中署)
4	극 문 (隙門)	팔목 주름의 가운데인 태릉혈 위로 5치 지점.	심교통(心絞通) · 심동과속(心動過速) · 흉막염(胸膜炎) · 유선염(乳腺炎) · 오심구토(惡心嘔吐)
5	간 사 (間使)	태릉혈 위 3치 지점.	풍습성심장병(風濕性心臟病) · 위통(胃痛) · 학질(瘧疾) · 억병(癔病) · 전간(癲癇) · 정신분열증(精神分裂症) · 흉통(胸痛)
6	내 관 (內關)	태릉혈 위 2치 지점.	흉협통(胸脇痛) · 위통(胃痛) · 휴극(休克) · 흉통(胸痛) · 오심구토(惡心嘔吐) · 억병(癔病) · 부정맥(不整脈)
7	태 릉 (太陵)	팔목 주름의 가운데.	심계(心悸) · 흉통(胸痛) · 전광(癲狂) · 늑간신경통(肋間神經痛) · 수완부건초염(手腕部腱硝炎)
8	노 궁 (勞宮)	제2~3 손바닥 뼈 사이로 주먹을 쥐었을 때 가운데 손가락 끝이 닿는 곳.	정신병(精神病) · 전간(癲癇) · 중서(中署) · 구토(嘔吐) · 흉통(胸痛) · 구강염(口腔炎)
9	중 충 (中衝)	가운데 손가락 손톱 뿌리의 옆과 뒤로 1푼 되는 지점(둘째 손가락과 닿는 쪽).	발열(發熱) · 혼미(昏迷) · 번조(煩躁) · 설강(舌强) · 중서(中署) · 심교통(心絞通) · 두통여파(頭痛如破)

⑩ 수소양 삼초경(手小陽 三焦經)

삼초는 형상은 없고 작용만 있으며 기를 주관하고 수곡을 운행한다. 삼초란 가슴 위부분을 상초라 하고, 배꼽 위까지를 중초라 하며 배꼽 밑쪽을 하초라 한다.

상초는 위의 윗쪽에서 음식물을 받아들이고 호흡순환계를 관장하며, 중초는 소화시키는 소화계와 호흡기를, 하초는 청탁을 가려 전달하고 생식과 배설을 관장하는 역할을 한다.

경락은 무명지의 말단 새끼손가락 쪽의 관충혈(關衝穴)에서 시작하여 손목과 팔꿈치 후면을 따라가다 담경의 견정혈과 만나고 쇄골상와로 들어가 양젖가슴 중앙부분 단중혈을 돌며 심포와 만나고 가지는 아래쪽으로 내려와 상·중·하초와 통하게 된다. 삼초경은 모두 23혈로 이루어져 있다(그림 참조).

삼초가 병이들면 배에 가스가 차고, 아랫배가 딴딴해지며, 소변을 보기가 어렵고 옥죄여서 밑으로 배설함이 어려워진다. 상초에 병이들면 숨을 헐떡이며 가슴이 그득하고 중초에 병이 들면 명치 밑에서 배꼽까지 근육이 단단해지며 위·간장 등의 장기가 약해지고, 하초에 병이들면 배설기관에 이상이 생겨 붓거나 정력부족, 부인과 질환 등이 발생한다.

수소양삼초경(手小陽三焦經)

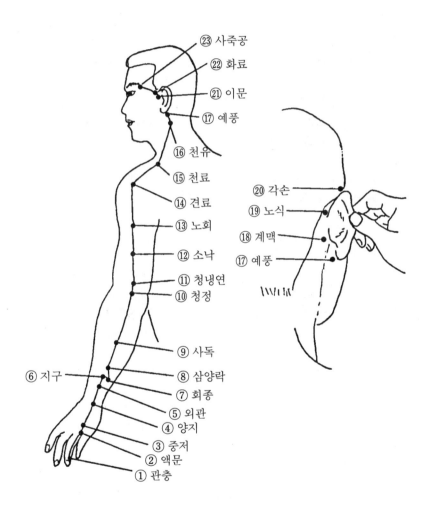

㉓ 사죽공
㉒ 화료
㉑ 이문
⑰ 예풍
⑯ 천유
⑮ 천료
⑭ 견료
⑬ 노회
⑫ 소낙
⑪ 청냉연
⑩ 청정
⑳ 각손
⑲ 노식
⑱ 계맥
⑰ 예풍
⑨ 사독
⑥ 지구
⑧ 삼양락
⑦ 회종
⑤ 외관
④ 양지
③ 중저
② 액문
① 관충

수소양삼초경(手小陽三焦經)과 해당 경혈(該當 經穴)

번호	경혈의 명칭	경혈의 위치	경혈과 관계되는 치료 범위
1	관 충 (關衝)	무명지의 측면 손톱 뿌리 뒤 편 1푼 지점.	후통(喉痛) · 언어불리(言語不利) · 결막염(結膜炎) · 발열(發熱) · 두통(頭痛) · 심번(心煩)
2	액 문 (液門)	손등 쪽의 제4~5 손가락 연결되는 사이 지점.	두통(頭痛) · 이농(耳聾) · 학질(瘧疾) · 이명(耳鳴) · 수비통(手臂痛) · 수지종통(手指腫通)
3	중 저 (中渚)	손등의 손목에서 액문혈 쪽으로 3분의 2 지점이며 제4~5 손뼈 사이.	이농(耳聾) · 이명(耳鳴) · 인후종통(咽喉腫痛) · 두, 항, 견, 배부질환(頭項肩背部疾患) · 수지불능굴신(手指不能屈伸)
4	양 지 (陽池)	손등의 손목 주름살 패인 지점으로 제3~4 손뼈 바로 위쪽.	이농(耳聾) · 학질(瘧疾) · 완관절부질환(腕關節部疾患) · 견비통(肩臂痛)
5	외 관 (外關)	손등 손목 주름 한가운데에서 바로 위쪽 2치 지점(팔목에서 팔꿈치에 이르는 척골이 휘는 지점).	감모(感冒) · 폐렴(肺炎) · 이농(耳聾) · 편두통(偏頭痛) · 협륵통(脇肋痛) · 수지마목(樹脂麻木) · 항통(項痛)
6	지 구 (支溝)	외관혈 바로 위쪽 1치.	견비통(肩臂痛) · 협륵통(脇肋痛) · 변비(便秘) · 흉막염(胸膜炎) · 편탄(偏癱) · 이하선염(耳下腺炎) · 이농(耳聾) · 이명(耳鳴)
7	회 종 (會宗)	지구혈의 옆으로 식지(둘째 손가락) 폭만큼 떨어진 곳.	이명(耳鳴) · 이농(耳聾) · 상지통(上肢痛) · 전간(癲癎)
8	삼양락 (三陽絡)	외관혈 바로 위쪽 2치.	이농(耳聾) · 아통(牙痛) · 실어(失語) · 전비부병증(前臂部病症)
9	사 독 (四瀆)	팔꿈치 첨단(끝) 바로 밑으로 5치.	두통(頭痛) · 이명(耳鳴) · 아통(牙痛) · 전비통(前臂痛) · 상지탄탄(上肢癱瘓) · 신경쇠약(神經衰弱)

번호	경혈의 명칭	경혈의 위치	경혈과 관계되는 치료 범위
10	천 정 (天井)	팔을 굽혔을 때 팔꿈치 첨단 뒤쪽에 생기는 파인 곳.	주, 견, 항통(肘肩項痛)·협륵통(脇肋痛)·상지부병증(上肢部病症)·경임파선염(頸淋巴腺炎)·갑상선종대(甲狀腺腫大)
11	청냉연 (淸冷淵)	천정혈 위쪽 1치.	견비통불능거(肩臂痛不能擧)·두통(頭痛)
12	소 낙 (消樂)	청냉연과 노회혈의 중간 지점.	두통(頭痛)·경항강급(頸項强急)·비통(臂痛)·전간(癲癇)
13	노 회 (臑會)	팔꿈치 첨단과 견료혈의 연결선에서 삼각근육 뒷지점.	견비통불능거(肩臂痛不能擧)·갑상선질환(甲狀腺疾患)
14	견 료 (肩髎)	어깨 봉오리 뒤쪽의 아래에 팔을 들었을 때 나타나는 파인 지점.	견통(肩痛)·비통(臂痛)·중풍편탄(中風偏癱)·고혈압(高血壓)·다한(多汗)
15	천 료 (天髎)	견정혈과 곡원혈 사이로 어깨뼈에 각진 부분.	견비통(肩臂痛)·경항강급(頸項强急)
16	천 유 (天牖)	유돌의 아래 뒤쪽으로 흉쇄유돌근과 연결되는 뒷지점.	이명(耳鳴)·이농(耳聾)·항강(項强)·후통(喉痛)
17	예 풍 (翳風)	귓볼 아래 아랫턱과 유돌의 사이 파인 지점.	이명(耳鳴)·이농(耳聾)·농아(聾啞)·안면신경마비(顔面神經麻痺)·이하선염(耳下腺炎)·아통(牙痛)·안병(眼病)
18	계 맥 (瘈脈)	귀의 뿌리와 모발이 난 곳의 중간으로 예풍의 뒤에서 위로 1치.	두통(頭痛)·이명(耳鳴)·이농(耳聾)·구토(嘔吐)
19	노 식 (顱息)	귀뿌리 뒤쪽이며 계맥혈과 각손혈의 중간 지점.	두통(頭痛)·이명(耳鳴)·이통(耳痛)·구토(嘔吐)
20	각 손 (角孫)	귀의 뿌리 상단의 모발과 귀 사이.	이개홍종(耳介紅腫)·아통(牙痛)·두통(頭痛)·각막백반(角膜白班)
21	이 문 (耳門)	귀의 병풍막이 상단의 앞쪽으로 입을 당기듯 벌릴 때 나타나는 파인 곳.	이명(耳鳴)·이농(耳聾) 등 제이질환(諸耳疾患)·아통(牙痛)

번호	경혈의 명칭	경혈의 위치	경혈과 관계되는 치료 범위
22	화 료 (和髎)	이문혈과 사죽공의 연결선상 이며 귀밑 모발 뒤쪽과 연결 되는 위치.	안면신경마비(顏面神經麻痺)· 이명(耳鳴)·두통(頭痛)·목현 (目眩)
23	사죽공 (絲竹空)	윗눈썹의 외측 끝.	두통(頭痛)·안면신경마비(顏 面神經麻痺)·사시(斜視) 등 제안질환(諸眼疾患)

⑪ 족소양 담경(足小陽 膽經)

담이란 일명 쓸개라 하는데 간장의 소엽사이에 붙어 있다. 제 10흉추 및 양쪽 밖 1.5치 부위에 담유혈(膽兪穴)이 있는데 이곳 이 담의 위치이고 양쪽 일월혈(日月穴)이 담의 모혈자리이다.

담경은 모두 43개의 혈이 있고 경맥은 눈가의 동자료(瞳 子髎)에서 시작하여 귀 뒤로 들어가서 다시 이마를 거쳐 눈 구석에 있는 청명혈(晴明穴)에서 만난다. 이곳에서 이마쪽 임읍혈(臨泣穴)을 지나 머리뒤쪽 뇌공혈(腦空穴)을 지나 뒷 목 융쇄유돌근 함료처인 풍지혈(風池穴)로 가서 두갈래로 갈 라져 한가닥은 어깨쪽으로 또 한가지는 귀로 들어가서 아래 턱과 쇄골을 돌아나온다. 이 경맥은 9번 늑골 끝 일월혈(日月 穴)에서 10번째 늑골 경문혈(京門穴)을 거쳐 배 옆으로 내려 가서 다리관절로 해서 대퇴와 하퇴의 바깥쪽으로 내려가서 네 째 발가락 발톱가에서 끝이 난다(그림 참조).

담이 허해지면 발가락 움직임에 장애가 나타나고, 움직이 기를 싫어하며, 엎드려 눕고, 현기증 등이 나타난다. 담이 실 하면 복만증, 옆구리 통증, 구고, 인건, 두통, 피부가 윤택치 않고 심하면 얼굴에 때가 끼며, 겨드랑이 밑이 붓고 땀이 나 며, 관절통, 늑간신경통, 삼차신경통 등의 증상이 일어난다.

족소양담경(足小陽膽經)

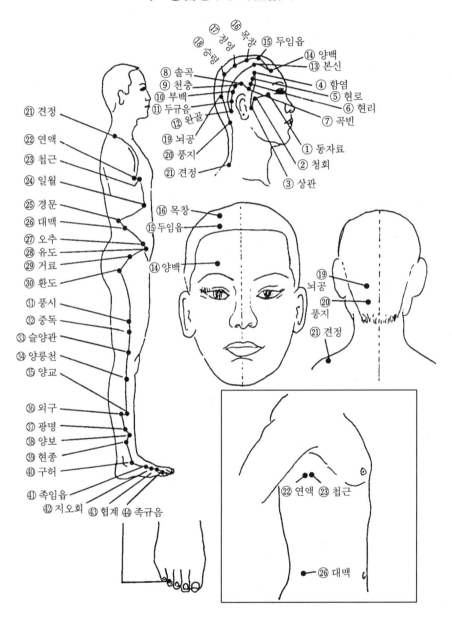

족소양담경(足小陽膽經)과 해당 경혈(該當 經穴)

번호	경혈의 명칭	경혈의 위치	경혈과 관계되는 치료 범위
1	동자료 (瞳子髎)	눈꼬리 각진 곳에서 5푼 되는 곳.	두통(頭痛) · 제안질환(諸眼疾患) · 안면신경마비(顔面神經麻痺)
2	청 회 (聽會)	입을 벌릴 때 귀병풍 아래에서 앞쪽으로 패임이 나타나는 곳.	이명(耳鳴) · 이농(耳聾) · 안면신경마비(顔面神經麻痺) · 치통(齒痛) · 아관긴폐(牙關緊閉)
3	상 관 (上關)	족양명 위경의 하관혈 바로 위쪽 광대뼈(활처럼 생긴 곳) 위로 연결되는 파인 지점.	이명(耳鳴) · 이농(耳聾) · 중이염(中耳炎) · 치통(齒痛) · 아관긴폐(牙關緊閉) · 안면신경마비(顔面神經麻痺)
4	함 염 (含厭)	곡빈혈과 족양명 위경의 두유혈 연결선에서 위로 3분의 1 지점.	편두통(偏頭痛) · 현운(眩暈) · 이명(耳鳴) · 비염(鼻炎) · 전간(癲癎)
5	현 로 (縣盧)	곡빈혈과 두유 연결선의 가운데 지점.	편두통(偏頭痛) · 외자통(外眥痛) · 치통(齒痛) · 면종(面腫) · 신경쇠약(神經衰弱)
6	현 리 (懸厘)	곡빈과 현로 연결선의 가운데 지점.	편두통(偏頭痛) · 외자통(外眥痛) · 치통(齒痛) · 면종(面腫) · 신경쇠약(神經衰弱)
7	곡 빈 (曲鬢)	귀뿌리 위쪽에 앞쪽으로 귀밑털이 내려오는 굽은 지점.	편두통(偏頭痛) · 삼차신경통(三叉神經痛) · 안면근경련(顔面筋痙攣)
8	솔 곡 (率谷)	귀의 첨단 부분에서 위로 모발이 나는 곳에서 1치 5푼.	편두통(偏頭痛) · 현운(眩暈) · 구토(嘔吐) · 이명(耳鳴) · 안병(眼病)
9	천 충 (天衝)	솔곡혈 뒤쪽으로 5푼 지점.	치통(齒痛) · 치은종통(齒垠腫痛) · 전간(癲癎) · 갑상선종(甲狀腺腫) · 편두통(偏頭痛)
10	부 백 (浮白)	천충과 두규음 사이.	두통(頭痛) · 이명(耳鳴) · 이농(耳聾) · 치통(齒痛) · 기관지염(氣管支炎)

번호	경혈의 명칭	경혈의 위치	경혈과 관계되는 치료 범위
11	두규음 (頭竅陰)	부백과 완골(完骨) 사이.	두항통(頭項痛)·이통(耳痛)·이농(耳聾)·이명(耳鳴)·기관지염(氣管支炎)·후염(喉炎)·흉통(胸痛)·갑상선종(甲狀腺腫)
12	완 골 (完骨)	독맥의 풍부혈과 평행되는 지점으로 패인 곳.	두통(頭痛)·실면(失眠)·이농(耳聾)·이명(耳鳴)·경항강(頸項强)·안면신경마비(顔面神經麻痺)
13	본 신 (本神)	이마의 바깥 머리털 시작하는 부분에서 위로 5푼 지점이며, 독맥의 신정과 두유혈 연선에서 외측 3분의 1.	두통(頭痛)·현운(眩暈)·전간(癲癇)·협륵통(脇肋痛)·편탄(偏癱)·경항강통(頸恒强痛)
14	양 백 (陽白)	윗눈썹 가운데에서 위로 1치	면탄(面癱)·두통(頭痛)·삼차신경통(三叉神經痛)·안병(眼病)·안면근경련(顔面筋痙攣)
15	두임읍 (頭臨泣)	독맥의 신정과 족양명위경의 두유의 중간 지점, 머리털 시작 부분에서 위로 5푼.	목현(目眩)·비색(鼻塞)·목예(目翳)·중풍(中風)·혼미(昏迷)·학질(瘧疾)·전간(癲癇)·급만성결막염(急慢性結膜炎)
16	목 창 (目窓)	두임읍에서 뒤로 1치5푼 되며, 양백에서 위로 머리털 시작 부분에서 위로 1치5푼.	두통(頭痛)·목현(目眩)·두면부종(頭面浮腫)·안결막염(眼結膜炎)·치통(齒痛)·중풍(中風)
17	정 영 (正營)	목창에서 뒤로 1치5푼.	두항강통(頭項强痛)·현운(眩暈)·치통(齒痛)·구토(嘔吐)
18	승 령 (承靈)	정영에서 뒤로 1치5푼.	두통(頭痛)·감모(感冒)·기관지염(氣管支炎)·현운(眩暈)·비색(鼻塞)·비출혈(鼻出血)
19	뇌 공 (腦空)	베개뼈 외측으로(튀어나온 곳의 외측) 아래의 풍지혈과 마주하는 곳.	두통(頭痛)·감모(感冒)·효천(哮喘)·전간(癲癇)·정신병(精神病)·심계(心悸)·이명(耳鳴)·비색(鼻塞)·항강(項强)

번호	경혈의 명칭	경혈의 위치	경혈과 관계되는 치료 범위
20	풍 지 (風池)	독맥의 풍부혈과 평행되는 곳으로 사방근(斜方筋)과 흉쇄 유돌근 사이에 파인 곳.	감모(感冒)·두통(頭痛)·두운(頭暈)·항강통(項强痛)·안병(眼病)·비염(鼻炎)·이명(耳鳴)·이농(耳聾)·고혈압(高血壓)·편탄(偏癱)·뇌부질환(腦部疾患)
21	견 정 (肩井)	대추혈과 어깨 봉우리 연결선의 가운데로 높게 드러난 곳.	두항강(頭項强)·척배통(脊背痛)·상지불거(上肢不擧)·유선염(乳腺炎)
22	연 액 (淵液)	겨드랑이 가운데서 바로 아래로 제4갈비뼈 사이(뼈대 자체).	흉막염(胸膜炎)·늑간신경통(肋間神經痛)·액와임파선염(腋窩淋巴腺炎)·견비통(肩臂痛)·협통(脇痛)
23	첩 근 (輒筋)	연액의 앞으로 1치.	흉막염(胸膜炎)·효천(哮喘)·구토(嘔吐)·탄산(呑酸)·흉만(胸滿)
24	일 월 (日月)	젖꼭지 바로 아래에 제7갈비뼈 사이.	위통(胃痛)·간염(肝炎)·담낭염(膽囊炎)·견부질환(肩部疾患)·애역(厄逆)·협륵통(脇肋痛)
25	경 문 (京門)	제12갈비뼈 끝의 바로 밑 지점.	제신장질환(諸腎臟疾患)·요통(腰痛)·복통(腹痛)·설사(泄瀉)·장산통(腸疝痛)·요퇴통(腰腿痛)
26	대 맥 (帶脈)	제11갈비뼈 끝의 바로 아래에 배꼽과 평행되는 지점.	월경부조(月經不調)·백대다(白帶多)·산기(疝氣)·자궁내막염(子宮內膜炎)·방광염(膀胱炎)
27	오 추 (五樞)	임맥의 관원혈과 평행하며 허리뼈, 앞쪽의 위 돌출부 바로 앞 지점.	대하(帶下)·산기(疝氣)·복통(腹痛)·변비(便秘)·자궁내막염(子宮內膜炎)·요통(腰痛)

번호	경혈의 명칭	경혈의 위치	경혈과 관계되는 치료 범위
28	유 도 (維道)	오추혈 앞에서 아래로 5푼 지점, 즉 허리뼈 앞 돌출부 아래 지점.	자궁내막염(子宮內膜炎) · 자궁탈수(子宮脫垂) · 장산통(腸疝痛) · 습관성변비(習慣性便秘) · 소복통(少腹痛)
29	거 료 (居髎)	허리뼈 앞 돌출부와 넓적다리 상단 부분 연결선의 가운데 지점.	요퇴통(腰腿痛) · 관관절급주위연조직질병(髖關節及周圍軟組織疾病) · 방광염(膀胱炎) · 고환염(睾丸炎)
30	환 도 (環跳)	넓적다리뼈 가장 튀어나온 곳에서 꽁무니뼈 쪽으로 3분의 1 되는 지점.	좌골신경통(坐骨神經痛) · 요퇴통(腰腿痛) · 하지마비(下肢麻痺)
31	풍 시 (風市)	넓적다리 바깥쪽 중앙선으로 무릎에서부터 7치	하지마비(下肢麻痺) · 하지탄탄(下肢癱瘓) · 고외측마목(股外側麻木) · 요퇴통(腰腿痛)
32	중 독 (中瀆)	풍시에서 다리 외측 중앙의 아래로 2치, 곧 무릎에서 5치.	각기(脚氣) · 하지마비급탄탄(下肢麻痺及癱瘓) · 좌골신경통(坐骨神經痛)
33	슬양관 (膝陽關)	양릉천에서 바로 위로 3치이며, 넓적다리뼈의 바깥에 파인 곳.	슬관절통(膝關節痛) · 하지마비급탄탄(下肢麻痺及癱瘓) · 소퇴병증(小腿病症)
34	양릉천 (陽陵泉)	무릎을 굽힐 때 장딴지뼈의 작은 머리〔小頭〕 앞에서 밑으로 파인 곳.	슬관절통(膝關節痛) · 좌골신경통(坐骨神經痛) · 편탄(偏癱) · 협륵통(脇肋痛) · 담낭염(膽囊炎) · 하지마목(下肢麻木)
35	양 교 (陽交)	장딴지뼈 뒤쪽이며 바깥 복사뼈 첨단(꼭대기)에서 7치.	흉협창통(胸脇脹痛) · 슬통(膝痛) · 족위무력(足萎無力)
36	외 구 (外丘)	장딴지뼈 앞쪽이며 바깥 복사뼈 첨단에서 위로 7치.	두통(頭痛) · 간염(肝炎) · 하지탄탄(下肢癱瘓) · 경항강통(頸項强痛) · 흉협창만(胸脇脹滿)

번호	경혈의 명칭	경혈의 위치	경혈과 관계되는 치료 범위
37	광 명 (光明)	장딴지뼈 앞쪽이며 바깥 복사뼈 첨단에서 위로 5치.	야맹(夜盲)·시신경위축(視神經萎縮)등 제안병(諸眼病)·편두통(偏頭痛)·소퇴외측통(小腿外側痛)
38	양 보 (陽輔)	장딴지뼈 앞쪽이며 바깥 복사뼈 첨단에서 위로 4치.	편두통(偏頭痛)·경임파선염(頸淋巴腺炎)·편탄(偏癱)·하지마비(下肢痲痺)·협륵통(脇肋痛)
39	현 종 (懸鍾)	장딴지뼈 뒷쪽이며 바깥 복사뼈 첨단에서 위로 3치.	슬과관절통(膝踝關節痛)·협통(脇痛)·낙침(落枕)·반신불수(半身不遂)·좌골신경통(坐骨神經痛)·소퇴통(小腿痛)
40	구 허 (丘墟)	바깥 복사뼈 앞쪽의 아래에 패인 지점.	흉협통(胸脇痛)·담낭염(膽囊炎)·액와임파선염(腋窩淋巴腺炎)·좌골신경통(坐骨神經痛)·과관절급주위연조직질병(踝關節及周圍軟組織疾病)
41	족임읍 (足臨泣)	제4~5 발바닥뼈의 결합이 되는 바로 앞의 파인 곳.	편두통(偏頭痛)·유선염(乳膳炎)·협륵통(脇肋痛)·안병(眼病)·이병(耳病)·항통(項痛)
42	지오회 (地五會)	제4~5 발바닥뼈 사이로 족임읍 앞 5푼 지점.	목적통(目赤痛)·족배홍종(足背紅腫)·이명(耳鳴)·유선염(乳腺炎)·요통(腰痛)
43	협 계 (俠谿)	제4~5 발바닥 연결되는 부분.	편두통(偏頭痛)·고혈압(高血壓)·이명(耳鳴)·늑간신경통(肋間神經痛)·현운(眩暈)·발열(發熱)
44	족규음 (足竅陰)	넷째 발가락의 외측으로 발톱 뿌리의 뒤쪽 1푼 지점.	두통(頭痛)·고혈압(高血壓)·결막염(結膜炎)·이농(耳聾)·협통(脇痛)

⑫ 족궐음 간경(足厥陰 肝經)

간의 2개의 포엽(布葉)과 7개의 소엽(小葉)으로 구성되어 명치밑에서 왼쪽 옆구리에 있고, 양쪽의 기문혈(期門穴)이 간장의 모혈이다.

간경락은 엄지발가락 태돈혈(太敦穴)에서 시작하여 안쪽 복사뼈 앞을 지나 무릎 안쪽 넓적다리의 안쪽으로 올라가 사타구니로 해서 하복부쪽으로 오르고 여기에서 생식기를 돌아 관원혈(關元穴)에 이른 후 좌우로 갈라져 장문(章門)을 거쳐 간, 담을 돌며 다른 가지는 목을 따라서 눈 아래서 갈라져 하나는 머리의 백회혈(百會穴)로 또다른 가지 하나는 입술을 돌며 끝이 난다(그림 참조).

간이 허해지면 한열왕래하며, 옆구리가 결리고, 시력감퇴, 야맹증 등이 나타나고, 간이 실해지면 심하비, 양 옆구리가 아프고, 성내기를 잘하고, 고환염, 인건, 두통, 간염, 간경화, 근육통, 반신불수 등이 나타난다.

'간주근(肝主筋)'이라는 말이 있다. 간은 근육을 주관한다는 뜻이다. 때문에 간이 건강한 사람은 근육이 잘 발달되어 있으며 정력이 넘치고, 매사의 자신감을 갖는다.

족궐음간경(足厥陰肝經)

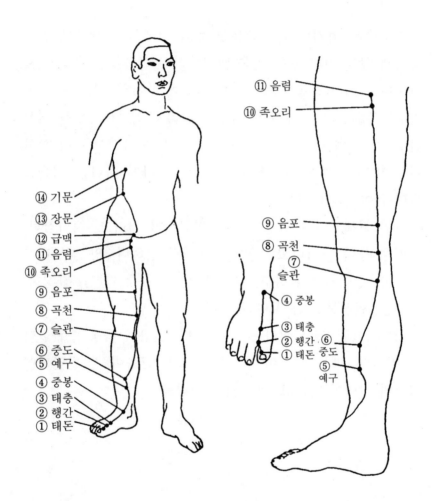

⑪ 음렴
⑩ 족오리

⑭ 기문
⑬ 장문
⑫ 급맥
⑪ 음렴
⑩ 족오리
⑨ 음포
⑧ 곡천
⑦ 슬관
⑥ 중도
⑤ 예구
④ 중봉
③ 태충
② 행간
① 태돈

⑨ 음포
⑧ 곡천
⑦ 슬관
④ 중봉
③ 태충
② 행간
① 태돈
⑥ 중도
⑤ 예구

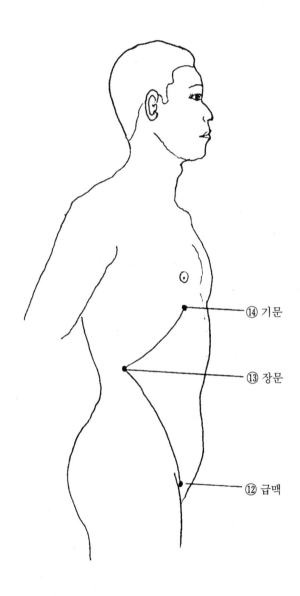

⑭ 기문

⑬ 장문

⑫ 급맥

족궐음간경(足厥陰肝經)과 해당 경혈(該當 經穴)

번호	경혈의 명칭	경혈의 위치	경혈과 관계되는 치료 범위
1	태 돈 (太敦)	엄지 발가락의 외측이며, 발톱 뿌리에서 뒤로 1푼 지점.	자궁탈수(子宮脫垂)·산통(疝痛)·붕루(崩漏)·유뇨(遺尿)·혼궐(昏厥)
2	행 간 (行間)	제1~2 발가락 연결되는 지점.	월경부조(月經不調)·폐경(閉經)·두통(頭痛)·실면(失眠)·정신병(精神病)·전간(癲癇)·소아경풍(小兒驚風)·소변불리(小便不利)
3	태 충 (太衝)	제1~2 발바닥뼈의 사이이며, 행간에서 위로 약 1치5푼 지점.	두통(頭痛)·현운(眩暈)·고혈압(高血壓)·월경부조(月經不調)·붕루(崩漏)·유선염(乳腺炎)·산기(疝氣)·복창(腹脹)
4	중 봉 (中封)	안쪽 복사뼈에서 앞쪽으로 1치 지점이며, 엄지 발가락 근육과 정강이뼈 근육 사이에 파인 발목.	유정(遺精)·소변곤란(小便困難)·산기(疝氣)·요통(腰痛)·간병(肝病)·과통(踝痛)
5	예 구 (蠡溝)	정강이뼈 뒤로 연결되며 안쪽, 복사뼈 첨단에서 위로 5치.	월경부조(月經不調)·소변불리(小便不利)·소퇴산통(小腿酸痛)·통경(痛經)·대하(帶下)
6	중 도 (中都)	정강이뼈 뒤로 연결되며, 안쪽 복사뼈 첨단에서 위로 7치.	월경부조(月經不調)·붕루(崩漏)·산통(疝痛)·소복통(小腹痛)·하지관절통(下肢關節痛)·간병(肝病)
7	슬 관 (膝關)	음릉천에서 뒤로 1치	슬내측통(膝內側痛)·인후통(咽喉痛)
8	곡 천 (曲泉)	무릎을 굽힐 때 무릎 안쪽 주름살 내측 끝에 파인 곳.	자궁탈수(子宮脫垂)·음부소양통(陰部瘙痒痛)·소변불리(小便不利)·유정(遺精)·슬급대퇴내측통(膝及大腿內側痛)

번호	경혈의 명칭	경혈의 위치	경혈과 관계되는 치료 범위
9	음 포 (陰包)	넓적다리(무릎) 시작 부분에서 위로 4치로 넓적다리 근육과 봉장근 사이.	월경부조(月經不調) · 소변불리(小便不利) · 유뇨(遺尿)
10	족오리 (族五里)	충맥의 기충혈(또는 족양명위경의 기충혈) 아래로 3치 지점으로 장수근(長收筋)의 외측.	소변불리(小便不利) · 복창(腹脹) · 기수(嗜睡) · 유뇨(遺尿) · 음낭습진(陰囊濕疹) · 고내측통(股內側痛)
11	음 렴 (陰廉)	기충혈 아래 2치.	월경부조(月經不調) · 하지동통(下肢疼痛) · 산통(疝痛)
12	급 맥 (急脈)	임맥선에서 옆으로 2치5푼되는 지점이며 기충혈에서 아래쪽.	지궁탈수(子宮脫垂) · 산통(疝痛) · 음경통(陰莖痛)
13	장 문 (章門)	제11번 갈비뼈 끝부분의 아래 지점.	복창장명(腹脹腸鳴) · 구토(嘔吐) · 설사(泄瀉) · 황달(黃疸) · 흉배협륵동통(胸背脇肋疼痛) · 간비종배(肝脾腫大)
14	기 문 (期門)	젖꼭지 아래로 제6번 갈비뼈 사이.	늑간신경통(肋間神經痛) · 간염(肝炎) · 간종대(肝腫大) · 담낭염(膽囊炎) · 흉막염(胸膜炎) · 협륵통(脇肋痛) · 위신경관능증(胃神經官能症)

2) 기경팔맥(奇經八脈)

① 독맥(督脈)

독맥은 에너지 순환계를 조절하는 경맥으로 아랫배 하부 회음혈(會陰穴)에서 시작되어 척추를 따라 올라 목뒤 풍부혈에 와서 뇌로 들어가고 머리의 백회혈을 지나 앞이마를 따라 콧마루를 타고 입속 은교혈(齦交穴)에 도달한다(그림 참조).

독맥은 28혈로 구성되어 있고 독맥이 지나는 부위는 생식기, 항문, 척추, 두부, 코, 입에 이르기 때문에 온갖 증세를 일으킬 수 있다. 대개 두부동통, 소화기, 호흡기계통, 수족마비, 간질, 중풍불어, 성기장애 등의 질병을 유발한다.

독맥(督脈)

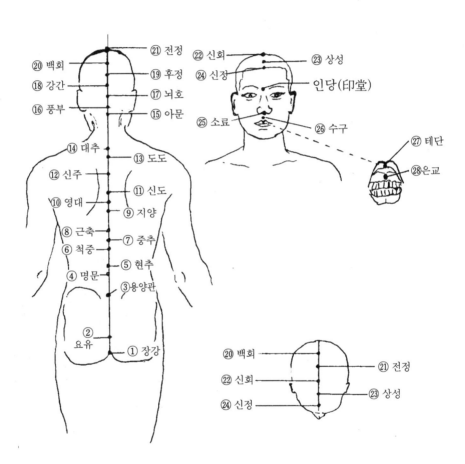

독맥(督脈)과 해당 경혈(該當 經穴)

번호	경혈의 명칭	경혈의 위치	경혈과 관계되는 치료 범위
1	장 강 (長强)	미골(꼬리뼈) 끝과 항문의 중간 지점.	탈항(脫肛)·변혈(便血)·요척동통(腰脊疼痛)·치질(痔疾)·만성장염(慢性腸炎)
2	요 유 (腰兪)	제4요추 아래 뼈마디가 양쪽으로 갈라지는 구멍 같은 곳.	월경부조(月經不調)·요저부통(腰骶部痛)·설사(泄瀉)·자궁내막염(子宮內膜炎)·하혈(下血)·전간(癲癇)
3	요양관 (腰陽關)	제4~5 요추 뼈마디 사이.	요통(腰痛)·하지탄탄(下肢癱瘓)·월경부조(月經不調)·유정(遺精)·양위(陽萎)
4	명 문 (命門)	제2~3 요추 뼈마디 사이.	유정(遺精)·양위(陽萎)·통경(痛經)·월경부조(月經部不調)·대하(帶下)·만성설사(慢性泄瀉)·요배통(腰背痛)
5	현 추 (縣樞)	제1~2 요추 뼈마디 사이.	이질(痢疾)·복통(腹痛)·설사(泄瀉)·탈항(脫肛)·요척강통(腰脊强痛)
6	척 중 (脊中)	제11~12 흉추 뼈마디 사이.	간염(肝炎)·전간(癲癇)·하지마비(下肢麻痺)·요배통(腰背痛)·설사(泄瀉)
7	중 추 (中樞)	제10~11 흉추 뼈마디 사이.	위통(胃痛)·담낭염(膽囊炎)·시력감퇴(視力減退)·요배통(腰背痛)·구토(嘔吐)
8	근 축 (筋縮)	제9~10 흉추 뼈마디 사이.	간염(肝炎)·담낭염(膽囊炎)·흉막염(胸膜炎)·늑간신경통(肋間神經痛)·배통(背痛)·위통(胃痛)
9	지 양 (至陽)	제7~8 흉추 뼈마디 사이.	황달(黃疸)·해수(咳嗽)·천식(喘息)·학질(瘧疾)·흉배통(胸背痛)·흉협지만(胸脇支滿)

번호	경혈의 명칭	경혈의 위치	경혈과 관계되는 치료 범위
10	영 대 (迎臺)	제6~7 흉추 뼈마디 사이.	해수(咳嗽)·천식(喘息)·배통(背痛)·항강(項强)
11	신 도 (神道)	제5~6 흉추 뼈마디 사이.	열병(熱病)·심장병(心臟病)·학질(瘧疾)·전간(癲癇)·늑간신경통(肋間神經痛)·심계(心悸)·건망(健忘)
12	신 주 (身柱)	제3~4 흉추 뼈마디 사이.	해수(咳嗽)·천식(喘息)·전간(癲癇)·요배강통(腰背强痛)
13	도 도 (陶道)	제1흉추~제2흉추 사이.	발열(發熱)·학질(瘧疾)·정신병(精神病)·전간(癲癇)
14	대 추 (大椎)	제1흉추~제7경추 사이.	발열(發熱)·학질(虐疾)·감모(感冒)·해수(咳嗽)·천식(喘息)·담마진(蕁麻疹)·항강(項强)·전간(癲癇)
15	아 문 (啞門)	풍부혈 아래 5푼 지점이며, 뒷머리카락이 나는 곳(끝)의 위로 5푼.	정신병(精神病)·전간(癲癇)·중풍후유증(中風後遺症)·뇌진탕후유증(腦震蕩後遺症)·만성인후통(慢性咽喉痛)·농아(聾啞)·두통(頭痛)·구토(嘔吐)·현운(眩暈)
16	풍 부 (風府)	아문의 위로 5푼 모발(머리카락) 나는 곳의 위로 1치.	두통(頭痛)·현운(眩暈)·인후통(咽喉痛)·음아(音啞)·정신병(精神病)·중풍후유증(中風後遺症)
17	뇌 호 (腦戶)	풍부의 바로 위로 1치5푼 지점이며 침골(베개뼈)이 튀어나온 바로 위 지점.	두통(頭痛)·항강(項强)·실면(失眠)·전간(癲癇)
18	강 간 (强間)	뇌호의 위로 1치5푼이며, 뇌호와 백회의 사이.	두통(頭痛)·현운(眩暈)·전간(癲癇)
19	후 정 (後頂)	백회의 뒤로 1치5푼.	두통(頭痛)·현운(眩暈)·전광(癲狂)

번호	경혈의 명칭	경혈의 위치	경혈과 관계되는 치료 범위
20	백 회 (百會)	이마의 머리카락이 시작되는 부분에서 뒤로 5치이며, 양 귀의 위로 머리의 중앙 지점.	혼궐(昏厥)·두통(頭痛)·현운(眩暈)·정신병(精神病)·자궁탈수(子宮脫垂)·탈항(脫肛)·전간(癲癇)
21	전 정 (前頂)	백회와 신회의 사이로 백회에서 1치5푼의 앞 지점.	두통(頭痛)·비염(鼻炎)·전간(癲癇)
22	신 회 (顖會)	백회에서 앞으로 3치 지점.	두통(頭痛)·현운(眩暈)·비염(鼻炎)
23	상 성 (上星)	백회에서 앞으로 4치 지점.	두통(頭痛)·안병(眼病)·비염(鼻炎)·정신병(精神病)
24	신 정 (神庭)	백회에서 앞으로 4치5푼 지점.	두통(頭痛)·현운(眩暈)·비염(鼻炎)·정신병(精神病)
25	소 료 (素膠)	코끝의 정중앙 지점.	저혈압(低血壓)·심동과완(心動過緩)·비염(鼻炎)·비출혈(鼻出血)
26	수 구 (水溝)	코밑에서 윗입술 쪽으로 3분의 2 지점.	휴극(休克)·혼미(昏迷)·정신병(精神病)·전간(癲癇)·중서(中暑)·질식(窒息)·호흡쇠약(呼吸衰弱)
27	태 단 (兌端)	윗입술 중앙 부분의 첨단(끝).	구토(嘔吐)·비색(費塞)·비염(鼻炎)·구강염(口腔炎)·전간(癲癇)·정신병(精神病)
28	은 교 (齦交)	윗잇몸에 태단과 수평되는 지점(잇몸의 중앙처).	황달(黃疸)·비염(鼻炎)·치통(齒痛)·치질(痔疾)

② 임맥(任脈)

임맥은 여성의 임신과 부인병에 밀접한 관계가 있다. 임맥은 하복부 아랫쪽 회음혈(會陰穴)에서 시작하여 신체 전면부의 중앙을 따라 직상하여 인후부에 도달하고 얼굴 안면을 거쳐 눈밑 승읍혈(承泣穴)로 들어가며 모두 24개의 혈을 갖고 있다(그림 참조).

임맥에 이상으로 오는 질병들은 치질, 변설, 해수, 치통, 소변불리, 산후중풍, 요통, 붕루 및 하혈 등의 질병을 유발한다.

임맥(任脈)

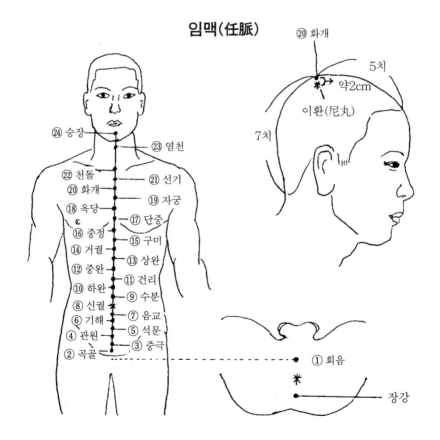

임맥(任脈)과 해당 경혈(該當 經穴)

번호	경혈의 명칭	경혈의 위치	경혈과 관계되는 치료 범위
1	회 음 (會陰)	항문과 음낭(불알)의 사이 (여자는 음순의 뒤와 연결되 는 곳과 항문사이의 중간).	음부소양(陰部瘙痒)·항문종통 (肛門腫痛)·탈항(脫肛)·전광 (癲狂)·휴극(休克)·유정(遺 精)·질식(窒息)·익사(溺死)
2	곡 골 (曲骨)	배꼽에서 치골 쪽으로 신체 의 좌우 중앙선을 따라 5치 지점.	유정(遺精)·양위(陽萎)·소변 불리(小便不利)·제부인과질환 (諸婦人科疾患)·생식기질환 (生殖器疾患)
3	중 극 (中極)	배꼽 아래로 4치.	유정(遺精)·유뇨(遺尿)·소변 불통(小便不痛)·뇨빈삭(尿頻 數)·소복통(小服痛)·월경부 조(月經不調)·백대과다(白帶 過多)
4	관 원 (關元)	배꼽 아래로 3치.	월경부조(月經不調)·양위(陽 萎)·음위(陰萎)·복통(腹 痛)·이질(痢疾)·폐경(閉 經)·붕루(崩漏)·대하(帶 下)·자궁탈수(子宮脫垂)·허 탈(虛脫)·설사(泄瀉)·유뇨 (遺尿)
5	석 문 (石門)	배꼽 아래로 2치.	월경과다(月經過多)·폐경(閉 經)·설사(泄瀉)·수종(水腫) ·고혈압(高血壓)·복통(腹痛)
6	기 해 (氣海)	배꼽 아래로 1치5푼.	체질허약(體質虛弱)·유뇨(遺 尿)·월경부조(月經不調)·유 정(遺精)·음위(陰委)·양위 (陽委)·통경(痛經)·복창(腹 脹)·설사(泄瀉)·하복통(下 腹痛)

번호	경혈의 명칭	경혈의 위치	경혈과 관계되는 치료 범위
7	음 교 (陰交)	배꼽 아래로 1치.	붕루(崩漏) · 대하(帶下) · 월경부조(月經不調) · 음부소양(陰部瘙痒) · 제주통(臍周痛) · 산기(疝氣) · 산후출혈(産後出血)
8	신 궐 (神闕)	배꼽 정중앙.	급성장염(急性腸炎) · 만성장염(慢性腸炎) · 만성이질(慢性痢疾) · 장결핵(腸結核) · 수종(水腫) · 허탈(虛脫) · 사지궐냉(四肢厥冷)
9	수 분 (水分)	배꼽에서 위로 1치.	장명(腸鳴) · 설사(泄瀉) · 복통(腹痛) · 수종(水腫) · 소변불통(小便不通) · 두면부종(頭面浮腫) · 복수(腹水)
10	하 완 (下脘)	배꼽에서 위로 2치.	위통(胃痛) · 구토(嘔吐) · 복창(腹脹) · 이질(痢疾) · 소화불량(消化不良)
11	건 리 (建里)	배꼽에서 위로 3치.	위통(胃痛) · 구토(嘔吐) · 식욕부진(食慾不振) · 복창(腹脹) · 수종(水腫)
12	중 완 (中脘)	배꼽에서 위로 4치.	위병(胃病) · 식욕부진(食慾不振) · 구토(嘔吐) · 애역(呃逆) · 복창(腹脹) · 설사(泄瀉) · 위궤양(胃潰瘍) · 위하수(胃下垂)
13	상 완 (上脘)	배꼽에서 위로 5치.	구토(嘔吐) · 위염(胃炎) · 위확장(胃擴張) · 위경련(胃痙攣) · 분문경련(噴門痙攣)
14	거 궐 (巨闕)	배꼽에서 위로 6치.	위통(胃痛) · 애역(呃逆) · 심계(心悸) · 정신병(精神病) · 전간(癲癎)

번호	경혈의 명칭	경혈의 위치	경혈과 관계되는 치료 범위
15	구 미 (鳩尾)	배꼽에서 위로 7치	심흉통(心胸痛) · 구토(嘔吐) · 전간(癲癇) · 정신병(精神病) · 위통(胃痛)
16	중 정 (中庭)	가슴뼈 가운데선 위로 서로 평행되는 제5갈비뼈 좌우 중간 지점.	흉협창만(胸脇脹滿) · 열격토역 (噎膈吐逆) · 소아토유(小兒吐乳)
17	단 중 (檀中)	제4갈비뼈 좌우 중간이며 좌우 젖꼭지 중간 지점.	흉통(胸痛) · 흉민(胸悶) · 유즙 과소(乳汁過少) · 늑간신경통 (肋間神經痛) · 심교통(心絞痛) · 효천(哮喘)
18	옥 당 (玉堂)	제3갈비뼈 좌우의 중간 지점.	기관지염(氣管支炎) · 천식(喘息) · 흉통(胸痛) · 구토(嘔吐)
19	자 궁 (紫宮)	제2갈비뼈 좌우의 중간 지점.	기관지염(氣管支炎) · 천식(喘息) · 흉통(胸痛)
20	화 개 (華蓋)	제1갈비뼈 좌우의 중간 지점.	기관지염(氣管支炎) · 천식(喘息) · 흉통(胸痛) · 토혈(吐血)
21	선 기 (璇璣)	천돌혈 아래 1치 지점.	흉민(胸悶) · 기관지염(氣管支炎) · 천식(喘息)
22	천 돌 (天突)	목아래, 가슴뼈 위 패인 곳.	기관지염(氣管支炎) · 천식(喘息) · 인후염(咽喉炎) · 갑상선종(甲狀腺腫) · 애역(呃逆) · 식도질환(食道疾患) · 신경성구토 (神經性嘔吐)
23	염 천 (廉泉)	목의 울대, 바로 위에 패인 곳.	설강(舌强) · 실어(失語) · 음아 (瘖啞) · 인염(咽炎) · 설염(舌炎) · 유연(流涎)
24	승 장 (承漿)	아랫입술과 턱의 중간에 패인 곳.	안면신경마비(顔面神經麻痺) · 삼차신경통(三叉神經痛) · 유연 (流涎) · 구금불개(口禁不開)

③ 대맥(帶脈)

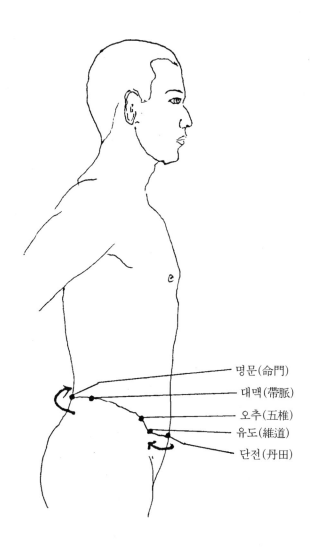

명문(命門)

대맥(帶脈)

오추(五椎)

유도(維道)

단전(丹田)

④ 양교맥(陽喬脈)

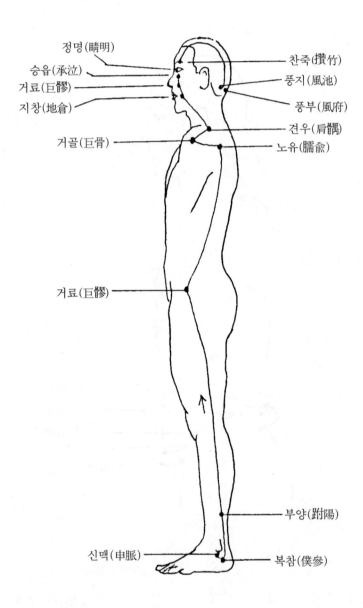

정명(睛明)
승읍(承泣)
거료(巨髎)
지창(地倉)
거골(巨骨)
거료(巨髎)

찬죽(攢竹)
풍지(風池)
풍부(風府)
견우(肩髃)
노유(臑兪)

부양(跗陽)
신맥(申脈)
복참(僕參)

⑤ 음교맥(陰喬脈)

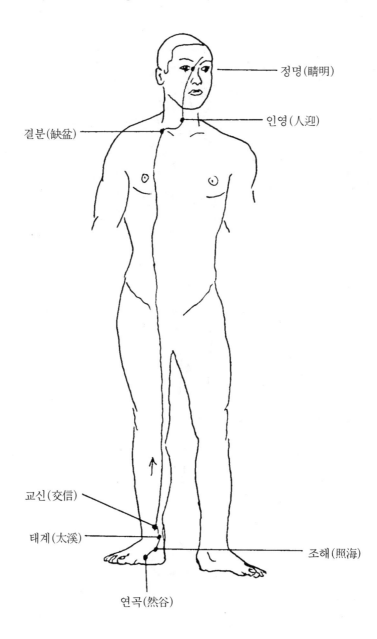

정명(睛明)

인영(人迎)

결분(缺盆)

교신(交信)

태계(太溪)

조해(照海)

연곡(然谷)

⑥ 양유맥(陽維脈)

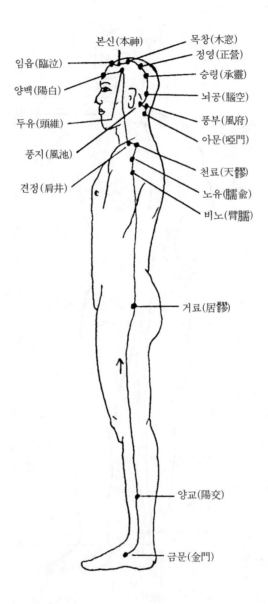

본신(本神)
목창(木窓)
임읍(臨泣)
정영(正營)
양백(陽白)
승령(承靈)
뇌공(腦空)
두유(頭維)
풍부(風府)
아문(啞門)
풍지(風池)
천료(天髎)
견정(肩井)
노유(臑兪)
비노(臂臑)
거료(居髎)
양교(陽交)
금문(金門)

⑦ 음유맥(陰維脈)

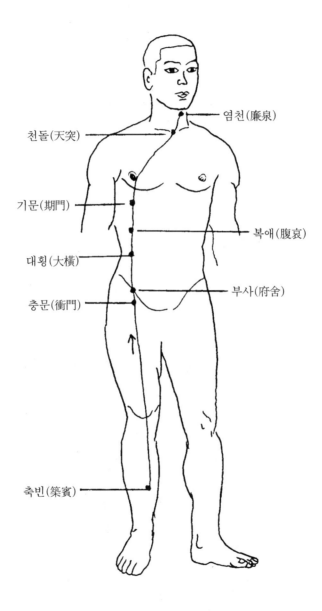

염천(廉泉)

천돌(天突)

기문(期門)

복애(腹哀)

대횡(大橫)

부사(府舍)

충문(衝門)

축빈(築賓)

⑧ 충맥(衝脈) ― 측면도

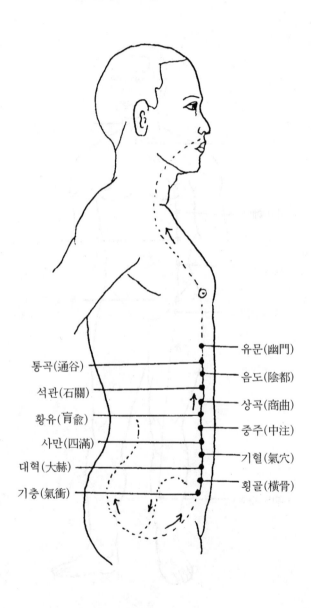

통곡(通谷)

석관(石關)

황유(肓兪)

사만(四滿)

대혁(大赫)

기충(氣衝)

유문(幽門)

음도(陰都)

상곡(商曲)

중주(中注)

기혈(氣穴)

횡골(橫骨)

충맥(衝脈) — 정면도

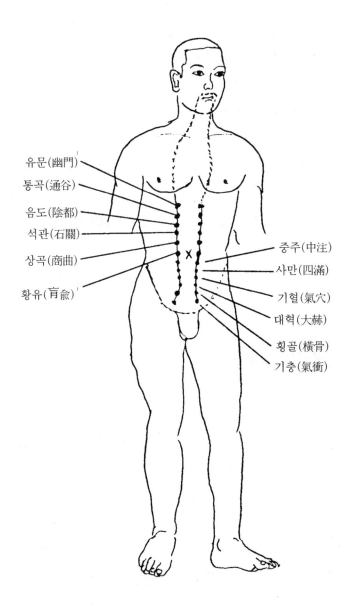

유문(幽門)
통곡(通谷)
음도(陰都)
석관(石關)
상곡(商曲)
황유(肓兪)

중주(中注)
사만(四滿)
기혈(氣穴)
대혁(大赫)
횡골(橫骨)
기충(氣衝)

(5) 동의(東醫)의 유래에 대하여

여기서 동의(東醫)라 함은 동양의학(東洋醫學)을 일컫는다. 서양세계에서는 동양의학이 곧 중국의 의학인 한의학(漢醫學)인 것처럼 알려져 있다.

또한 동양의학의 기원이 당연히 중국인 것으로 알고 있다. 그러나 옛 고서(古書)에 등장하는 의학에 관련된 부분을 고찰해 보면 동양의학의 기원이 지나(중국)가 아닌 바로 우리 동이(東夷)임을 명백히 알 수 있다(東夷란 '동쪽 오랑캐'가 아니라, '밝고 어진 사람', '대인'을 칭하던 말로 우리 민족을 지칭하던 말이다).

그 실례로서 산해경(山海經)과 황제내경(黃帝內經)에 대해 살펴보자.

1) 산해경(山海經)

산해경은 옛부터 기서(奇書)로 일컬어져 왔고, 사마천도 인용을 꺼려할 정도로 극도의 이단적인 중국 최고(最古)의 대표적 신화집으로 알려져 있다. 저자는 상나라 우(禹)임금이라 전해진다. 우(禹)가 9년 홍수로 인해 각 지역을 돌며 치수(治水) 사업을 행할때, 각 지역에서 보고 들은 풍물, 인문, 지리 등을 서술한 것이라 한다.

그런데 산해경의 거의 모든 내용이 지나의 것이 아닌 동이

(東夷)의 것임을 들어 지금은 대부분의 중국의 학자들조차 산해경은 지나(支那)의 것이 아닌 동이(東夷)의 고전(古典)임을 인정하고 있다.

이 산해경의 동산경(東山經)편에,

又南四百里, 曰高氏之山, 其上多玉, 其下箴石, 諸繩之水出焉 …
(다시 남쪽으로 400리를 가면 고씨산이라는 곳인데 산 위에서는 옥(玉)이, 기슭에서는 잠석이 많이 난다. 제승수가 여기에서 나와 …)

라는 구절이 있다.

여기서 잠석(箴石)이란 단어는 산해경 전편을 통해 이곳에서만 보인다. 잠석은 철침이 나오기 이전에 사용하던 돌침의 원석이다. 잠석의 주산지가 동이(東夷)의 영토였음은 이미 그 당시 침술이 동이(東夷)에서 널리 사용되고 있었음을 말하여 준다. 이것은 동양의학의 동이(東夷) 기원설의 한 예를 보여주는 것이다.

2) 황제내경(黃帝內經)

황제내경은 황제외경으로 불리는 음부경(陰部經)과 더불어 동양사상의 근간을 이루고 있는 천문학, 지리학, 의학, 역법 등의 연구에 있어서 가장 중요시되는 고전이다. 전해지기로는 황제헌원의 저작이라고 한다.

황제내경의 의학원리는 현재까지도 동양의학을 구성하고

있는 기초 의론의 근거가 되고 있을 만큼 중요시 되고 있다. 지나인들이 동양의학의 중국 기원설을 주장함이 바로 이 황제내경에 있다.

그러나 황제내경의 출처에 관한 많은 의문점들이 아직까지도 풀리지 않고 있다.

황제내경은 황제가 기백(岐伯) 등 6인의 신하와 문답과 토론의 형식으로 각종 의학 이론을 밝혀 나가는 형식으로 구성되어 있다. 주 내용은 장부와 경락, 병의 원인, 진법(診法), 치료법, 운기(運氣) 등으로 각종 의학의 모태(母胎)가 되는 내용들이다. 그런데, 황제의 시대에는 문자문화는 물론이거니와 음양오행의 문화 또한 발전되지 못한 원시사회였다. 그 당시의 황제와 신하간의 대화가 구전으로 몇 세기를 전해져 문자의 시대에 와서 기록되어졌다는 것은 있을 수 없는 일이다. 그리하여 지금의 중국의 학자들도 인정하듯 황제내경은 역사시대에 와서 주로 전국시대에서 하나라 시대에 쓰여진 것으로 여겨지고 있다. 황제내경은 음부경과 마찬가지로 당나라때의 석실(石室)에서 송나라때 이전(李筌)에 의해 발굴된 것이라 전해진다. 그런데 송나라 이전의 각 문서와 서책들의 목록을 기록한 한나라의 예문지, 수나라의 경적지, 당나라의 예문지 등에 음부경은 물론이거니와 황제내경의 기록이 전혀 없음은 참으로 의아한 일이다. 어찌하여, 당나라 시대의 석실에서 발굴된 이 중요한 고서가 그 당시의 도서목록인 예문지에 이름조차 올라있지 않았을까?

이에 관해서 그 당시의 역사적 사건들과 연관을 지어 생각해 보면 그에 대한 의구심을 풀 수 있다.

진, 한, 수, 당, 송나라에 이르는 동안 중국은 문물과 제도를 정비한다. 또한 그동안 주변국의 문화에 종속되어진 자신들의 문화를 찾고자 심혈을 기울이게 된다. 이에, 수많은 문화 수탈 침략을 통해 동이(東夷)의 수많은 고전들을 수탈해가 자신들의 고전인양 변형시켰고, 그 연구를 바탕으로 송나라 시대에 이르러 "중화사상"을 완성하였다.

당나라 고종때 단군조선의 정통성을 이어온 고구려와 백제가 나당연합군에 의해 멸망당하면서 그당시 국고(國庫)에 쌓여 있던 수많은 우리의 고서들이 수탈되고 말았다.

후에 김부식이 〈삼국사기〉를 저술할 당시 고구려, 백제의 옛 고서들은 단 한권도 구할 수가 없어서 송나라에 들어가 겨우 사정하여 지나인들에 의해 중화사상에 맞추어 각색되고 왜곡되어진 고구려, 백제의 역사서를 가져다가 삼국사기를 저술해야만 했을 정도로 우리의 귀중한 옛고서들은 고스란히 수탈되었다.

황제내경이 당나라때의 예문지에 등장하지 않는 이유는 당나라 시절 고구려로부터 수탈해간 동이(東夷)의 고서 중 하나였기 때문이리라 사료된다.

수탈해 온 동이(東夷)의 고서를 자신들의 조상인 황제헌원을 저자로 삼아 새롭게 각색한 것임에 분명하다. 이는 황제내경의 주 내용들이 우리 동이(東夷)의 사상들이며, 또한 지나의 족속들이 사용하지 않는 말들이 많이 사용되고 있기 때문이다.

또한, 환단고기의 태백일사에 "신시(神市)시대 발귀리(發貴理) 선인의 후손이며 동방 청구(靑丘)의 대풍산(大風山) 삼청궁(三淸宮)에서 학문을 가르치셨던 자부선인(紫府先人)께서 치우천황과의 탁록대전에서 패한 황제에게 삼황내문(三皇內文)을 주어 마음을 씻고 의로워지라고 하였다"라는 귀절이 있는 점 등으로 미루어 황제내경은 황제의 저작이 아닌 바로 우리 동이(東夷)의 고서임을 알 수 있다. 이것은 동양의학의 동이기원설을 증명해 주는 또 한 예이다.

이상에서 보듯, 동양의학의 기원은 동이(東夷)이다. 하지만, 동이에서 비롯된 동양의학은 진한시대를 거치면서 중국에서 완성되어졌고, 후한의 장중경이 상한론(傷寒論)이라는 의서를 저술하면서부터 의학이 본격적으로 발전하게 되어 동양의학을 한의학(漢醫學)이라 부르게 되었다. 북한에서는 한의학(漢醫學)을 주체의학 또는 그냥 동의학(東醫學)이라 부르고 있고 남한에서는 얼마전부터 한의학(韓醫學)이라 고쳐 부르고 있다.

※ 참 고(손과 발의 기공치료점)

● 손의 기공치료점

① 5행으로 살펴본 손의 기공시술법

5행은 자연과 인체의 균형과 조화의 기준이 된다고 할 수 있다. 인체의 각 장부는 목화토금수의 5행과 대응하면서 서로 조화를 이루고 있는데 이러한 조화가 깨지면 병이 된다. 때문에 손바닥에 대응되는 부위를 기공시술해줌으로써 인체의 균형과 조화를 되찾게 되면 치료효과를 기대할 수 있다.

5행(五行)	木	火	土	金	水
5장(五臟)	간장	심장	가슴,위장	폐장	신장
5지(五指)	엄지	검지	장지	약지	새끼

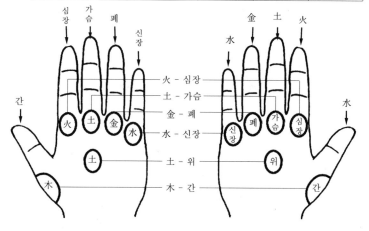

② 손등

손등은 인체의 후면(後面)과 서로 대응된다. 따라서, 인체의 후면을 치료할 때에는 손등에서 그 대응되는 위치를 찾아 기공시술을 해주면 된다.

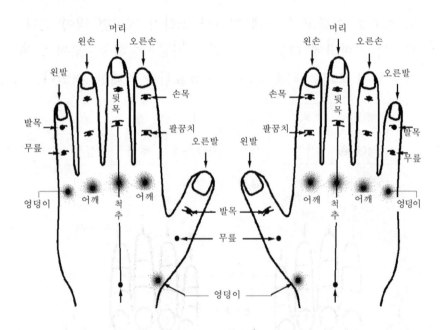

③ 손바닥

손바닥과 인체의 전면(前面)은 서로 대응되기 때문에 인체의 전면의 아픈 지점을 손바닥의 대응되는 곳에 기공시술해주면 치료가 된다. 예를 들면 소화불량의 경우 손바닥의 위부위를, 기침이 심할경우 손바닥의 목부위를 기공시술해주면 치료가 된다.

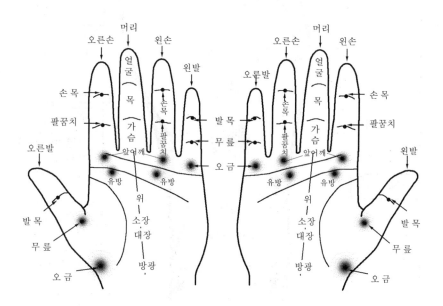

⚠ 발바닥의 기공치료점

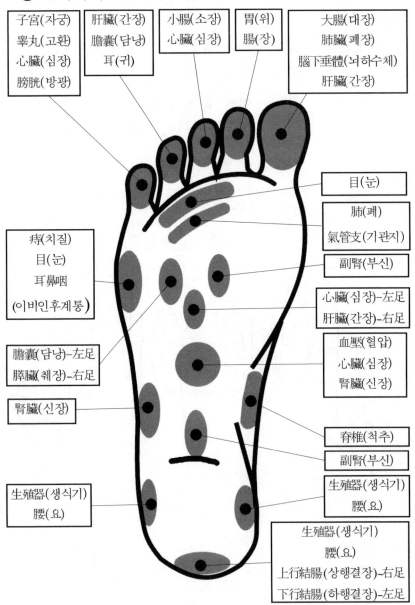

子宮(자궁)
睾丸(고환)
心臟(심장)
膀胱(방광)

肝臟(간장)
膽囊(담낭)
耳(귀)

小腸(소장)
心臟(심장)

胃(위)
腸(장)

大腸(대장)
肺臟(폐장)
腦下垂體(뇌하수체)
肝臟(간장)

目(눈)

肺(폐)
氣管支(기관지)

副腎(부신)

心臟(심장)-左足
肝臟(간장)-右足

血壓(혈압)
心臟(심장)
腎臟(신장)

痔(치질)
目(눈)
耳鼻咽
(이비인후계통)

膽囊(담낭)-左足
膵臟(췌장)-右足

腎臟(신장)

脊椎(척추)
副腎(부신)

生殖器(생식기)
腰(요)

生殖器(생식기)
腰(요)

生殖器(생식기)
腰(요)
上行結腸(상행결장)-右足
下行結腸(하행결장)-左足

참 고 문 헌

- 산해경　　　　　　　정재서 역　　　　민음사
- 황제내경소문　　　　흥원식 역　　　　전통문화연구회
- 주역　　　　　　　　노태준 역　　　　홍신
- 초능력시술법　　　　윤상철　　　　　좋은글
- 경혈지압과 척추교정요법 전서
　　　　　　　　　　　고광석 역　　　　청문각
- 중국 추나요법　　　　변영호　　　　　대한교과서
- 경락　　　　　　　　남상천　　　　　세명문화사
- 성훈 따주기　　　　　고성훈　　　　　우리출판사
- 선도기공 단전호흡　　김영현　　　　　하남출판사

필자후기

'내손이 약손이다!' 라고 말씀하시며 배를 살살 쓸어주시던 할머님의 손길은 아직도 우리의 기억속에 남아있다. 우리는 할머님의 그 흥얼거림 속에서 따뜻한 손길을 느끼다 보면 어느새 배가 아픈것도 잊고 잠이 들기도 했다. 우리의 할머님들, 어머님들께서는 누구에게 배운적도 없지만 이미 사랑의 마음으로 기공시술(氣功施術)을 하고 계셨던 것이다.

현대인들은 이런 선조들의 방법을 무식하다거나 미신이라고 치부해 버릴지도 모르겠다. 그러나, 물질문명과 과학의 발달로 많은 것들을 얻었음에도 불구하고 현재의 과학으로는 아직 풀리지 않는 문제들이 있다. 인간의 질병이 그중 하나이다.

페니실린과 같은 항생제의 발견으로 인간은 여러 질병에서 구제받을 수 있었던 것처럼, 사람들은 병이 쉽게 그것도 빨리 낫기를 바라기 때문에 새로운 특효약을 바란다.

과학자들과 의학자들은 질병과 병균 또는 특효약이 될만한 물질에 대해서는 수많은 연구를 해왔으나, 정작 인체의 자연치유력에 대해서는 그리 많은 연구가 되어있지 못한 실정이다.

갈수록 공해는 심해져서 인간은 자연치유력과 면역성

을 잃어가고 있다. 때문에 지금도 인류는 수많은 난치•불치병들에 시달리고 있다. 게다가 최근에는 항생물질로 정복했다고 믿어져온 콜레라나 페스트같은 질병들이 변종을 만들어 내서 다시 나타나고 있다. 이렇게 병균과 바이러스가 변종을 만들어 내는 속도는 점점 가속화되어 인간은 그 대처에 급급한 실정이다.

필자는 주장한다! 병을 다스리는 올바른 길이란 우리 몸의 체질을 개선하고, 자연치유력을 극대화해서 면역성을 높임으로써 병을 고치고 또 예방하는 것이라고! 이것이 바로 자연의 섭리에 따라 병을 다스리고 예방하는 길인 것이다. 선도기공 시술법은 바로 그 방법이다!

이 책을 통해 자연의 섭리에 따라 기(氣)를 활용하여 사람을 살리는 선도기공 시술법을 전하게 되었다. 선도기공 시술법은 전신(全身)의 골격을 바로잡아주어 인체내의 기혈순환을 원활하게하여 환자의 자연치유력을 극대화시키고, 내분비계를 정상화하며, 육장육부(六臟六腑)의 조화를 찾아주는 우리 전래의 비전이다.

일상생활 속에서 육신의 불편으로 고통받는 사람들에게 기(氣)를 활용하여 건강을 되찾는데에 조금이나마 도움이 되었으면하는 것이 필자의 바램이다.

본 ‘선도 단전호흡협회’에서는 단전호흡법, 기공시술법 이외에 앞으로 선도(仙道)의 숨겨진 “비전(秘傳)의 수련법”을 드러내 소개할 것을 약속드린다. 수련법은 다음과 같다.

비전(秘傳)의 수련법

- 의통 수련법
- 유체이탈 수련법
- 상단전 수련법(영안(靈眼)여는 수련법)
- 영(靈)적인 병(또는 신병)처리법

이상은 초능력법

- 업장소멸법
- 즉각 깨달음법
- 신인합일법

이상은 깨달음법

앞에서도 언급한 바 있지만 모든 법의 근본은 마음이며, 마음공부는 모든것의 바탕입니다. 때문에 스승은 상대의 심성 (心性)을 보고 모든 법을 전수하게 됩니다.

법을 구하고자 이리저리 헤메었으나, 그 법을 몰라 고생하고 있는 사람들을 위해 본 협회는 문을 열어놓고 있습니다.

단기 4330년 여름,

지 은 이

혜성선도 수련원
- 프로그램 안내 -

육체의 균형 · 마음의 평화 · 영적승화

【단전호흡수련 시간 안내

오 전	오 후
6:00~7:00	3:00~4:00
7:10~8:10	6:30~7:30
10:30~11:30	7:50~8:50
※ 토요일 오전은 동일 ※	

◆ 무료 공개 강좌 ◆

매월 첫 째주 수요일

시간 : 오후 8:00~9:00

내용 : 단전호흡 이론 및 실습

【특별수련 시간 안내】

종류 \ 구분		수련 내용	수련 시간	비 고
단전호흡 지도자 교육 (초급 중급 고급)		기공체조 단전호흡	평일반(월~금 오후 1~4시) 주말반(토/일 오후1~4시)	이론 및 실기 2개월(총48시간)
깨달음(마음)수련		잊어버린 자아를 찾는 프로그램	매월 셋째 주 월요일 시작	6박 7일 과정
상단전 수련		상단전(영안)각성 프로그램	매주 토요일 오후 3~5시	
심성 수련		열린 마음 프로그램	매월 첫째 주 토요일 시작	1박 2일 과정
치유기공 수 련	일반 과정	검진법, 시술법, 교정법	평일반(월~금 30시간) 주말반(토/일 30시간)	오후 1~3시 오후 1~4시
	특별 과정	의통(약손)전수 프로그램	월 1 회	2박 3일 과정
야외수련		산 행	매월 둘째 주 일요일	

※ 위 시간은 수련원 상황에 따라 변동될 수 있습니다.
※ 자세한 사항은 혜성선도 수련원으로 직접 문의하시기 바랍니다.

단전호흡 수련 안내

단전호흡이란?

단전호흡이란 단전에 기(氣)를 축기하여 인체의 근원적인 에너지인 기(氣)를 느끼고 우주에너지를 단전에 축기하여 전신에 운기하는 과정이다. 운기를 통하여 육체의 건강과 마음의 평화, 영적승화를 이루어 본성을 깨닫게 되는 심신수련이다.

기공체조(動功)

몸의 굳은 근육과 관절을 풀어주고 삐뚤어진 골격을 바로 잡아주어 신경계통을 비롯한 전신을 이완하고 인체의 경락을 열어준다. 기혈순환을 원활하게 해주므로 자연치유력이 강화되어 건강해진다.

※ 혜성선생이 체계화한 혜성선도선원의 기공체조는 동작이 부드러워 어린아이부터 노년층에 이르기까지 누구나 쉽게 배울 수 있다.

단전호흡

1) 기본 3조

(1) 조신(調身) : 자세를 바르게 한다는 뜻이다. 올바른 자세는 인체의 氣의 흐름을 원활하게해주며 육체적 긴장을 이완시켜 준다.

(2) 조신(調息) : 호흡을 고르게 한다는 뜻이다. 호흡을 고르게 할 때 육체적 긴장이 이완되고, 정신적 안정을 이루게 되는 것이다.

(3) 조신(調心) : 마음을 고요하게 다스린다는 뜻이다. 의념(意念)을 집중하여 잡념을 버리고 들뜬 마음을 가라앉힐 때 우주의 氣를 모을 수 있게 된다.

1) 수련단계

(1) 와식행공(초급) : 단전이라는 그릇을 형성하는 단계

기감(氣感) 진동(振動) 기무(氣舞)

기초수련단계로 누워서 한다. 氣의 존재를 직접 체험하고 확인하는 단계. 氣를 느끼게 되고, 몸이 떨리는 현상이 나타나며 氣의 흐름을 타고 춤을 추기도 한다. 이 과정을 통해 대부분의 질환이 자연치유되는 것을 체험할 수 있다.

(2) 좌식행공(중급) : 단전이라는 그릇에 기를 모으는 단계

축기(築氣) 열감(熱感) 선정(禪定)

중급단계로 앉아서 하는 행공이다. 본격적으로 氣를
단전에 모으는 과정으로 단전이 따뜻해짐으로써 오
장육부가 강화되며 면역성과 자연치유력이 고도로
증대된다. 심신의 깊은 이완을 통해 삼매(三昧)를 체
험하게 된다.

(3) 연정보기(고급) : 단(丹)을 형성하고 운기(運氣)에 입문하는 단계

단(丹)형성 대맥유통(帶脈流通) 회춘(回春)

단전에 쌓인 氣를 응축한 것이 丹이다. 丹이 형성
되면 자연히 대맥경락으로 운기된다. 이 단계에서
정(精)이 충만해지며 대부분의 질환이 자연치유되고
70대 노년층도 몽정(夢精)을 하는 등 회춘현상이
나타난다.

(4) 입식행공(운기) : 운기에 본격적으로 입문하는 단계

경락운기 전신운기 취기법(取氣法)

단전에 쌓인 氣를 전신의 경락에 운기시키는 과정으로
건강체를 이루고 氣의 활용법을 터득하여 치유기공 능력이
고도로 발달되며 외부의 氣를 취하는 취기법을 터득하게
된다.

(5) 신명행공(초고급) : 깨달음의 의식으로 진화해 나아가는 단계

소주천 → 전신주천 → 대주천 → 단약 → 선태신공 → 출신

무의식 차원의 깊은 정신수련을 통해 마음을 밝혀가는 과정으로
영적승화를 이루어 자아완성에 다가간다.

(6) 성통공완(性通功完) : 완성단계

‘성통’이라 함은 깨달음의 의식상태에 도달하여 자아완성(自我完
成)을 이루는 것을 말한다. ‘공완’이란 깨달은 바를 행하는 것이다.

깨달음(마음) 수련 안내

깨달음(마음) 수련이란?

깨달음(마음) 수련이란 잊어버린 자아를 찾고 어린아이의 마음 상태로 돌아가게 하는 수련으로써 삶의 무게에 눌려 '참나'를 잃어버린 우리 모두에게 꼭 필요한 즉각 깨달음 수련법이다.

깨달음(마음) 수련 원리

| 좋은 기(氣)가 아상의 벽에 부딪혀 튕겨져 나온다 | 아상의 벽이 깨져 하늘의 기운과 행복의 기운을 그대로 |

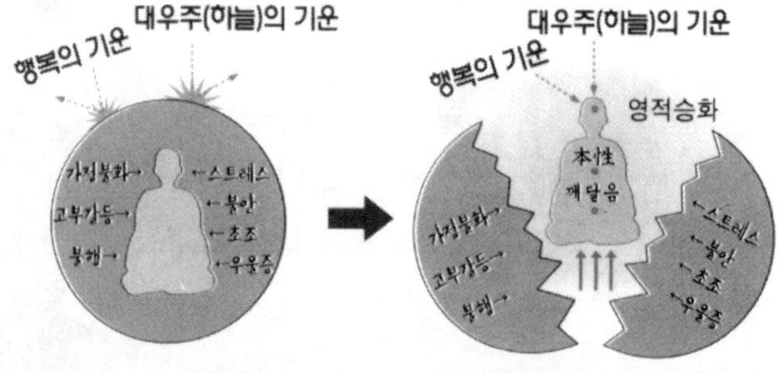

행복의 기운　　대우주(하늘)의 기운

가정불화　←스트레스
고부갈등→　←불안
불행→　←초조
　　←우울증

행복의 기운　　대우주(하늘)의 기운
영적승화
本性
깨달음

가정불화←　←스트레스
고부갈등→　←불안
불행→　←초조
　　←우울증

깨달음 수련 전
아상의 벽속에 갇혀 고통 속에서 살아간다

깨달음 수련 후
아상의 벽이 깨어지고 자기 자신의 진아 즉, 본성을 깨닫는다

깨달음(마음) 수련 특성

깨달음 수련 중에 진리의 파장(하늘의 기운)과 합일된 스승(지도자)의 에너지를 수련생의 상단전에 직접 주입하는 '인치기'를 받게 된다. '인치기'를 하는 까닭은 수련생의 자력으로는 너무 오랜 시간이 걸리기 때문이다. 인치기를 받으면서 깨달음(마음) 수련을 하면 일주일만에 자신의 본성을 깨달을 수 있다.

깨달음(마음) 수련 효과

▶ 참된 회개와 참회로써 모든 업장이 소멸된다.

▶ 업장 소멸이 되므로 심적, 영적인 병이 호전되거나 완치된다.

▶ 심인성, 스트레스성, 퇴행성 질환과 분노, 불안, 초조, 증오, 우울증, 두려움이 모두 사라진다.

▶ 매사에 자신감이 넘치고 막힘 없는 진리의 삶을 살아가게 된다.

▶ 나 자신과 남에 대한 나쁜 감정과 불만이 소멸된다.

▶ 업과 습이 소멸되어 시야가 넓어지고 세상을 바로 보게 된다.

▶ 자연의 이치를 깨달아 순리대로 사는 법을 터득하게 된다.

▶ 영적승화가 되어 영안이 열리는 등 영적 감각이 살아나게 된다.

▶ 가정불화, 고부간의 갈등이 점점 없어지게 된다.

▶ 육체적으로 고통 받는 질병이 자연치유 된다.

▶ 행복한 삶을 살아가게 된다.

혜성선도 수련원

지도자 교육 안내

혜성선도 수련원에서는 홍익인간 · 이화세계의
이념으로 심신을 단련하고 인류애를 함양하는
자아실현의 길을 추구하는 분들을 단계적으로
교육합니다.

교 육 내 용

▶ 단전호흡 · 기공 치유법 · 의통 수련법

▶ 심성 수련법 · 깨달음(마음) 수련법
  상단전 수련법(영안 · 심안 여는 수련법)

▶ 영적인 병 치유(해원 천도)

▶ 천문학(사주학) · 풍수지리학(심안 여는 법)

▶ 초능력 수련법(유체이탈 · 투시 등)

▶ 신인합일법

※ 자세한 사항은 혜성선도 수련원으로 직접 문의하시기 바랍니다.

혜성선도 단전호흡협회
〈중앙본원〉

Tel : (02) 3473-3576~7
홈페이지 : http://www.sundosunwon.co.kr
e-mail : sundo01@sundosunwon.co.kr
주소 : 서울시 강남구 서초2동 1329-10 동진B/D 5F

♣ 찾아오시는 길 ♣

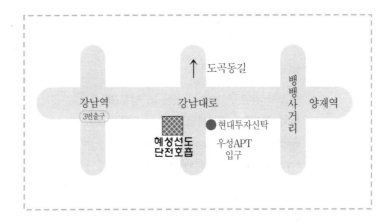

선도기공시술법

지은이/김영현
펴낸이/배기순
펴낸곳/하남출판사

초판1쇄발행/1998년 9월 25일
초판2쇄발행/2003년 6월 1일

등록번호/제10-0221호

서울시 종로구 관훈동 198-16 남도BD 302호
전화 (02)720-3211(代) / 팩스(02)720-0312
홈페이지 http://www.hnp.co.kr
e-mail : hanamp@chollian.net

ⓒ 김영현, 1998

ISBN 89-7534-135-6

※잘못된 책은 교환하여 드립니다.
※저자와의 협약에 의해 인지는 생략합니다.